高等院校经济管理类主干课程教材

社会保障概论

袁丽萍　张涛玲　索菲娅◎编著

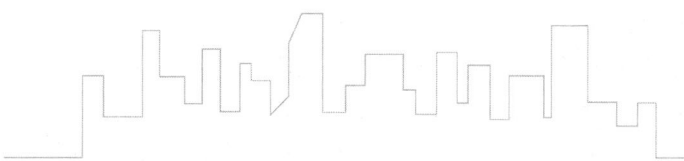

INTRODUCTION TO SOCIAL
SECURITY

立信会计出版社
LIXIN ACCOUNTING PUBLISHING HOUSE

图书在版编目(CIP)数据

社会保障概论/袁丽萍,张涛玲,索菲娅编著.
上海:立信会计出版社,2024.12. -- ISBN 978-7
-5429-7816-5

Ⅰ.C913.7

中国国家版本馆 CIP 数据核字第 2025K8X864 号

策划编辑	张巧玲	毕芸芸
责任编辑	张巧玲	
助理编辑	战小雨	
美术编辑	北京任燕飞工作室	

社会保障概论

SHEHUI BAOZHANG GAILUN

出版发行	立信会计出版社		
地　　址	上海市中山西路 2230 号	邮政编码	200235
电　　话	(021)64411389	传　　真	(021)64411325
网　　址	www. lixinaph. com	电子邮箱	lixinaph2019@126. com
网上书店	http://lixin. jd. com		http://lxkjcbs. tmall. com
经　　销	各地新华书店		
印　　刷	常熟市人民印刷有限公司		
开　　本	787 毫米×1092 毫米	1/16	
印　　张	14		
字　　数	325 千字		
版　　次	2024 年 12 月第 1 版		
印　　次	2024 年 12 月第 1 次		
书　　号	ISBN 978 - 7 - 5429 - 7816 - 5/C		
定　　价	49.00 元		

如有印订差错,请与本社联系调换

本书属于

2021年度西藏自治区高等学校人文社会科学研究项目"欠发达民族地区城市养老服务产业发展现状、困境和对策——基于拉萨市城关区为样本的研究"阶段性成果

"西藏大学财税专业人才教学科研能力提升计划项目"阶段性成果

西藏大学2023年度科研培育成长计划项目"西藏普惠型养老服务供给研究"阶段性成果

2024年度西藏自治区自然科学基金一般项目"代际视域下西藏农牧区养老需求变迁与优化路径研究"阶段性成果

前 言

社会保障是社会发展和进步的产物,是一项重要的利国利民的安全工程。它可以抵御社会风险和保障国民基本生活,是维护社会公平、增进人民福祉、促进经济社会发展并实现广大人民群众共享改革发展成果的重要制度安排,发挥着民生保障安全网、收入分配调节器、经济运行减震器的作用。

社会保障学作为研究人类社会保障实践及其发展规律的一门学科,其发展经历了从边缘学科到热门学科的历程。社会保障学既与经济学、社会学、管理学、法学、保险学及人口学等学科交叉联系,又有自身特定的研究视阈,是新兴的综合性应用学科。

社会保障制度是一种社会经济制度,是政府管理工具之一。当今世界,各国都把建立和完善社会保障制度作为一项基本国策。社会保障制度与特定的社会背景密切相关,带着鲜明的时代烙印,受到社会生产力发展水平的影响。在中国,1978年开始的改革开放催生了现代社会保障制度,社会改革带动了社会保障制度的建设和发展。

经过多年完善,中国的社会保障体系已基本确立,社会保障制度改革已进入系统集成、协同高效的阶段。结合党的十八大、十九大、二十大和相关全会精神,中国的社会保障事业整体呈现出全覆盖、保基本、多层次、可持续、更公平、统筹化、社会化、法治化、信息化的特征。

本书学习借鉴国内外社会保障发展有益经验,立足国情,积极探索特色鲜明的中国特色社会保障体系,安排了11章内容,分别是社会保障概述、社会保障制度的产生和发展、社会保障体系与模式、社会保障基金、养老保险、医疗与生育保险、工伤保险、失业保险、社会救助、社会福利、社会优抚。

本书在介绍社会保障基本理论的同时,也总结了社会保障的实践经验。每章通过"本章知识结构框架"对知识点进行系统梳理,便于读者掌握各章脉络。同时,每章配有导读、延伸阅读(二维码形式呈现)、案例与评析等辅学资源,将纸质教材与实际案例、网络资源相结合,力求全面、准确地体现社会保障的相关知识点。

参与本书撰写的编者具有经济学、社会学、管理学等不同学科的教育背景,与社会保障学的交叉学科性质要求吻合。在本书撰写过程中,编者尽可能参考和吸收了社会保障研究领域经典的文献和最新的研究成果,在此,编者向在社会保障领域做出贡献的相关研究人员致以真诚的谢意!

本书由袁丽萍、张涛玲、索菲娅编著。本书的具体编写分工为:袁丽萍编写第一章、第三章、第四章、第十章,张涛玲编写第五章、第七章、第九章及第十一章的第一节和第二节,索菲娅编写第二章、第六章、第八章及第十一章的第三节。另外,胡利丹、李栋民、蒙冰等进行了资料收集整理等工作,同时也从读者角度为本书的编写提供了有益意见与建议,在此表示感谢!

　　本书既可用作高等院校教材,也可用作社会保障相关理论学习和研究的参考书。虽几经修改,但由于编者水平有限,本书还难免存在一些不足和疏漏之处,诚恳欢迎学界同仁与广大读者不吝赐教!

编者

目　录

第一章
社会保障概述

📖 导读

加快健全多层次社会保障体系

党的二十大明确了未来五年我国发展的主要目标任务,其中包括"多层次社会保障体系更加健全"的战略部署。这为我们在新征程上推动社会保障事业的高质量发展指明了方向。

改革开放以来,我们党把社会保障作为改善人民生活的基础民生工程,稳步推进社会保障体系建设,取得了重大进展。新时代,我国建成了世界上规模最大的社会保障体系,为人民创造美好生活提供了重要保障,为打赢脱贫攻坚战提供了坚强支撑,为如期全面建成小康社会、实现第一个百年奋斗目标提供了有利条件。

当前,我们已经踏上全面建设社会主义现代化国家的新征程。推进中国式现代化是一项前无古人的开创性事业,必然会遇到各种可以预料和难以预料的风险挑战、艰难险阻甚至惊涛骇浪。健全多层次社会保障体系是推进中国式现代化的重要内容。社会保障体系是人民生活的安全网和社会运行的稳定器。

社会保障包括基本保障和补充保障,其中基本保障由政府主导并负责管理,旨在保障人民群众的基本生存、基本发展、基本尊严;补充保障主要通过市场机制和社会力量实现,旨在满足人民群众多样化、个性化的保障需求。

基本保障在整个社会保障体系中处于基础地位。当前,我国要通过深化改革进一步完善基本保障制度,同时应既尽力而为又量力而行,把提高社会保障水平建立在经济和财力可持续增长的基础之上,确保社会保障制度持续健康运行,实现社会保障与经济社会发展的良性互动。

在完善基本保障制度的同时,我国还要准确把握人民群众的多层次多样化保障需求,发展补充保障。当前,我国人口发展呈现少子化、老龄化、家庭小型化等特征,人民群众对养老金、医疗服务、照护服务和意外伤害等方面的保障需求随之增加。为此,我国需要营造适宜的环境、条件和氛围,促进各类补充保障健康发展。

(资料来源:何文炯.加快健全多层次社会保障体系[EB/OL].(2023-05-19)[2024-06-05].http://www.qstheory.cn/qshyjx/2023-05/19/c_1129627740.htm.)

本章知识结构框架

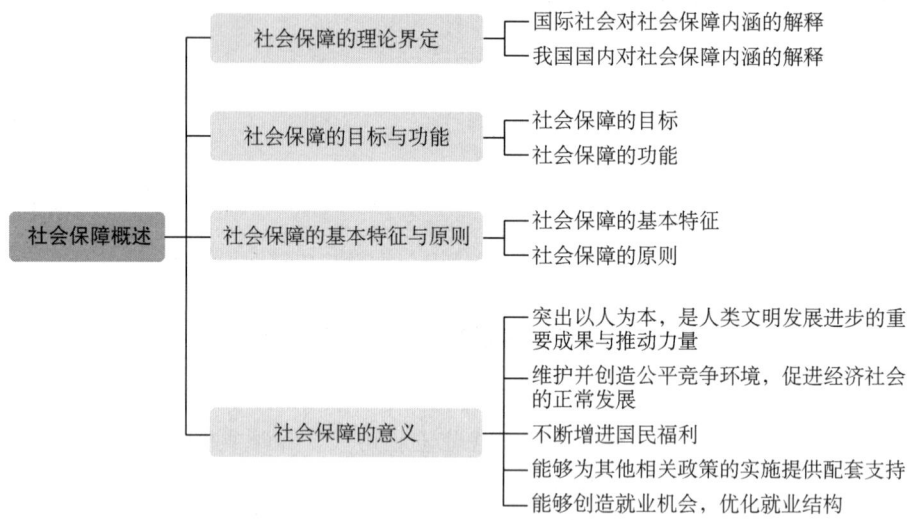

社会保障概述
- 社会保障的理论界定
  - 国际社会对社会保障内涵的解释
  - 我国国内对社会保障内涵的解释
- 社会保障的目标与功能
  - 社会保障的目标
  - 社会保障的功能
- 社会保障的基本特征与原则
  - 社会保障的基本特征
  - 社会保障的原则
- 社会保障的意义
  - 突出以人为本,是人类文明发展进步的重要成果与推动力量
  - 维护并创造公平竞争环境,促进经济社会的正常发展
  - 不断增进国民福利
  - 能够为其他相关政策的实施提供配套支持
  - 能够创造就业机会,优化就业结构

 本章学习目标与要求

通过本章的学习,学习者应当了解社会保障的理论界定,学习不同国家及其学者对社会保障的不同理解。同时,学习者可以从社会保障的目标、功能、基本特征和原则,以及社会保障的意义等维度,增强对社会保障知识的掌握。

 本章学习重点

- 社会保障的理论界定
- 社会保障的目标与功能
- 社会保障的基本特征与原则
- 社会保障的意义

第一节　社会保障的理论界定

社会保障是社会化商品生产下的必然产物,也是人类文明进步的重要标志。作为现代国家普遍采用的一种风险防范制度,社会保障涵盖了个体从出生到死亡的整个生命周期,并致力于推动人们追求更幸福美好的生活。社会保障主要包括社会保险、社会福利、社会救助、军人保障和补充保障等内容,是一项庞大的社会化系统工程。虽然社会保障的概念已被广泛使用,但是由于国情、国别、发展时期、认知视角的不同,有关国家、国际组织及相关学者对社会保障的理论界定存在很大差异。

一、国际社会对社会保障内涵的解释

"社会保障"一词源于英文"social security"①，最早出现在美国于1935年颁布的《社会保障法》中，后其相继为其他国家和一些国际组织所接受。1941年的《大西洋公约》两次使用该词，国际劳工组织也在其后的一系列公约、建议书等文件中沿用它，1944年第二十六届国际劳工大会发表的《费城宣言》正式采纳了"社会保障"一词。

社会保障在发展和实践中受到各国不同国情的影响，即使在同一个国家，不同学者对社会保障的认知也存在差异。本书将部分国家、国际组织及相关学者对社会保障内涵的解释概括如下。

英国对社会保障的内涵解释强调公共福利和全民福利。《简明不列颠百科全书》指出，社会保障是一种公共福利计划，旨在保护个人及其家庭免受因失业、年老、疾病或死亡带来的收入损失。通过提供公益服务（如免费医疗）和家庭生活补助，社会保障提高了个人的福利。在英国，社会保障被视为国民收入再分配的一种手段，遵循"普遍性"原则，实现对全体英国国民从出生到死亡的全程全面安全保障。

德国对社会保障的内涵解释强调社会公平，主张各行各业互助共济，国家承担有限责任。作为最早建立现代社会保障制度的国家，德国对社会保障的理解主要基于社会市场经济的理论，将社会保障理解为社会公平和社会安全的体现。德国部分学者将支持经济上的弱者、降低较大的生活风险和致力于保障社会机会平等看作国家秩序发展的基石。他们认为，要避免在市场经济下出现"强权社会"，社会保障要为在市场竞争中不幸失败或无法参与竞争的人提供基本的生活保障。

美国对社会保障的内涵解释强调社会安全，将社会保障视为社会安全网。美国的社会保障是根据《社会保障法》制定的社会保险计划，具体可理解为对老年人、长期残废者、死者或因失业而失去工资收入者提供保障。也就是说，社会保障是一种旨在保障国民抵御各种风险（如疾病、年老、失业等）的社会安全网。美国社会保障署（Social Security Administration，SSA）（1996）将社会保障定义为：根据政府法规而设立的计划，为个人在谋生能力中断或丧失时提供保险，并在其因结婚、生育或死亡而需要某些特殊开支时提供保障，其中也包括为抚养子女而发放的家庭津贴。

日本对社会保障的内涵解释强调收入保障。根据1950年日本社会保障制度审议会的解释，社会保障旨在通过保险方法和直接的国家负担，寻求经济保障途径，解决由疾病、负伤、分娩、残疾、死亡、失业、多子女及其他原因造成的贫困问题。日本学术界对社会保障理论的界定存在广义和狭义之分。广义的社会保障包括政府为解决各种社会问题而实施的社会政策，而狭义的社会保障包括国家扶助、社会福利、社会保险和公共卫生及医疗（含老人保险）等内容。

国际劳工组织对社会保障的内涵解释强调社会稳定。1942年，国际劳工组织将社会保障定义为通过一定的组织对成员所面临的风险提供保障，包括提供保险金、预防或治疗疾病、失业时资助并协助就业。1985年，国际劳工局亚太地区局给出的社会保障定义是

---

①　也有人将"social security"翻译成"社会安全"。国际劳工组织等将社会保障的外延扩展到社会保护，社会保障的内涵与外延均在进一步扩展。

在出现规定的事件或情况下,社会向成员提供保护。1989 年,国际劳工局社会保障司将社会保障的定义概括为通过一系列公共措施为成员提供保护,以应对因疾病、生育、工伤、失业、伤残、年老和死亡等原因造成的收入中断或大幅减少工资而引起的经济和社会贫困。总体而言,社会保障的核心在于为社会提供一种稳定的机制。

二、我国国内对社会保障内涵的解释

社会保障作为维护社会公平正义、降低国民生活风险、共享发展成果的基本制度安排,是社会发展和进步的产物,也是现代社会文明的标志。研究社会保障问题,需要综合运用政治学、经济学、社会学、伦理学、人口学和法学等学科知识。我国国内学者基于不同认识角度,解释了社会保障的内涵,概括如下:

有专家学者将社会保障定义为以国家和社会为主体,通过国民收入再分配,对社会成员在年老、疾病、伤残、失业、生育、死亡、遭遇灾害、面临生活困难时,依法给予物质帮助,以保障其基本生活需要的制度;也有专家学者将社会保障定义为以社会力量保证社会全体成员至少达到最低生活水平而形成的分配关系;还有专家学者认为,社会保障是国家和社会根据一定的法律和规定,通过国民收入再分配,对社会成员的基本生活权利予以保障的一项重大社会政策;更有专家学者认为,社会保障是各种具有经济福利性的、社会化的国民生活保障系统的统称。

随着社会经济的发展,结合我国的国情,本书将社会保障的内涵概括为:社会保障是以国家或政府为责任主体,通过立法实施,以国民收入再分配为手段,保障全体社会成员基本生活的制度安排和服务体系。这一内涵主要包括以下几层含义。

(一) 实施依据是国家立法

社会保障是为了稳定社会关系而进行的利益调节行为。资金提供者和受益者之间通常是分离的,因此,强制性的法律和行政手段是社会保障实施的必要条件。在现代社会中,社会保障制度以法律的形式规范国家在社会保障中的责任,规范国家、企业和个人在社会保障中的权利和义务,规范社会保障的行政管理、基金管理和对象管理,使社会保障运作制度化、规范化。

(二) 责任主体是国家或政府

国家或政府是社会保障的主要责任方,保障社会成员的基本生活是其首要职责。国家通过再分配国民收入来实现对全社会成员的生活保障,政府运用社会保障的内在动力,实现社会稳定和经济增长的根本目标。《中华人民共和国宪法》第四十五条第一款规定:"中华人民共和国公民在年老、疾病或者丧失劳动能力的情况下,有从国家和社会获得物质帮助的权利。国家发展为公民享受这些权利所需要的社会保险、社会救济和医疗卫生事业。"因此,国家为公民提供社会保障是义不容辞的责任,公民享受社会保障是法律赋予的权利。

(三) 保障对象是全体社会成员

随着社会的发展,社会保障制度需要将全体社会成员纳入保障范围。每个人都会面临各种风险,其有权利获得基本的生活保障,包括衣食住行、医疗和其他必要的社会服务。特别是在失业、疾病、残疾、年老等情况下,当个人面临无法抵挡的生活危机时,社会成员有权通过社会保障体系获得基本生活保障。然而,在各国的社会保障制度中,

延伸阅读

大部分国家还没有实施全面的社会保障项目。这种现象是由经济、政治等多种因素造成的。

（四）实施手段是社会收入再分配

市场初次分配是以生产要素所有权为前提，通过商品交易和市场价格来实现的。然而，这种分配方式会导致社会成员之间的不公平分配，进而导致两极分化，并引发社会的动荡和不稳定。社会保障通过政府、单位和个人等多方面筹集资金，为低收入阶层提供其所需的生活保障，并在老年、失业、伤病等情况发生时为相关人员提供必要的资金和物质支持。这种再分配的目的是缩小贫富差距，并弥补市场分配所带来的不公平现象。

第二节 社会保障的目标与功能

一、社会保障的目标

从现代社会的发展进程与文明进步的视角出发，综合考察各国的社会保障制度，尤其是发达国家的社会保障制度，可以发现：社会保障的总目标是通过保障和改善国民生活、增进国民福利来实现整个社会的和谐发展。围绕着这一总目标，社会保障在实践中需要实现如下分目标。

（一）帮助社会成员摆脱生存危机

人们在社会再生产过程中会面临年老、失业、伤残、疾病等风险。如果没有相应的社会保障，受这些因素影响的社会成员将陷入生存危机。因此，通过相应的制度安排来解除社会成员的生存危机是社会保障的一个基本目标。

（二）满足社会成员的生活保障需求

随着社会经济的进步，人们对社会保障的需求也不断增加。例如，在人口老龄化的背景下，人们不仅对养老金保障有需求，对各种个人生活照料服务也有着强烈需求；在最低生存物质保障得到满足后，人们还会有相应的精神、文化、教育、福利等需求。社会保障制度通过经济保障、服务保障乃至精神保障，来满足社会成员福利增长的需求，并不断改善和增进社会成员福利。这一目标相对于前一个目标而言，是更高层次的追求。

（三）促进社会的和谐发展

社会保障是由多个社会保障子系统或项目构成的基本社会制度。它的目标不仅是解决特定的社会问题，更重要的是增进国民福利和促进整个社会的和谐发展。社会保障不仅属于社会政策和公共政策的范畴，还需要综合考虑经济社会的协调发展及自身的可持续发展，同时要兼顾社会各阶层的利益。与其他单一目标的经济政策或社会政策相比，社会保障承担着更多项实现整个社会和谐发展的责任，是构建和谐社会的核心制度安排。[1]

---

[1] 郑功成.社会保障学[M].北京：中国劳动社会保障出版社，2005.

二、社会保障的功能

社会保障的功能是指社会保障在运行过程中发挥的实际效能和作用。随着社会的发展,社会保障作为各国政府基本的施政方针,其功能已由传统的事后救助的单一功能,逐渐转变为稳定、调节、促进发展、互助、其他等多重功能。

(一) 稳定

任何一个社会都需要动力机制和稳定机制。市场机制是现代各国经济发展的首选动力机制,而社会保障则是首选的稳定机制。社会保障的稳定功能主要包括以下几个方面:一是通过保障国民的基本生活,使劳动者在年老、失业、患病、工伤、残疾、生育时,基本收入不受影响;使低收入、无收入及遭受各种意外灾害的人们有生活来源,从而为人们架起一张生活的安全网。二是在市场经济的自发作用下,当社会成员的经济收入产生差距时,适当缩小不同社会成员之间的收入差距,起到化解矛盾的作用。三是通过多种措施为社会成员提供经济保障、服务保障及精神保障,减少社会矛盾,防止社会动荡。

(二) 调节

社会保障通过调节政治需求、社会供求关系、国民收入再分配、劳动力保护和配置、社会成员间的协调发展,来促进社会和谐发展。社会保障的调节功能主要包括以下几方面:一是调整不同利益集团、群体或社会阶层利益,并在不同的社会制度下表现出不同的调节功能。在社会主义制度下,社会保障具有的政治调节功能,促进了社会成员在国家和社会生活中主人翁地位的提高。在资本主义制度下,社会保障强化了国民对现存制度的依赖,同时对调节不同社会阶层的政治冲突、促进政治秩序的长期稳定并维持其整体正常运行发挥着重要的政治作用。二是通过调节社会总供求关系,平衡经济过热或过冷的现象,维持社会稳定,促进国民经济的良性循环。在经济衰退和失业增加时,失业救济和社会救助抑制了个人收入下降的趋势,为失去工作和生活困难的人提供了保障,从而刺激了有效需求,在一定程度上促进了经济复苏。三是通过社会保障安排,实现国民收入在不同利益阶层之间的再分配。社会保障通过向低收入阶层提供必要的生活保障,或在发生年老、失业、伤病、残疾等情况时给予必要的收入支持,对市场经济活动所导致的分配不公平收入进行再分配。四是通过社会保障安排,保护劳动力再生产,促进劳动力合理流动及有效配置。在市场竞争中,受优胜劣汰规律的支配,部分劳动者必然会退出劳动力市场,这部分劳动者及其家属必然会因失去收入而陷入生存危机。社会保障通过提供各种帮助,使这部分社会成员维持基本生活,从而保护劳动力的生产和再生产。建立全社会统一的社会保障网络,打破了靠血缘维持的家庭保障格局,突破了企业保障的局限。由此,劳动者在变换工作和迁徙时无后顾之忧,劳动力合理流动,劳动力要素的有效配置得以实现。五是有效地调节了社会成员的协调发展。在社会保障制度健全的国家,社会保障构成了调节社会成员中高收入阶层与低收入阶层、劳动者与退休者、就业者与失业者、健康者与疾患者、幸运者与不幸者、有子女家庭与无家庭负担者之间利益关系的基本杠杆。不同社会阶层之间的利益冲突因社会保障调节功能的发挥而得到了有效缓和。

(三) 促进发展

社会保障是促进经济社会发展、实现广大人民群众共享改革发展成果的重要制度安排。在社会发展领域,社会保障的促进发展功能表现为以下几个方面:一是促进社会成员之间及其与整个社会的协调发展,实现良性循环。二是促进遭受特殊事件的社会成员重新认识发展变化中的社会环境,适应社会生活的变化。三是提高社会成员的物质与精神生活水平,使其更加努力地为社会工作。四是促进政府有关社会政策的实施。例如,社会保障对象通常不分性别的做法促进了男女平等,教育福利有助于义务教育的普及,养老保险与家庭津贴有利于生育政策的实施等。五是促进社会文明的发展。例如,社会保障为社会成员提供了安全感,有助于消除社会成员对不幸事件或特殊事件的恐惧心理,树立互助互济、自我负责、积极向上的新观念。可见,社会保障在社会成员与社会发展中的促进发展作用是十分明显的。在经济领域,社会保障的促进发展功能表现为:社会保障通过营造稳定的社会环境促进经济的发展,同时通过社会保障基金的运营直接促进某些产业的发展。此外,社会保障可维系劳动力再生产,促进劳动力资源的高效配置和生产效率的提高。

（四）互助

社会保障中蕴含的互助功能主要体现在以下四个方面:一是普通社会成员与特定风险事故遭遇者之间的互助共济。例如,基本医疗保险和工伤保险体现的是健康者与伤病者之间的互助共济,长期护理保险体现的是失能者与健全者之间的互助共济,失业保险体现的是在业者与失业者之间的互助共济等。二是不同收入群体之间的互助共济。例如,社会救助体现了社会成员对低收入群体的互助共济。三是代际互助共济。在现收现付模式下,在岗的年轻一代通过缴费纳税供养年老一代,而年老一代之所以可以享受这一权利,是因为他们年轻时对制度作出过贡献。四是地区之间的互助共济。即通过建立有效的机制,协调地区之间的利益,确保全体国民都能享受相应的社会保障待遇。社会保障完全自助化（完全自我负责）或完全他助化（完全劫富济贫）都是不现实的,也是无法实现的。而以互惠为基础,充分发挥社会保障的互助功能,同时发挥社会成员自助与他助的作用,不仅有利于正确理解社会保障制度,更有利于社会保障制度得到持续、健康的发展。

（五）其他

社会保障除稳定功能、调节功能、促进发展功能与互助功能四大基本功能外,还具有其他功能。例如,一些学者认为,社会保障具有防控风险的功能。社会保障制度中的养老、失业、医疗、工伤等制度,通过提前筹集保障资金,可抵御劳动者可能遭受的风险,具有及时控制风险的功能。

需要注意的是,在肯定社会保障具有多重功能的同时,也要警惕过度泛化其功能。过分强调社会保障对经济发展与经济增长的重要贡献,过度追求社会保障的效率,或夸大其政治功能,甚至将其作为政治竞争工具,都不利于社会保障功能的正常发挥。

第三节　社会保障的基本特征与原则

一、社会保障的基本特征

结合各国社会保障的发展实践发现,社会保障作为一项制度安排,尤其是上升到法制

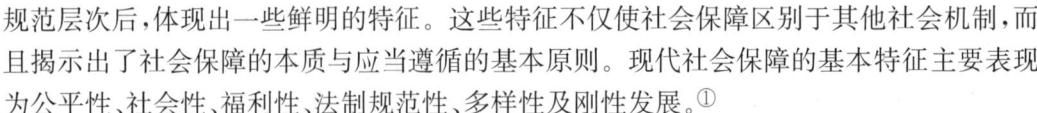

规范层次后,体现出一些鲜明的特征。这些特征不仅使社会保障区别于其他社会机制,而且揭示出了社会保障的本质与应当遵循的基本原则。现代社会保障的基本特征主要表现为公平性、社会性、福利性、法制规范性、多样性及刚性发展。[①]

(一) 公平性

社会保障是一种保障形式具有明显的公平性的基本保障制度。一方面,社会保障不会对被保障对象的性别、职业、民族、地位等进行限制,不存在任何特殊阶层,同等条件下公民所得到的保障是相同的,这体现了保障范围的公平性。另一方面,在社会保障使用过程中,个人享有的权利与承担的义务并不严格等价,社会保障通常只提供基本生活保障,不能满足超出基本生活保障的需求。尽管不同受益者获得的现金、实物援助或劳务服务存在差异,但这种差异较初次分配时的悬殊差别已经大大缩小,这体现了保障待遇的相对公平性。

同时,社会保障的公平性特征也以效率为条件。从宏观角度看,社会保障是整个社会结构的一个系统,其公平性是建立在按生产要素分配社会产品的基础上的,而不是取代或损害按劳分配。通过再分配的方式,社会保障可以促使收入分配更加合理。从微观角度看,社会保障追求社会公平,但同时注重效率。只有最大限度地提高社会保障的效率,才能更好地实现社会公平并推动社会进步。[②]

(二) 社会性

社会性特征是指社会保障是国家在全社会范围内普遍实施的一种社会制度。社会保障的社会性特征主要体现在以下几个方面:一是制度开放性。各项社会保障制度虽然都有相应的规范的资格条件,但这一制度通常是在向公众开放的条件下确立的,并接受公众的评价与监督。二是筹资社会性。社会保障资金的筹集是社会性的,它一般包括财政投入、企业缴费、个人缴费、向社会募捐、发行福利彩票等多个渠道。三是服务社会性。社会保障制度的实践过程实质上也是为有需要者提供援助与服务的过程,在政府主导社会保障制度的条件下,各项制度的落实通常需要依赖各种社会组织。四是管理与监督社会性。近年来非政府组织对社会保障事务的参与程度日益提高,具体体现为政府通过相应的途径将有关社会保障事务委托给非政府组织管理。同时大量社会福利与公益慈善机构成立,其又直接承担着相应的社会保障事务,它们作为独立的法人团体,实现自我管理。社会保障的管理与监督逐渐由政府的专责管理向社会化监管发展。

随着社会的发展,社会保障通过加强社会性特征逐步矫正了政府主导的社会保障事务与单位负责的职业福利错位的现象。此举不仅为这一制度走向公平创造了必要条件,又为全体人民特别是劳动者的自由流动提供了相应的制度保障。各国社会保障在实践中进一步强化其社会化特征,这既是社会保障责任由社会分担的需要,也是这一制度提高效能并实现可持续发展的要求。

(三) 福利性

社会保障的福利性特征体现为社会成员在社会保障制度中的支出低于其所获得的保

---

① 郑功成. 社会保障学[M]. 北京:中国劳动社会保障出版社,2005.
② 许琳. 社会保障学[M]. 3版. 北京:清华大学出版社,2018.

障待遇。社会保障的福利性特征主要表现在三个方面：一是国家通过制定和实施福利政策，对国民收入进行福利分配，使社会成员在年老、遭遇疾病或灾害或因其他原因等而引起劳动能力暂时或永久丧失时，都可能机会均等地享受社会福利。二是国家通过普及义务教育、改善环境卫生、实行国民健康服务、实行就业指导、实行儿童福利等措施，提高国民生活水平和生活质量，以提高社会福利水平。三是社会保障是非营利性的，属于高度社会化的收入再分配，受保人缴纳的保险（税）费较低，却可以享受较高的社会保障待遇。

（四）法制规范性

社会保障是以立法规范为基础建立起来的，并受到政府的干预和法律的约束。从英国的《济贫法》、德国的《劳工疾病保险法》再到美国的《社会保障法》等，社会保障相关法律推动着社会保障的发展。社会保障的法制规范性特征主要体现在以下几个方面：一是法律的强制规范为社会保障制度的运行提供了必须遵守的行为准则。二是政府只能根据法律的规范和授权，在法律允许的范围内对社会保障制度进行干预。换句话说，政府的干预必须建立在法律规范的基础上，并服从于法律的规定。三是即使是由民间举办的社会保障事务（如慈善公益事业），也必须受到相应的法律法规的规范。因此，尽管社会保障体系的强制性可能因民间参与程度的提升和政府责任的控制而有所弱化，但法制规范性这一特征将始终不会改变。

（五）多样性

现代社会保障在各国的实践中通常表现出多样性特征。[①] 社会保障的多样性特征主要表现为以下几个方面：一是各国社会保障制度的模式日益多样化。以俾斯麦模式和贝弗里奇模式为代表的单一保障模式已经成为历史。各国在建立自己的社会保障制度时，通常需先考虑本国的国情和时代背景。例如，西北欧国家选择了福利国家模式，德国和法国等国采取了社会保险模式。即使是福利国家，加拿大、澳大利亚等国的社会保障制度与北欧国家的社会保障制度也存在差异。二是同一项社会保障制度在一国之内也开始呈现不同的模式。这种多样性是为了适应不同社会群体的社会保障需求，同时也是为了增加国民对社会保障的选择权。例如，中国的基本医疗保险对患者在哪一级医院就诊有着不同的费用分担办法，患者可以自行选择。这在其他国家和地区亦很常见。这种区别不仅提高了社会保障的运行效率，也增加了受保障对象的选择权利，从而在某种程度上代表着社会保障制度的改革与发展趋向。三是项目结构多样化。同一项社会保障制度在一国之内也开始呈现多样化的项目结构。由于社会成员的社会保障需求并非完全统一，也就不能用一种制度来涵盖社会保障的全部内容，项目结构多样化便成为现代社会保障制度的一个重要特征。例如，社会救助在过去主要是对贫困人口的食物保障或生活救助，但现在通常还需要涵盖医疗救助、住房救助、子女教育救助等多项内容，唯有如此，才能更好地确保这一制度的效能。四是水平结构多样化。不同的社会保障项目在待遇水平上需要体现出差异，例如，失业保险待遇与济贫待遇需要有一定的差别，且通常表现为前者的保障水平高于后者。

各国之间的国情差异、地域差异、文化传统差异、各国国民的社会保障需求差异与价

---

① 许琳. 社会保障学［M］. 3 版. 北京：清华大学出版社，2018.

值偏好的差异等,均决定了多样性是现代社会保障的一个基本特征。

(六)刚性发展

社会保障的刚性发展特征是指社会保障制度在发展的历史进程中表现出的保障项目只会增加而不会减少、覆盖范围只会扩大而不会缩小、待遇水平只会提高而不会降低的趋势,这既是社会成员对社会保障需求不断增长的结果,又是现代社会保障走向制度化之后的客观结果。一方面,社会保障的项目结构是刚性发展的。在慈善事业时代和济贫制度阶段,各国只有非常简单的救灾济贫保障项目,并没有形成制度化的保障。随着工业社会的到来,各国面临的社会经济、疾病医疗、职业伤害、失业、生育等风险从个人风险转变为群体性社会风险,为此,需要建立社会化的养老保险、工伤保险、医疗保险、失业保险、生育保险等制度。伴随着社会经济的不断发展,社会成员的福利需求亦会日益增长,国家为了满足这种需求,往往通过立法建立相应的社会福利制度,使福利项目不断增加,最终促使现代社会保障制度不断完备。另一方面,社会保障的范围与水平也是刚性发展的,即社会保障的覆盖范围会持续扩大,直到覆盖全体国民,待遇水平也会不断提高。受益群体不会让一种社会保障制度消失,更不会认同社会保障待遇水平下降。这是现代社会保障制度表现出来的一个显著特征,也是各国在现阶段乃至未来考虑社会保障发展问题时必须引起充分注意的特征。

二、社会保障的原则

社会保障的原则通常包括公平、与社会经济发展相适应、责任分担、普遍性与选择性相结合、其他等原则。

(一)公平

公平是社会保障的本质属性,也是社会保障必须遵守的首要原则。公平原则最充分的体现是建立覆盖全民的社会保障体系,让全体国民普遍享受社会保障。社会保障制度的建设与发展通常表现为项目建设日益健全、覆盖范围不断扩大、保障水平逐渐提高。随着项目的增多,社会保障体系最终形成了完善的社会安全保护网,覆盖范围的扩大使全体国民普遍享受社会保障,而保障水平的提高则意味着国民福利的不断增进,社会公平程度的进一步提升。只有当全体国民普遍享受到社会保障并通过社会保障制度改善生活水平与生活质量时,社会保障的公平原则才真正得到全面贯彻。但当一个国家只有少数人能够享受社会保障时,公平原则只在享受者中得到体现。

(二)与社会经济发展相适应

社会保障是国家用经济手段来解决社会问题,进而达到特定政治目标的制度安排。因此,社会保障的发展必须坚持与社会经济发展相适应的原则。社会保障与社会经济发展相适应原则主要体现在两个方面:一方面,社会经济发展决定了社会保障制度的结构变化。例如,工业化带来了大规模机器生产,产生了工人阶级,因此需要建立相应的社会保险制度。如果工业化国家仍然只有救灾济贫政策,那么工业社会所带来的各种职业风险将无法得到解决。此外,随着人口老龄化高峰的到来,国家不仅需要建立养老金制度,而且需要发展老年福利事业。如果没有养老金保障和相应的老年服务体系,老年人即使长寿也未必会幸福。可见,社会经济发展客观上决定了社会成员对社会保障的需求。如果社会保障制度不能满足这种需求,国家或社会就会因发生风险而面临社会危机。另一方面,社会保障制度的确立需要相应的财力支撑。如果没有足够的财力,社会保障制度将无法维持。社会经济发展是社会保障制度的物质基础,决定了社会保障的发展水平。

(三)责任分担

社会保障的责任分担原则主要体现在两个方面:一方面,在正式制度安排中,政府虽然承担着主导责任,但不再承担全部责任,企业与个人均参与其中。政府包办或者企业与个人承担过重的责任,都会损害社会保障的健康发展。只有确立责任分担原则,并按照这一原则来让政府、企业和个人合理分担社会保障责任,这一制度才可能获得持续发展并促进整个社会的和谐发展。另一方面,正式制度安排与非正式制度安排的结合正日益构成现阶段社会保障制度建设的新特色,而在非正式制度安排中,通常都由企业、社会乃至个人承担更多责任,政府起到支持和鼓励的作用。

这种类型社会保障和家庭保障应该结合起来,以分担社会保障责任。将家庭保障作为社会保障制度安排的基础,有利于推动整个社会保障制度走上稳定、健康、良性的发展轨道。正如前国际劳工局局长弗朗西斯·勃朗夏所指出的,在支持家庭成员享受保障方面,社会保障的重要性是不可忽视的。社会保障应该有助于加强家庭关系的稳定性,而这种稳定性本身就是社会保障系统保护受益人的先决条件。①

(四)普遍性与选择性相结合

正如1942年贝弗里奇起草的《社会保险及相关服务》(也称《贝弗里奇报告》)所强调的,普遍性原则是指社会保障的对象、范围不能只局限于贫困阶层,而应使全体国民都能享受到相应的社会保障。选择性原则是指根据国民的收入状况和对社会保障的需求程度,有区别地进行安排。总体而言,普遍性原则与选择性原则在许多国家其实是相伴而行的。在肯定普遍性原则并尽可能推进社会保障制度的公平性与公正性的同时,不能将选择性原则与普遍性原则对立起来,而应当承认各国根据自身国情,按照选择性原则或普遍性与选择性相结合的原则来建立社会保障制度的合理性与过渡性。②

(五)其他

除了上述四大基本原则,社会保障制度建设还应遵循互助共济、法制性等其他原则。

互助共济是社会保障的天然属性。在现实生活中,自然灾害和意外事故经常发生。以互助共济为基本理念和原则的社会保障,在化解社会成员面对的不确定风险方面具有明显优势:一是风险应对者由个体壮大为集体,即以群体之力帮助个体抵御风险。二是个人基本生存发展条件由不确定变为确定,面临风险的个体通过纳税或缴费,能够以确定的小额成本获得稳定的基本生活保障。三是防范风险的行为由利己转化为利他,个体为解除基本生存发展后顾之忧而参加社会保障计划,结果是所有参加计划的人都能获得保障,这正是基于利己目的而达成利他效果。互助共济是社会保障改革发展所坚持的基本理念和基本原则。在新时代进一步深化社会保障制度改革时,仍然需要坚持互助共济原则。

法制性原则强调必须将社会保障法律作为制度确立的标志、实施社会保障项目的依

① 国际劳工局.展望21世纪:社会保障的发展(序言)[M].北京:劳动人事出版社,1988.
② 以中国为个案,城乡之间的差别,以及东部、中部、西部之间的差别,使得全国高度统一的社会保障制度在短期内实行的可能性非常小。

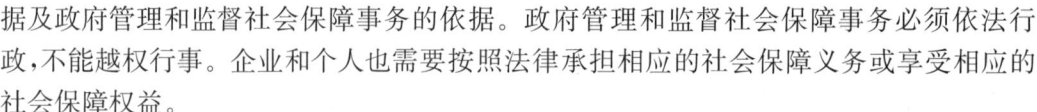

据及政府管理和监督社会保障事务的依据。政府管理和监督社会保障事务必须依法行政，不能越权行事。企业和个人也需要按照法律承担相应的社会保障义务或享受相应的社会保障权益。

第四节　社会保障的意义

社会保障作为一项福利制度，是人类社会长期演进的结果。在工业社会的背景下，社会保障逐渐演变成为与各国社会成员利益息息相关的重要制度，对国内政党和政治家的前途产生了重要影响。社会保障的意义主要表现在以下几个方面。

一、突出以人为本，是人类文明发展进步的重要成果与推动力量

现代社会保障制度以人为本，强调人道主义和公平价值理念。它包括面向低收入阶层的社会救助项目、面向劳动者的社会保险项目、面向全体国民的社会福利及各种互助互济、分散风险的保障措施。健全社会保障体系不仅能够解除人们的后顾之忧，保障人们的基本生活，而且能够降低社会不公平程度，维护社会公平，体现对弱者的重视和照顾以及人文关怀精神。社会保障直接促进人的全面发展，甚至解放了人类自身，是个人由家庭人转化为社会人的必要条件，最终促进了整个社会的和谐健康发展。因此，社会保障状况被广泛作为评估社会进步的重要指标，而社会保障制度健全的国家通常也是社会发展水平较高的国家。社会保障制度由于其先进的价值理念和实践中的重要功能，对社会文明的发展进步作出了重要贡献。

以人为本的社会保障体现在以下几个方面。

一是权益保障。社会保障政策应该尊重每个人的尊严和基本权益。这意味着社会保障不仅要提供经济援助，而且要确保人们能够保持自尊和尊严。二是公正平等。社会保障应该以公正和平等为原则，确保所有人都能够平等地享受社会保障的权益，不受种族、性别、年龄等方面的歧视。三是参与合作。以人为本的社会保障需要广泛的参与和合作，包括政府、社会组织、专家和公众的参与。这种合作可以确保社会保障政策的制定和实施更加全面、有效。四是个性化和多样性。由于人们的需求和情况各不相同，社会保障政策应该考虑个体的多样性和差异性，并提供个性化的支持和服务。五是可持续性保障。社会保障政策应具有可持续性，能够长期为人们提供保障。这需要充分考虑财政和经济可行性，并确保社会保障系统能够适应社会变革和需求的变化。

社会保障政策应以人们的福祉和权益为中心，为他们提供基本的生活需求和社会支持，同时尊重他们的尊严和多样性。这对建立公正、包容和可持续的社会保障体系至关重要。

二、维护并创造公平竞争环境，促进经济社会的正常发展

一方面，社会保障解除了人们的后顾之忧，增强了他们的安全感和对未来的信心。这不仅为人们的全面发展提供了制度保障，还能帮助遭遇特殊事件的社会成员恢复正常生活并重新投入社会。各项社会福利弥补了家庭保障功能的缺失，客观上消除了个人因不

确定事件或意外风险导致的非公平竞争,同时削弱了个人风险转化为社会风险进而引发社会问题的可能性,从而避免了这些问题可能导致的社会危机。另一方面,社会保障不仅直接提高了劳动者的素质,促进了劳动生产率的提升,而且维护了劳动力市场的一体化,推动了劳动力资源的优化配置。因此,建立健全社会保障制度不仅是为了解决某些社会问题,而且可以作为社会发展与市场经济的维系和促进机制发挥积极作用。

社会保障对经济发展的具体影响表现在以下几个方面:一是提高人民生活水平。社会保障体系可以提供医疗保险、失业保险、养老金等一系列福利,提高人民的生活水平,增强人们的消费能力,从而刺激经济增长。二是减少贫困和社会不平等。社会保障可以通过提供社会救助和社会保险,帮助弱势群体获得基本生活保障,减少贫困和社会不平等现象,促进社会稳定。三是增加人力资本投资。社会保障可以提供教育补贴、职业培训机会和技能提升机会,激励人们进一步投资自身,这将提高劳动力的素质和技能水平,增加劳动生产力,促进经济发展。四是降低风险和不确定性。社会保障体系可以为个人和家庭提供一定程度的风险保障,这有助于减少人们面临的风险和不确定性,提高个人和家庭的消费及投资意愿,推动经济稳定增长。

综上所述,社会保障可通过提高人民生活水平、减少贫困和社会不平等、增加人力资本投资及降低风险和不确定性,构建一个稳定、公平和可持续的经济发展环境。

三、不断增进国民福利

任何社会保障项目的建立都会直接提升受益者的福利,而健全的社会保障体系则能普遍提升社会整体的福利水平。尽管有人认为社会保障是"劫富济贫",是增加了部分人的福利(如低收入人群)而减少了另一部分人(如高收入人群)的福利,但从经济学角度来看,相同的财富对高收入者和低收入者的经济效用可能是完全不同的。一国社会保障制度的健全程度,与其国民福利水平通常呈正相关关系。

社会保障对国民福利的具体贡献表现在以下几个方面。

一是提供基本生活保障。社会保障体系包括医疗保险、失业保险、养老保险等福利措施,为人们提供基本的生活保障,这有助于减轻个人和家庭在面对疾病、失业、退休等风险时的经济压力,提高生活质量。二是促进教育和培训。社会保障可以提供教育补贴、助学金和职业培训机会,帮助人们获取知识和技能,这有助于提升人们的就业竞争力和职业发展机会。三是保障健康和医疗服务。社会保障体系中的医疗保险为人们提供健康保障,减轻医疗费用负担,并确保人们获得必要的医疗服务,这有助于提高人们的健康水平,延长寿命,并减少因疾病导致的贫困风险。四是缓解社会不平等。社会保障可以通过提供社会救助和福利补贴,减少社会不平等现象,这有助于改善弱势群体的生活条件,缩小贫富差距,促进社会公平和社会和谐。五是提供安全网。社会保障为人们提供了一张安全网,使他们在面临意外事故、自然灾害或其他突发情况时能够依靠社会保障体系获得帮助,这种安全网减少了人们面对风险和不确定性时的恐惧感,增强了社会的稳定性和安全感。

综上,通过提供基本生活保障、教育和培训支持、健康和医疗服务等,社会保障有助于增进国民福利。它提高了人们的生活水平,改善了人们的社会地位,为个人和家庭创造了更好的条件,推动了社会的进步和发展。

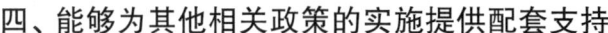

四、能够为其他相关政策的实施提供配套支持

社会保障是一项基本的社会制度,它作为整个社会结构的一个重要组成部分,可以为其他政策的实施提供配套支持。举例来说,各国的人口政策通常需要社会保障制度的配合。采取鼓励生育政策的国家通常通过向多子女家庭提供更多的福利津贴与服务来刺激生育;相反,实行计划生育政策的国家,会对少生育子女的家庭给予补贴或奖励。国家需要综合考虑各项政策的配合协调,以尽可能实现政策的相互促进,实现政策效果最大化。

社会保障能够为以下政策的实施提供配套支持:一是就业政策。社会保障可以与就业政策相结合,通过向失业者提供失业保险和职业培训等帮助,提高再就业率。这有助于缓解社会压力,减少社会不稳定因素,同时提高人力资源的利用效率,推动就业政策的有效实施。二是教育政策。社会保障可以与教育政策协同发展,通过提供资金支持,帮助人们获得教育机会。这有助于提高教育普及率,减少由经济原因导致的受教育程度不足的现象,促进教育政策的顺利实施。三是健康政策。社会保障可以与健康政策相结合,提供医疗保险和医疗补贴等支持,确保人们能够获得基本医疗服务。这有助于改善公众健康水平,降低医疗费用负担,促进健康政策的实施。四是社会福利政策。社会保障可以作为社会福利政策的重要组成部分,通过提供社会救助、福利补贴和养老金等措施,帮助弱势群体改善生活条件。这有助于减少社会不平等,促进社会福利政策的落实。五是扶贫政策。社会保障可以与扶贫政策相结合,通过提供社会救助、就业机会和教育支持等措施,帮助贫困人口脱贫。这有助于增强贫困人口的自我发展能力,推动扶贫政策的实施。

五、能够创造就业机会,优化就业结构

社会保障是一个庞大的体系,需要众多专业人士的参与,还能够容纳大量劳动力。例如,社会保险制度的建立需要社会保险费的征收与基金管理人员、相应的工伤鉴定人员,以及待遇给付机构与工作人员。各种社会福利多以服务形式提供,更需要大量劳动者的参与。社会保障事业的发展既直接创造出大量的就业岗位,又改善着社会就业结构,这一点应当得到重视。[①]

延伸阅读

以下是社会保障在优化就业结构方面的一些具体途径:一是职业培训。社会保障可以为劳动者提供职业培训机会,帮助他们获取新技能和知识,以适应新兴产业和不断变化的就业需求。通过提供培训支持,社会保障可以提高劳动者的就业竞争力,促进就业结构的调整和优化。二是创业支持。社会保障可以通过提供创业贷款、创业培训和咨询等支持,鼓励和帮助有创业意愿的人们创办自己的企业。这有助于激发创新和创业精神,推动经济结构的多元化和转型。三是就业保障。社会保障可以提供失业保险和就业援助等,为失业者提供一定的经济支持和就业指导。这有助于降低失业风险,促进就业结构的平稳转变。四是公平就业。社会保障可以通过打击性别歧视、年龄歧视和身份歧视等,确保就业机会的均等和公正。这有助于消除就业结构中的不平等现象,促进社会的包容性和公平性。五是促进弹性就业。社会保障可以支持和促进弹性就业的发展,如兼职、远程办

---

① 郑功成. 中国社会保障论[M]. 武汉:湖北人民出版社,1999.

公和自由职业等形式的就业。这有助于劳动者适应现代经济的变化和就业模式的多样化。

 **案例与评析**

一、案例与材料

政府在社会保障中的责任可以追溯到19世纪末20世纪初,当时人们要求国家通过行政干预,为国民提供就业、培训、住房、医疗、养老金等保障。随着社会的进步与发展,政府在社会保障中既可能承担无限责任,也可能承担有限责任。根据政府角色定位进行分类,政府在社会保障中承担责任的模式可以分为三种:包办模式、主导模式和不干预模式。

包办模式是指政府实施全面干预,充当管理者的角色,目前,这种模式主要见于英国、瑞典等传统福利国家。包办模式的特点为:强调社会公平,以维持"平等社会"为制度目标,把价值观渗透到制度设计与安排中,建立低水平的平均分配,即实现所谓的"人人平等";各级政府分工明确,有一整套完整的政府管理的机制;社会保障资金主要来自政府,因而财政负担较重。

主导模式简单来说是介于包办和不干预之间的一种模式,政府在社会保障中坚持"有所为,有所不为"的原则。例如,德国的社会保险制度和新加坡的中央公积金制度就是这种模式。其特点是政府干预适度,注重自治,社会和家庭承担更多的管理责任;立法和制度先行,任何政策都具有法律依据;权利和义务相对均衡。

不干预模式是指政府不直接出面建立系统化、正规化的制度体系,政府不愿或无力承担社会保障中的主要责任,这种模式主要以美国为代表。其特点是:政府提供有限的经营管理、财政支持及担保;强调效率,根据劳动者对产业和社会的贡献程度确定其保障水平;以私人保险为主,制度结构分散,针对不同的受益群体确立不同的保险制度。

二、问题与分析

(一)政府在社会保障中的作用有哪些

政府的作用主要体现在以下几个方面:①对社会保障制度进行整体规划;②为社会保障提供完备的法律框架;③为社会保障提供财政支持;④有效参与调控和规范市场运行。

(二)社会保障为什么需要市场的介入

政府主导的社会保障会克服各种市场缺陷,在协调公平与效率等方面具有重要作用。但政府也不是万能的,仅依靠政府可能会导致财政负担过重,运行效率下降。市场机制刚好能弥补政府失灵的问题。市场通过引入竞争机制,提高社会保障资源配置的效率,从而满足民众不同层次的需求。社会保障应寻求市场机制与政府调控的结合点。政府应在坚持"有所为,有所不为"的基本原则下,重视市场和社会组织在社会保障事业发展中的作用。

 本章小结

　　社会保障是社会化商品生产条件下的产物,发展至今,它已不再是简单的救济措施,而成为维护社会公平和推动整个社会和谐发展的基本制度保障。

　　社会保障是以国家或政府为责任主体,通过立法实施,以国民收入再分配为手段,保障全体社会成员基本生活的制度安排和服务体系。

　　社会保障的目标是不断发展变化的。现代社会保障的主要目标是帮助社会成员摆脱生存危机、满足社会成员的生活保障需求和促进社会的和谐发展。

　　社会保障具有稳定功能、调节功能、促进发展功能和互助功能等多重功能。这些功能的充分发挥决定了社会保障在现代社会发展进程中的特殊地位。

　　社会保障具有公平性、社会性、福利性、法制规范性、多样性和刚性发展特征,这些特征使其与其他社会机制有所区别。社会保障制度建设需遵循公平原则、与社会经济发展相适应原则、责任分担原则、普遍性与选择性相结合原则、互助共济原则、法制性原则等。

　　社会保障具有多方面的重要意义,它不仅是人类社会文明进步的重要成果,而且是维护社会稳定、创造社会公平和促进社会和谐发展的重要力量。

 练习与思考题

　　1. 简述社会保障理论界定的差异性。
　　2. 简述社会保障的基本特征。
　　3. 简述社会保障应当遵循的原则。
　　4. 简述社会保障的意义。

第二章
社会保障制度的产生和发展

导读

构建现代化社会保障体系

党的十八大以来,党中央把社会保障体系建设摆上更突出的位置,推动我国社会保障体系建设进入快速发展阶段。中央政治局会议、中央政治局常委会会议、中央全面深化改革委员会会议等会议多次研究审议改革和完善基本养老保险制度总体方案、深化医疗保障制度改革意见等,对我国社会保障体系建设作出顶层设计,进一步增强改革的系统性、整体性、协同性。统一城乡居民基本养老保险制度,实现机关事业单位和企业养老保险制度并轨,建立企业职工基本养老保险基金中央调剂制度。整合城乡居民基本医疗保险制度,全面实施城乡居民大病保险,组建国家医疗保障局。推进全民参保计划,降低社会保险费率,划转部分国有资本充实社保基金。积极发展养老、托幼、助残等福利事业,使人民群众不分城乡、地域、性别、职业,在面临年老、疾病、失业、工伤、残疾、贫困等风险时,都有了相应制度保障。

目前,我国以社会保险为主体,包括社会救助、社会福利、社会优抚等制度在内的功能完备的社会保障体系基本建成。基本医疗保险覆盖 13.6 亿人,基本养老保险覆盖近 10 亿人,形成了世界上规模最大的社会保障体系。这一体系为人民群众创造美好生活奠定了坚实基础,为打赢脱贫攻坚战提供了坚强支撑,为如期全面建成小康社会、实现第一个百年奋斗目标创造了有利条件。然而,我国社会保障体系仍存在不足,主要表现为:制度整合没有完全到位,制度间的转移衔接不够顺畅;部分农民工、灵活就业人员、新业态就业人员等人群未被纳入社会保障体系,存在"漏保""脱保""断保"的情况;政府主导的基本保障体系占据主导地位,而市场主体和社会力量承担的补充保障发育不够;社会保障统筹层次有待提升,平衡地区收支矛盾压力较大;城乡、区域、群体之间待遇差异不尽合理;社会保障公共服务能力与人民群众的需求还存在一定差距。

(资料来源:中国政府网.构建现代化社会保障体系[EB/OL].(2022-04-15)[2024-09-25]. https://www.gov.cn/xinwen/2022-04/15/content_5685396.htm.)

本章知识结构框架

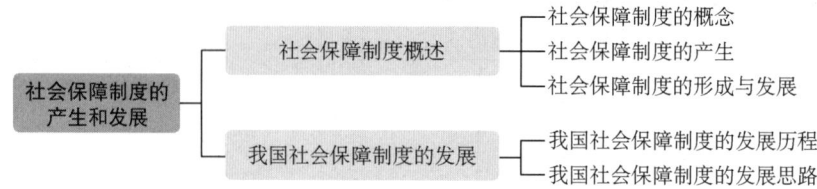

 本章学习目标与要求

通过本章的学习,学习者需要了解社会保障的发展过程和规律,理解并掌握影响社会保障制度的各种因素。同时,学习者能够客观地看待社会保障发展过程中的经验、教训和改革方向,并全面、系统地掌握我国社会保障制度的发展与改革进程。

 本章学习重点

- 社会保障制度产生的经济根源
- 社会保障制度的形成和发展过程
- 社会保障制度发展的划分
- 社会保障制度的理论依据

第一节　社会保障制度概述

一、社会保障制度的概念

社会保障制度是以国家或政府为主体,依据法律规定,通过国民收入再分配,对公民在暂时或永久失去劳动能力,以及由于各种原因生活发生困难时给予物质帮助,以保障其基本生活的一种制度安排。

社会保障制度不仅关系社会稳定和人民福祉,也是国家经济社会协调发展的必然要求。社会保障制度可以促进社会公平正义,增进全体社会成员的物质和文化福利,保持社会和谐稳定,为经济的持续健康发展创造良好的社会环境。

二、社会保障制度的产生

(一) 社会保障制度产生的经济根源

社会保障制度并非一开始就存在,其形成的过程与经济社会发展水平息息相关。在原始社会的早期阶段,人类对自然的认识和利用能力很低,只能通过集体劳动来获取有限的生活资源,在灾难发生时没有剩余产品可供分配。由于缺乏形成社会保障的物质基础,也便没有社会保障的存在。当生产力发展到一定程度时,社会有了剩余产品可供分配和储存,于是开始建立起调节收入的分配制度。一般认为,现代社会保障制度是随着工业化和市场经济的发展而逐渐形成的。

1. 工业化推动社会保障制度的产生

18世纪中叶,在圈地运动、殖民掠夺和奴隶贸易的推动下,英国逐步完成了资本的原始积累。随着资产阶级革命的完成,英国资产阶级政府为促进资本主义生产力的进一步发展,不断将积累的财富转化为生产资本,通过采用政策激励等方式刺激生产工具的发明和技术应用。这些措施直接推动了工业革命的到来。

工业革命采取以机械取代人力、以工厂生产取代手工劳动的模式,为人类社会带来了前所未有的巨大变革。机器大工业生产使劳动者在生产过程中遭遇风险事故的概率大幅上升。随着机械化水平的不断提升,劳动生产方式及产业形态日益多样化,纺织业、采矿业、加工业等多个行业应运而生。在这些行业中,劳动者常常面临伤残、事故和职业病等风险,这些风险对劳动者的人身安全和生活质量造成了严重影响。一旦劳动者患病或伤残,仅凭个人工资难以承担高昂的医疗费用,而在失去劳动能力后,其生活将变得更加艰难。

工业革命推动了社会化大生产的兴起,这种生产方式强调专业化分工与协作,对劳动者的技能和素质提出了更高的要求。一方面,随着生产社会化的推进,社会结构发生了转变,由农业社会逐步迈向工业社会,家庭结构和功能也经历了根本性的变革。在工业社会中,大部分家庭,尤其是雇佣劳动者家庭,主要依赖工资来维持生计,这导致无产者无法从微薄的工资中拿出一部分储蓄以备不时之需。因此,在传统家庭保障和家族保障的基础上,保障制度的社会化需求应运而生。另一方面,随着社会化生产的深入开展,生活社会化的程度日益提高,教育、卫生、城乡生活服务等逐渐成为社会公共事业。

2. 市场经济促进社会保障制度走向完善

市场经济是以市场调节为主要手段来配置资源的经济形式,强调企业在市场上的竞争和生存。实践证明,纯粹的市场机制有利于提高效率,却不利于社会公平,可能会导致社会成员之间的财富差距不断扩大,出现两极分化,产生社会不公,甚至可能引发社会矛盾和动荡。为维护社会稳定,政府必须采取有力的措施来弥补市场机制的不足,为那些在市场竞争中难以为继者提供必要的物质援助,以保障他们最基本的生活需求。

市场经济发展的周期性规律也要求实行社会保障。市场经济中价格机制、供求机制和竞争机制的共同作用,使经济形态在复苏、繁荣、停滞、衰退,甚至是危机状态中不断交替。在经济衰退时期,尤其是经济危机到来时,大量企业可能会破产,导致劳动力供应过剩,从而使大量工人失业。在失业工人失去收入、生活来源中断时,政府应当为其提供生活保障,这一方面可避免他们流离失所,进而危及社会稳定;另一方面也可以保留这部分劳动力,以应对劳动需求扩大时可能出现的劳动力供不应求的情况。

(二) 社会保障制度产生的现实原因

社会生产力的进步与生产活动社会化程度的增强构成了社会保障制度诞生的经济基

础。然而,即便存在这些先决条件,社会保障制度也不会自动出现。社会保障的实现与经济利益、社会权益的分配紧密相关,而这些分配受到社会各阶层、集团政治实力对比的影响。正是这些客观的社会动因促使社会保障制度最初在西欧国家得以建立。社会保障制度出现的具体客观条件是多方面的,并且这些条件之间存在一定的相互联系。

1. 工人阶级失去保障

英国持续 300 多年的圈地运动,使大量农民失去土地、生活困顿,他们流入城市,成为工人。由于收入微薄和生存危机,工人阶级的革命性日益增长,严重威胁到资本主义制度的发展。为了镇压和分化无产阶级的革命活动,资产阶级政府通过建立社会保障制度,逐步保障产业工人的部分权益,以缓解矛盾并维护其统治。在资本主义经济较为发达的英国,大机器生产的普及使工人随时面临失业风险,其家庭生存也难以为继。为此,英国政府大力推行福利主义,提供覆盖面更为广阔的社会救济,如儿童免费体检治病、贫困学生享有免费牛奶、工人享受工伤赔偿和失业救济、70 岁以上低收入者在英国居住满 12 年即可领取养老金等,这些措施在一定程度上保障了工人阶级的部分权益。

2. 社会阶级矛盾尖锐

19 世纪后半期,资本主义的发展遇到了两个问题:一方面,资本家对工人的剥削和压迫变得更加残酷,导致工人阶级的贫困问题更加严重;另一方面,经济危机周期性爆发,导致失业人数不断增加,绝对贫困人口也迅速增加。工人阶级为了维护自身利益,与资产阶级进行了激烈斗争,工人运动迅速兴起,罢工、游行、示威、起义不断发生。为了缓和阶级矛盾、维护自身统治,并确保获取更多的剩余价值,资产阶级政府采取了"施压"和"安抚"两手并用的政策。与此同时,工人阶级的斗争也推动了社会保障理论的发展。社会保障制度成为资产阶级政府平息劳工运动的一种形式。

现代意义上的社会保险制度首先在德国产生。1883 年,德国颁布了《疾病保险法》,这标志着现代社会保障制度的产生。此后,德国陆续颁布了《工伤事故保险法》(1884 年)和《老年和残障社会保险法》(1889 年),社会保险项目逐渐增加。

(三) 社会保障制度产生的思想理论

1. 中外早期社会保障思想

(1) 慈善救济理念。慈善事业是早期社会保障的重要形式。古今中外,慈善救济活动长期存在,行善者往往对穷人、受困人施以财物的救济。随着人类社会的发展,慈善救济被宗教纳入相关教义,出现了宗教慈善事业,博爱、善行等精神的扩展影响着慈善救济事业的发展。

(2) 人权保障理论。人权可分为生存权和发展权。生存权是指社会中任何人都有生存下去的权利,这意味着一个人因任何原因陷入贫困、发生危机时,其具备从国家和社会获得帮助以维护生存的权利。生存权的确立要求社会和政府尽可能保障社会成员的生存,此乃人权的基础。发展权是指社会中任何人都有满足、完善和发展自己需要的权利,它要求政府和社会要创造条件,满足社会成员的发展需求,此乃人权的更高要求。人权与社会保障的关系为:社会保障权是一项基本人权,现代社会保障以肯定社会保障权利的基本人权属性为前提,由政府作为承担保证这些权利的主要义务载体;社会保障是实现其他各项人权的基本物质基础;社会保障的人权保障由保障生存权向保障发展权转变。

（3）空想社会主义思想。空想社会主义是指为提高劳动群众的福利和保障社会和平而改造社会制度的思想，但其允许财产不平等的存在，更重视社会保障制度方面的问题。圣西门、傅立叶、欧文三大空想社会主义者身体力行，关心整个社会的保障状况，关心人的生、老、病、死，尤其是妇女和儿童福利、工人失业状况，并努力推动社会在此方面的改善。例如，1815年，欧文提出了限制童工劳动的工厂立法。经努力，英国议会于1819年通过了第一个限制童工劳动的法案。尽管英国没有采取具体措施来实施该法案，但该法案为之后相关立法的实施奠定了基础。

（4）我国古代大同思想。社会保障本身就是我国各民族文化传统的一部分。我国古代虽然没有社会保障这一概念，但这种思想源远流长。周代的"保息六政"包括"慈幼、养老、赈穷、恤贫、宽疾、安富"。汉代有"社仓"，即民众捐出谷物，政府贷给粮食，各方设仓储存，以待灾年救济邻里贫户。这些都是古代社会的保障思想。《礼记·礼运》中有"不独亲其亲，不独子其子，使老有所终，壮有所用，幼有所长，矜、寡、孤、独、废、疾者皆有所养"的大同思想。《孟子·梁惠王》中的"老吾老以及人之老，幼吾幼以及人之幼，天下可运于掌"，体现了社会保障的萌芽，尽管其在当时的社会条件下难以实现，但这种朴素的社会保障文化对于维护社会稳定、协调人们的行为关系发挥了一定的作用。

2. 现代福利国家理论

19世纪末，德国新历史学派的施穆勒、布伦坦诺等学者提出了福利国家理论，他们认为国家除维护社会秩序和国家安全外，还应该追求"文化和福利"的目标。福利经济学以1912年英国经济学家庇古的《财富和福利》为标志，证明了通过转移支付来增加收入可以增加整个社会的福利。这两个理论的共同点在于：它们都主张建立一种能够更好地提高人们福利的制度，特别是提高和保障低收入人口的福利；都认为国家应当承担起提高公民福利的责任。

20世纪30年代，一些政治家、学者把摆脱经济危机、政治危机的措施和福利国家联系在一起。最早对社会保障制度进行实证分析和推理的是凯恩斯主义经济学，它成为第二次世界大战后西方国家制定经济政策和重建社会保障制度的理论依据。凯恩斯认为，国家对社会福利领域的干预有助于增加消费倾向，实现宏观经济的均衡，其作用机制是：一般而言，在经济萧条时期，社会保障收入增加缓慢，但支出增加迅速；在经济繁荣时期，社会保障支出增加缓慢，但收入增加迅速。社会保障的收支变化会自发地作用于社会总需求，起到稳定经济的作用。

《贝弗里奇报告》为第二次世界大战后英国社会保障计划确立了基本框架。该报告指出，国际组织的社会保险和社会救济旨在确保每个人都能通过劳动获得基本收入以维持生计，并保证生活水平不低于国家最低生活标准。《贝弗里奇报告》的主要目的是通过国家补贴、雇主与雇员缴费的方式建立全面的社会保障制度，并通过政府对经济结构的调整来提供充足的就业机会，最终解决英国的社会贫困问题。《贝弗里奇报告》推动了社会保障制度的发展和福利国家的建设。1948年，英国工党领袖艾德礼首次宣布英国已经建立起"福利国家"。

3. 马克思主义的社会保障学说

马克思主义关于社会保障的学说可以从两个不同的观察角度来概括。一方面，从收入和分配的角度来看,社会保障是一种社会安全制度,以国家为主体,通过国民收入的再分配来保障社会成员的基本生活权利。另一方面,从社会经济的运行角度来看,社会保障既是保证劳动力再生产顺利进行的手段,又是实现社会稳定和协调发展的均衡机制。马克思在《对德国工人党纲领的几点意见》中强调了财富分配问题上的真正公平。他指出,劳动所得应被理解为劳动的产品。他认为集体的劳动所得是社会的总产品,但在分配时需要扣除用于补偿消费掉的生产资料、用于扩大生产的追加部分及用于应对不幸事故、自然灾害等的后备基金或保险基金。马克思的这一概括深刻地揭示了社会保障的主要内容和实质,成为社会保障学研究的重要起点。

三、社会保障制度的形成与发展

现代社会保障制度的发展历程可以分为以下几个阶段:以英国的《新济贫法》为标志的萌芽阶段;以德国俾斯麦政府的社会保险制度为标志的形成阶段;以美国颁布的《社会保障法》为标志的初步发展阶段;以英国《贝弗里奇报告》为标志的全面发展与完善阶段;从 20 世纪 80 年代初起的改革调整阶段。

(一) 社会保障制度的发展历程

1. 第一阶段——英国《新济贫法》

延伸阅读

圈地运动后,英国偷盗者、乞讨者增多,社会不安因素急剧增加。由此,英国于 1601 年通过了《伊丽莎白济贫法》,这是社会福利史上具有里程碑意义的法案,对社会福利产生了广泛而深远的影响,为后来的贫民救济工作提供了重要的借鉴和启示。该法案的实施在一定程度上改善了贫民的生活状况,推动了社会福利事业的发展。

1834 年,英国实施了《新济贫法》,这一法律对贫民救济制度进行了重大改革。新法的核心理念是自立原则,即不再将接受公共救助视为公民的基本权利。此外,政府也放弃了为民众失业负责的立场。《新济贫法》还引入了"次于合格标准"的原则,这意味着接受救济的人所获得的援助金额必须低于有工作的人的最低工资。这一规定旨在激励人们通过工作来改善自己的生活状况,减少对救济的依赖。

总的来说,《新济贫法》的实施标志着英国贫民救济制度的一个重要转折,强调了自立和责任,并对救济的发放标准进行严格限制。这些改革措施对当时的社会福利体系产生了深远影响,并为后来的政策提供了借鉴。

2. 第二阶段——德国社会保险制度

德国俾斯麦政府于 1883 年推行的社会保险制度,标志着社会保障的发展进入了一个新阶段。

德国是世界上最早以立法形式推出社会保险计划的国家。1870 年,德国爆发的严重经济危机引发了工人阶级的激烈斗争。在这种局势下,1881 年,威廉一世颁布皇帝诏书,宣布要采取"保护"措施,推行社会改革。1884 年 6 月 27 日,国会正式通过了《工伤事故保险法案》,规定在工作中发生事故的工人或死难者家属可以从实行事故保险的同业工伤事故保险联合会中获得抚恤金。1883 年 5 月 31 日,德国国会通过了《疾病社会保险法》,规定对所有从事经济性工业活动的工人强制实行疾病社会保险,保险费的 2/3 由工人缴纳,1/3 由企业主缴纳。1888 年 11 月 27 日,德国国会通过了《老年和残疾社会保险法草案》,全面实行对工人和低职官员的老年和残疾社会保险:保险资金由国家、工人和企业主三方提供,工人和企业主各负担一半的保险费;退休工人的退休收入根据工人的原工资收入水平和所在地区等级确定;只有证明确实失去谋生能力的人才有资格享受残疾社会保险待遇,而且必须缴纳至少 5 年的保险费;年满 71 岁且缴纳保险费超过 30 年的人才能享受退休养老社会保险待遇。

上述法令的颁布标志着世界上第一个完整的社会保险体系建立,社会保险制度由此产生。20 世纪初,欧洲国家普遍实行社会保险制度,表明社会保障制度在欧洲大陆得以确立。然而,德国的社会保险制度也不是纯福利性的,它从不同角度强调劳动的重要性,其受益者并非全体公民,也非最需要救济的贫民,而是所有被雇佣的劳动者。因此,社会保险的着眼点在于生产而非济贫。

3. 第三阶段——美国《社会保障法》

自 1935 年起,美国推出了社会保障项目,其核心宗旨是为工作人员及其家属提供一系列保险福利,包括老年人、残疾人和生存者保险。不同于普遍的社会福利,社会保障福利的获取要有一定的条件限制。例如,获得这些福利的人必须有就业记录,且工作一定时间,并对社会保障体系作出贡献,即按时缴纳社会保障金。这一项目由专门的管理机构——社会保障管理局负责运作。

延伸阅读

1940—1950 年,美国的社会保险项目正处于发展的初级阶段。到了 1951 年,老年援助条款下的福利水平超过了社会保障福利,同时,享受老年援助的老年人比例也在上升。为应对这一挑战,美国于 1950 年颁布了一项重要修正案。这项修正案首次关注了现有受益者的福利,并显著提高了社会保险项目对未来受益人的价值。经过一年的努力和调整,这些问题得到了有效解决,从而确保了社会保险项目的可持续发展,并为后来的受益者提供了更好的保障。

1965 年,美国社会保障项目进一步扩展,增加了医疗保险项目下的健康保险福利。最初,社会保障法规的覆盖范围较广,不仅包括老年人、残疾人和生存者保险,还涵盖联邦拨款的社会福利项目和失业补偿救济。然而,随着时间的推移,项目重点逐渐转向老龄、残障和生存者保险。这些改革和发展使社会保障项目成为美国社会福利体系中至关重要的一环,为很多美国人提供了必要的经济和安全保障。

4. 第四阶段——社会保障的全面发展与完善阶段

社会保障的全面发展与完善阶段的标志是英国的《贝弗里奇报告》。社会保障制度在世界范围内的真正发展始于第二次世界大战之后。1944 年,受英国首相丘吉尔委托,“福利国家之父”贝弗里奇试图制订一项涵盖人们一生的公共保障计划。他主张用一种崭新的、更加完善的社会保障制度,将英国建设成为福利国家,使社会保障覆盖全体英国公民,为他们提供“从摇篮到坟墓”的完备的社会保障。

根据上述精神,英国政府以实现充分就业和社会福利为纲领,先后通过了一系列重要立法。在此基础上,1948 年,英国宣布建成“福利国家”。随后,西欧、北欧、北美、大洋洲的国家和地区也相继宣布实施“普遍福利”的政策,社会保障进入了全面发展时期。正是《贝弗里奇报告》使社会保障性待遇作为公民的一项基本权利得以确立,较为完整的现代社会保障制度的结构与框架得到开创性的界定。它不仅为英国战后重建社会保障制度奠定了基础,而且成为西方发达国家在战后发展社会保障模式的重要依据。

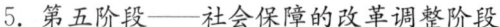

5. 第五阶段——社会保障的改革调整阶段

20世纪60年代是现代社会保障制度发展的黄金时期;70年代后,随着发达资本主义国家的经济发展进入"滞胀"阶段,社会保障制度也逐渐陷入困境;从80年代初起,现代社会保障制度进入改革调整时期。

1) 社会保障制度调整的原因

效率与公平是一对矛盾体。在市场经济中,从长远来看,公平与效率是相辅相成的。但是在短期内,由于效率提升与公平增长不同步,两者之间往往会出现矛盾。因此,社会保障必须在公平与效率之间寻求平衡。然而,在追求公平时,可能会影响效率;而在强调效率时,又可能忽视公平。20世纪80年代之前,发达资本主义国家的社会保障侧重公平,忽视了效率,其结果显而易见:国家财政负担日益加重,个人和企业的创新和发展动力不足,严重制约了经济发展。面对福利国家带来的各种弊端,社会保障制度的改革和调整成为必然。

社会保障与经济发展相互作用。社会保障建立在一定的经济基础上,其发展和完善始终受到经济状况的制约,同时对经济增长和发展产生反作用。自20世纪70年代以来,发达资本主义国家面临严峻的社会保障危机,主要原因是社会保障的快速发展超出了现有经济的承受范围。这种不协调的发展在特定环境下显现出来,对经济增长和国家宏观调控能力产生了负面影响。因此,社会保障改革和调整势在必行,其目标是寻求与社会经济协调发展相适应的最佳社会保障制度。

2) 社会保障制度存在的主要问题

一是老龄化危机。当前,许多发达国家面临老龄化问题。老年人口数量和比重的增加给这些国家带来了一系列社会经济难题,如劳动适龄人口减少和老化、老年抚养比提高、国家和企业负担加重等,严重影响了社会保障的可持续性。

二是失业危机。近几十年来,许多国家的失业人数一直居高不下,失业率维持在较高水平。一方面,失业人数增加导致享受失业保险的人数不断增加,失业保障需求增加;另一方面,失业人数增多使纳税人减少,社会保障资金供给不足,加重了政府和社会的负担。失业问题成为"福利国家"面临的重要挑战之一。

三是财政危机。社会福利支付规模日益庞大,导致社会保障支出的膨胀。福利扩张速度快于经济增长,导致财政收入无法满足福利支出的增加。此外,庞大的社会保障支出给政府带来沉重的财政负担。

四是管理危机。由于社会保障机构庞大,管理不严谨,社会保障费用的作用发挥得不充分。以英国为例,其国家审计署报告显示,其2021年因机构间信息壁垒误发23亿英镑福利金,跨系统数据对接成本年平均达1.2亿英镑。这种管理运作导致的资源浪费和效率低下是一种管理危机。

五是社会危机。福利水平较高容易导致一种社会观念的产生,即"不工作或少工作也可以生活"。这种观念容易使部分社会成员养成坐享国家福利的心态,进而导致"贫困陷阱"和"失业陷阱"问题的出现。

3) 社会保障制度改革调整的途径

(1) 修改原有规章制度,削减社会保障总支出。一是适当减少支付范围,缩小某些社会保障项目的覆盖面,即改"普遍性原则"为"选择性原则",重点帮助低收入者。二是降低社会保障金的发放标准,降低支付水平。三是严格领取津贴的资格条件,以促进相关人员的劳动欲望,减少非正常失业人口。四是缩短失业津贴的有效期。五是压缩医疗开支。六是加强对享受福利者的经济调查,以确保福利发放给那些真正需要的人群。

(2)加强管理,提高资源的使用率,减少浪费。一是改革管理模式。各项社会保险的发展背景不同,它们在给付和负担等方面存在较大差异,这既不符合公平原则,也不利于统一管理。所以,一些国家正努力实现社会保险的一元化,企图通过一元化来统一给付和负担,消除保险种类庞杂带来的负面影响。而另一些国家则试图下放权力,将统一管理改为分散管理。二是加强政府监管。国家应通过加强立法监管等积极措施,努力降低医疗费用支出。三是推进社会保障组织的社会化管理。社会保障的社会化管理是相对于国家单一管理与传统家庭保障模式而言的,即在全社会范围内由社会保障专门机构负责资金筹集、保障津贴支付、实施对社会保障对象的管理。

(3)实行私营化,扩大福利提供领域的市场经济成分。政府采取积极措施,鼓励私人机构参与社会保障管理与运营,作为"福利国家"社会保障体系的补充。在养老保险方面,政府提供各种优惠政策,鼓励社会及私人承担一部分老龄人口的赡养义务,从而减轻政府的财政负担。在医疗保险方面,积极发展私营医疗。在失业保险方面,逐步将失业保险基金的管理从政府转向民间或私营化,扩大私营保险基金的自营收入,允许基金投资的多元化。

(4)调整保障项目收支结构,减轻政府压力。20世纪90年代以来,社会保障的财政来源发生了一些变化,福利国家正在试图减轻雇主的资金负担,以便在失业率较高和外部竞争日益激烈的情况下,抑制高额的劳动成本,增强企业的国际竞争力。

除了采取以上各项开源节流措施,各国更加注重社会保障质量的提高。例如,英国布莱尔政府提出发展社会保障新思路,重点将不再是增加社会津贴,而是增加社会服务,如提供教育和保健等公共产品,采取措施进行职业培训等。

(二)社会保障制度发展的经验教训[①]

近一个多世纪以来,现代社会保障事业在各国均得到了普遍发展。19世纪80年代,社会保险在德国产生,到20世纪末,全世界已有超过170个国家在不同程度建立了现代社会保障制度。这些国家在建立和发展本国的社会保障制度方面都取得了相当的成就,但也不同程度地存在一些问题。总结社会保障制度发展实践中的经验与教训是大有裨益的。

1. 社会保障制度发展的经验

一般而言,社会保障发展要与社会经济发展相适应,这是客观发展规律,也是实践经验。各国社会保障制度发展的经验主要包括以下几个方面。

1)尊重本国的国情

鉴于西方国家社会保障制度发展实践中出现的有关问题,以及这些国家的社会保障制度总与其国情具有千丝万缕的关系,这些制度不可能被照搬到其他国家。[②] 发展中国家在建立自己的社会保障制度时,亦不再单纯效仿已有的社会保障模式,而是尊重本国国情,努力探索适合本国的社会保障道路。例如,新加坡的公积金制度、智利的养老保险由

---

① 郑功成.社会保障学:理念、制度、实践与思辨[M].北京:商务印书馆,2000.
② 丁建定.作为国家治理手段的中西方社会保障制度比较[J].东岳论丛,2019,40(4):27-33+193.

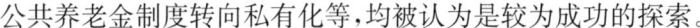

公共养老金制度转向私有化等，均被认为是较为成功的探索。

2）追求长期稳定、协调、和谐发展

从"惩戒术"到"怀柔术"，从为统治者服务到为社会长期稳定、协调、和谐发展服务，从只救助不幸者到成为共享经济社会发展成果的重大制度安排，社会保障制度确实走过了不平凡的发展历程①。人类社会发展到现阶段，越来越多的国家将社会保障制度视为国家长期稳定、协调、和谐发展的重大战略，如通过及时修订立法和完善社会保障政策来促进社会保障制度更加完善。

3）健全社会保障法律制度

健全社会保障法律制度是工业化国家建立并实施社会保障制度的重要经验。工业化国家普遍会颁布多部社会保障法律，社会保障法律在国家法律体系中占有重要地位。例如，英国就颁布过《国民保险法》《国民救济法》《国民工伤保险法》《国民保健事业法》等多部社会保障法律；日本仅在社会福利方面就颁布过有名的六部法律，其被称为"福利六法"②。

4）坚持追求社会化目标

历史上的社会保障主要由政府和教会提供保障，其与一般社会成员并未形成双向交流功能。而现代社会保障事业则被视为全体社会成员的共同事业，一些国家鼓励本国社会成员主动参与社会保障事务，包括分担缴费、参与经办社会保障事务、参与管理和监督社会保障制度的实施等，社会保障不再仅仅是政府的责任。这种做法使社会保障事业拥有了更为坚实的基础，是一项值得重视的宝贵经验。

5）重视市场机制和社会组织

一方面，由于现收现付制社会保障无法应对人口老龄化的挑战，越来越多的国家选择基金制社会保障（主要是养老保险制度）。然而，社会保障基金的长期积累又使其面临贬值风险，因此需要与资本市场相结合以实现保值增值的目标。另一方面，在市场经济条件下，越来越多国家的政府亦开始将一些社会保障事务交由市场或社会组织承担，同时利用市场机制，通过适度的竞争和对民间社会资源的调动，推动社会保障制度提高效率。

2. 社会保障制度发展的教训

无数事实证明，社会保障制度的产生与发展取得了辉煌的成就。它不仅化解了社会危机，维护了社会公平，还解除了国民的后顾之忧，缓解了社会矛盾，促进了社会经济的稳定、协调与和谐发展。然而，许多国家在进行社会保障制度改革的过程中也表明，必须高度重视其中的教训。概括起来，社会保障制度发展的国际教训主要包括以下几个方面。

第一，国家包办社会保障事务和福利的高速膨胀将带来严重的社会保障财政危机。社会保障具有刚性增长的特征，即保障项目和水平只能上升而不能下降，从而导致保障规模不断扩大，支出不断膨胀。随着这一趋势的加速，政府的财政压力也随之加重。一些国家为维持高福利，只能依靠征收高税收，但仍无法平衡社会保障的收支。严重的社会保障赤字危机一直是西方发达国家最棘手的国内问题之一，也是其他国家对西方社会保障模

---

① 邱添. 社会保障预算管理理论与实践思辨：国际经验与中国政策选择[D]. 成都：西南财经大学，2012.
② 赵立新，高华时. 日本社会保障法：发展、完善与改革[J]. 河北师范大学学报（哲学社会科学版），2021，44（6）：128-135.

式持有非议的主要原因。虽然西方发达国家的社会保障制度并未因财政危机而被叫停，但在一些国家已经出现了社会保障财政危机，特别是在养老保险方面，这表明完全由国家包办并快速膨胀的社会保障是一个深刻的教训。

第二，高水平的社会保障可能导致国民变得懒散，进而影响国家的竞争力。在一些西方国家，社会保障覆盖范围广泛且水平较高，国民即使不劳动也能依靠社会保障来满足基本生活需求，这加剧了国民的惰性。同时，高水平的社会保障会导致劳动力成本增加，不仅会超出社会经济发展的承受能力，还会增加国家的生产成本，进而对国家的国际竞争力产生负面影响。事实上，一些发达国家近年来一直在努力削减或调整社会福利，以促进本国经济的发展，这表明高水平社会保障及其带来的负面影响需要引起足够重视。

第三，社会保障制度的不完善或水平过低会进一步恶化相关社会问题。例如，一些国家由于缺乏必要的社会保障，社会问题日益严重。在非洲和南亚地区的一些国家，每年都有大量社会成员陷入严重的生存危机，无法自救，灾民流离失所的现象也很普遍。这进一步引发了严重的社会和政治危机，使这些国家的经济社会发展目标无法实现。落后国家的实际情况表明，研究社会保障问题不能只关注已建立现代社会保障制度的国家，也不能只看到社会保障水平过高带来的负面影响。发展中国家不能简单地把社会保障视为国家的负担，而应将其视为社会经济发展中必不可少的机制，使效率和公平有机结合，从而促进整个社会的协调与和谐发展。

第二节　我国社会保障制度的发展

一、我国社会保障制度的发展历程

自新中国成立至今，我国的社会保障制度已走过了 70 多年的风雨历程，从早期为适应计划经济而建立的国家和单位双轨保障体系，逐步演变为与市场经济相适应的现代社会保障机制。在这一过程中，社会保障理念由平均主义和效率优先，向注重公平性和可持续性转变。通过深入分析我国社会保障制度的历史演进，我们可以总结出宝贵的经验和规律，这些将为构建适应新时代要求的社会保障制度提供坚实的理论基础。

（一）新中国成立初期的社会保障制度（1949—1977 年）

新中国成立初期，为了稳定人民生活，恢复被战争破坏的国民经济，党和国家开始建立社会保障制度。1949 年 9 月通过的《中国人民政治协商会议共同纲领》中第三十二条规定"人民政府应按照各地各业情况规定最低工资。逐步实行劳动保险制度"。1951 年，政务院颁布了《中华人民共和国劳动保险条例》（以下简称《劳动保险条例》），这标志着中国城镇企业职工劳动保险制度的确立。1953 年和 1956 年我国对《劳动保险条例》进行了两次修订，对各项保险待遇进行了调整，总体保障水平有所提升。经过 1953 年和 1956 年两次扩面之后，到 1956 年，我国享受劳动保险待遇的职工人数相当于当年国营、公私合营、私营企业职工总数的 94%。同时，由于劳动保险制度是对低工资制的补充，其为城镇居民提供了"从摇篮到坟墓"的保障。这一时期的社会保险制度是一种"国家/企业保险"

制度。

"文化大革命"时期,"国家/企业保险"制度模式受到极大的冲击,从1966年年底劳动部遭到严重冲击到1970年劳动部被撤销,工会系统几乎陷于瘫痪,社会保险管理机构已无法履行职能。1969年,财政部颁发《关于国营企业财务工作中几项制度的改革意见(草案)》,规定"国营企业一律停止提取劳动保险金""企业的退休职工、长期病号工资和其他劳保开支,改在营业外列支"。这标志着中国的"国家/企业保险"制度模式变为"企业保险"制度模式,劳动保险自此变成企业内部事务,并一直延续到改革开放初期。

(二)改革开放初期的社会保障制度(1978—1998年)

1978年,党的十一届三中全会召开,改革开放拉开序幕。随着家庭联产承包责任制的推行,原先依附于计划经济体制的农村社会保障体系面临挑战。在城镇,党和国家也开始了对国有企业改革的探索。

1979年,国务院颁布了《关于扩大国营工业企业经营自主权的若干规定》等文件,随后两次推行利改税。1982年,国务院颁布的《企业职工奖惩条例》提出,在符合严格规定的条件和程序要求下,企业可以开除职工。到1984年,党的十二届三中全会提出"发展社会主义商品经济""增强企业活力是经济体制改革的中心环节",企业的经营自主权日益扩大。1984年通过的《中共中央关于经济体制改革的决定》提出进一步贯彻落实按劳分配的原则。1985年,国务院发布了《关于国有企业工资改革问题的通知》,决定在国有大中型企业中实行职工工资总额同经济效益挂钩,按比例浮动的办法。1986年,国务院发布了《国营企业辞退违纪职工暂行规定》,赋予企业在经教育或行政处分依然无效的情况下,辞退有违规行为职工的权力。

1987年,党的十三大报告明确提出,实行以按劳分配为主体的多种分配方式。随着收入分配制度改革的发展,企业的经济效益与职工的切身利益之间关系日益紧密,原有的企业保险形式对于开始出现的企业负担不均问题"束手无策"。1993年,党的十四届三中全会进一步提出构建多层次社会保障制度的目标,并就资金来源、保障方式、管理机构等方面提供了详细指导。1995年出台的《关于深化企业养老保险制度改革的通知》确立了社会统筹与个人账户相结合的养老保险新框架,并提议探索补充养老金制度。随着国企改革的深入和社会主义市场经济体制的确立,社会保障制度改革与建设的步伐明显加快,迈入了体系化构建的新阶段。1998年,国务院正式颁布了《关于建立城镇职工基本医疗保险制度的决定》,这标志着新型医疗保险制度在我国的确立。

(三)社会保障制度走向完善(1999—2011年)

1. 养老保险制度

2000年,国务院发布《关于完善城镇社会保障体系试点方案》,将辽宁省确定为试点区域,探索把城镇企业职工基本养老保险的社会统筹部分与个人账户部分,实行分账管理和独立运行。2001年,《全国社会保障基金投资管理暂行办法》的颁布,进一步规范了全国社会保障基金的投资运行行为。2004年,劳动和社会保障部发布《企业年金试行办法》与《企业年金基金管理试行办法》,这两个文件明确将企业年金制度定位为信托制缴费确定(defined contribution, DC)型制度。2005年,国务院颁布《关于完善企业职工基本养老保险制度的决定》(国发〔2005〕38号),根据该文件,基础养老金开始与缴费关联。2006年,

《全国社保基金境外投资管理暂行规定》出台,对境外投资运作进行了规范。2008 年 6 月,国务院召开常务会议,研究部署新型农村社会养老保险试点,会议指出,即将建立的新型农村社会养老保险制度,是正在加快建立的覆盖城乡居民的社会保障体系的重要组成部分,对确保农村居民基本生活、推动农村减贫和逐步缩小城乡差距、维护农村社会稳定意义重大,同时对改善农民心理预期、促进消费、拉动内需也具有重要意义。

2. 医疗保险制度

经过多年的试点,1998 年,国务院正式颁布了《关于建立城镇职工基本医疗保险制度的决定》,明确提出建立个人账户和社会统筹相结合的城镇企业职工基本医疗保险制度。1999 年,在该文件的指导下,各部委又颁发了《城镇职工基本医疗保险定点零售药店管理暂行办法》《城镇职工基本医疗保险定点医疗机构管理暂行办法》《城镇职工基本医疗保险用药范围管理暂行办法》《关于城镇职工基本医疗保险诊疗项目管理的意见》等配套文件,这些文件成为新型医疗保险制度实施的重要依据。2005 年,国务院办公厅发布了《关于建立城市医疗救助制度试点工作的意见》,其总目标是从 2005 年开始,用 2 年时间在各省、自治区、直辖市部分县(市、区)进行试点,之后再用 2~3 年时间在全国建立起管理制度化、操作规范化的城市医疗救助制度。2006 年,劳动和社会保障部发布了《关于开展农民工参加医疗保险专向扩面行动的通知》,提出全面推进农民工参加医疗保险工作。2007 年,国务院颁布了《关于开展城镇居民基本医疗保险试点的指导意见》,指出城镇居民医疗保险主要覆盖城镇非从业人员,并以大病统筹为主,实行现收现付制。

3. 失业保险制度

1999 年,国务院颁布了《失业保险条例》,这标志着我国的失业保险制度发展进入一个新的阶段。和以前的《国有企业职工待业保险规定》相比,该条例有以下几方面的进步:第一,用"失业保险"取代"待业保险",同时,"待业救济金"也改为"失业保险金";第二,失业保险制度的覆盖范围由以前的国有企业扩大到全部的企事业单位;第三,调整了失业保险费的缴费比例,个人开始缴费,确立了个人和单位共同缴费的分担机制;第四,提高了失业保险基金的统筹层次,有利于在更大范围内调剂使用失业保险基金;第五,失业保险金的给付标准和最低工资、最低生活保障线挂钩,使给付具有了一定的科学性。

4. 工伤保险制度

2003 年,国务院颁布了《工伤保险条例》,这成为我国工伤保险改革进入加快阶段的标志。《工伤保险条例》的进步之处主要表现在以下几方面:第一,法律位阶提高,其从部门规章上升到行政法规;第二,对工伤保险对象作出了明确规范,规定中华人民共和国境内的各类企业、有雇工的个体工商户都要参加工伤保险;第三,确定了我国的工伤保险制度包括经济补偿、工伤预防和职业康复三大职能。随后,国务院颁布了《关于解决农民工问题的若干意见》,进一步明确提出要依法将农民工纳入工伤保险范围;工伤覆盖范围进一步扩大;扩大了工伤保险基金的支付范围等。2008 年,人力资源和社会保障部印发了《工伤康复诊疗规范(试行)》和《工伤康复服务项目(试行)》,这标志着我国的工伤康复试点工作进入实质性启动阶段,工伤保险制度进一步完善。

(四)社会保障制度建设进入新时代(2012 年至今)

党的十八大以来,党中央把社会保障体系建设摆在更加突出的位置,推动我国社会保障体系建设进入快车道。中央政治局、中央全面深化改革委员会等多次研究审议改革和完善基本养老保险制度总体方案、深化医疗保障制度改革意见等,对我国社会保障体系建设作出顶层设计,改革的系统性、整体性、协同性进一步增强。该阶段我国始终坚持把社会保障覆盖全民作为全面建成小康社会的目标,提出了全覆盖、保基本、多层次、可持续的方针。社会保障制度建设驶入快车道,呈现出以下鲜明特点:一是系统设计、全面推动,制度改革由过去的以地方试点为主转向以顶层设计为主,党中央对我国社会保障制度建设作出一系列谋划长远的顶层设计,改革的系统性、整体性、协同性进一步增强。二是立柱架梁、夯基垒台,一系列具有里程碑意义的改革举措出台,改革力度之大前所未有,呈现出全面发力、多点突破、整体推进的新局面。三是统筹城乡、并轨运行,制度建设朝着整合统一迈进。2015 年,统筹城乡居民养老保险制度后,国务院改革机关事业单位养老保险制度,打破"双轨制"。四是应保尽保、全面覆盖,覆盖范围由广覆盖迈向全覆盖,由制度全覆盖向人员全覆盖转变。

党的十九届四中全会再次提出加快建立基本养老保险全国统筹制度,积极应对人口老龄化,加快建设养老服务体系的要求。2019 年 11 月,我国印发的《国家积极应对人口老龄化中长期规划》再次强调"构建管长远的制度框架,制定见实效的重大政策"。可见,进入新时代后,养老问题仍是事关国家发展全局的重要民生议题之一。2021 年 2 月26 日,习近平总书记主持中央政治局第 28 次专题学习时指出,社会保障是保障和改善民生、维护社会公平和增进人民福祉的基本制度保障,是促进经济社会协调发展、实现全体国民共享发展成果的重要制度安排,是治国安邦的大问题。

2022 年党的二十大报告中指出:"我们要实现好、维护好、发展好最广大人民根本利益,紧紧抓住人民最关心最直接最现实的利益问题,坚持尽力而为、量力而行,深入群众、深入基层,采取更多惠民生、暖民心举措,着力解决好人民群众急难愁盼问题。"党的二十大报告关于社会保障的表述,包括五方面的含义:一是完善多层次、多支柱养老保险体系,促进多层次医疗保障有序衔接,建立长期护理保险制度,积极发展商业医疗保险。这更好体现了社会公平正义,可满足人民群众多样化多层次的差异化需求。二是提高养老、医疗、失业、工伤保险的统筹层次。这结合了当前我国发展的阶段性特征和要求,有利于平衡地区间养老保险基金、医保基金的失衡状态,同时为异地结算带来便利。三是实施渐进式延迟法定退休年龄的做法。这有利于应对人口老龄化趋势、顺应人均预期寿命增长的趋势、适应劳动力结构变化的特点,对我国经济的长期均衡发展具有重大意义。四是完善公共服务平台建设,健全监管体系,加快完善全国统一的社会保险公共服务平台,全国一体的社会保险经办服务体系和信息系统有助于实现社会保险基本公共服务标准化。健全社保基金保值增值和安全监管体系,确保各项社保基金收支平衡,保障制度的长期稳定运行。五是健全分层、分类社会救助体系,坚持男女平等,保障妇女儿童、残疾人的合法权益。这体现了社会保障制度是保障基本民生、促进社会公平、维护社会稳定的兜底性制度安排。

二、我国社会保障制度的发展思路

立足于全面建成社会主义现代化强国的新时代,基于社会保障制度自身的发展规律和中国的国情,以及几十年来我国社会保障制度的变革历程,我们可以概括出我国社会保障未来发展的基本轮廓①。各界在讨论新型社会保障制度的发展目标时,应当避免陷入认识误区和可能导致不良后果的政策取向:一是尽快实现制度定型,二是维系整个社会经济的长期稳定协调发展,三是保障城乡居民的基本生活并使其生活质量不断得到改善,四是促使制度的有效性不断提高。在建设新型社会保障制度的进程中,我国应当坚持协调与可持续发展观,树立以人为本和公平的价值取向,最终建成一个健全的、覆盖全体国民的社会保障制度。

(一)坚持扩大社会保障的范围

社会保障制度在社会发展中的地位毋庸置疑。国家只有实行全覆盖、多层次的社会保障制度,让全体社会成员都能受益,才能真正发挥社会保障制度在社会发展中的作用。因此,国家将扩大社会保障覆盖面作为社会保障改革的目标之一。在社会保险方面,国家应逐步将范围扩大到所有与用人单位建立劳动关系的劳动者,既包括灵活就业的劳动者,也包括一些自我雇佣者和自我服务者。在社会救助方面,国家应当加大财政开支,建立完善的对贫困居民的救助制度,应进一步放宽救助条件,提高生活困难补助标准,使社会贫困人口都因此而受益。在社会福利方面,国家要提升社会福利在整个社会保障中的地位和作用,改革现行的福利体制,重整福利资源,将社会福利制度化、法律化,让全体国民都能够通过社会福利制度分享到社会发展的成果。

(二)坚持加大社会保障再分配力度

从发达国家经验和我国全面建成小康社会的成功实践来看,社会保障的再分配力度直接决定着社会的平等度。在我国走向共同富裕的历史进程中,加大社会保障的再分配力度已经成为社会共识。从现实出发,参照欧盟或者经济合作与发展组织(OECD)国家的现有水平,我国应当明确如下发展目标②:一是到 2035 年将社会保障支出占国内生产总值(GDP)之比逐步提高到 20％以上,这是目前中等发达国家的平均水平,它体现的是一个国家或地区通过社会保障制度安排实现社会共享的程度,同时也反映着社会平等度;二是将财政性社会保障支出占国家财政支出之比逐步提高到 40％以上,这是目前中等发达国家的平均水平,它体现的是政府财政的公共性以及政府对国民福利承担的责任大小;三是对社会资源的调动,市场主体的参与和社会力量(如慈善事业的发展水平)都对整个社会保障制度的发展及其再分配功能的强弱产生重要影响。无论如何,明确加大社会保障再分配力度的目标及实现目标的行动方案非常重要。

(三)有效筹集社会保障基金

政府在社会保障制度运行中起主导作用。社会保障制度的运行必须有资金的支持,政府必须主导社会保障基金筹集,应当采取多种方式来充实社会保障基金③。例如,国家可通过依法划转部分国有资产做实个人账户,也就是说将部分国有资产从国家财政转为社会保障基金。国家还可以考虑其他方式来充实社会保障基金,如开征新的税种,可以考虑开征遗产税等。此外,国家可以发行用于社会保障的专项国债等,通过多种开源方式来筹集社会保障资金,使社会保障制度正常运行。社会保障基金的征缴是社会保障基金来

① 郑功成.中国社会保障:现状、挑战与未来发展[J].中国社会保障,2022(9):20-23.
② 郑功成.中国社会保障:现状、挑战与未来发展[J].中国社会保障,2022(9):20-23.
③ 韩克庆.中国社会保障学科建设:发展现状、核心问题与制度应对[J].社会科学,2021(10):47-56.

源的保障,国家需要在立法上对社会保障基金的征缴予以规范,特别是要严厉制裁拖欠和逃避社会保障基金的行为①。在社会保障基金的管理上,国家既要考虑安全,又要考虑效率,在保证安全性的前提下,应当尽可能地使社会保障基金增值。国家应加强对社会保障基金的监管,同时需要对社会保障基金进行投资运作。例如,国家可以采取信托投资的方式来管理社会保障基金,使其在法律上成为相对独立的财产。此外,国家应当采取组合投资的模式进行投资,以降低风险。

(四)加快农村社会保障制度的建立

政府应当立足于农村人口多、农民收入普遍偏低,且地区发展不平衡的特点,采取循序渐进的原则来解决农村养老保障问题。就目前而言,在一些经济发达的农村地区,政府可以通过引导、鼓励措施来推行养老金计划,关键是要确定合理的缴费比例,提高养老基金投资回报率,放宽养老金资本市场运作的条件,以吸引更多的参加者,待条件成熟后,可逐渐将其从自愿保险向强制保险过渡。在经济欠发达的农村地区,政府还是应当以传统的养老模式为主,继续实行农村五保户供应制度,同时强化家庭养老功能,在达到一定经济条件后再实行养老金计划。在农村养老保障问题上,国家的责任很重大。对实行强制养老金计划的农村地区,国家应当通过财政补贴的办法向农民发放养老补贴,以推动农村养老保障制度的实施。对不具备实行条件实行养老金计划的农村地区,国家应加大社会救济的力度,以保障农民基本生存权的实现。

(五)加快社会保障立法进程

法治化是社会保障制度成熟的标志。针对现行社会保障制度主要依靠政策性文件主导的局面,我国需要全面加快社会保障立法步伐,以健全的法律体系为人民提供清晰、稳定的社会保障预期②。我国社会保障制度改革已推行几十年,但社会保障立法还相对滞后。唯有加快社会保障立法,才能更好地建立和健全社会保障制度,发挥其保障公民的生存权、稳定社会秩序、促进经济发展的功能,实现经济和社会的协调发展。

总之,社会保障制度作为我国走向共同富裕的重要制度支撑,正在全面快速发展,"十四五""十五五"时期是全面建成中国特色社会保障制度体系的关键期。在这一进程中,我国应借鉴德国等国家或地区的成功经验,同时吸取拉美国家的失败教训,相信我国也必定将以成功的实践为当今世界社会保障发展提供有益启示。③

 案例与评析

一、案例与材料

英国的社会保障制度属于福利国家型的社会保障制度,其包括的项目有40多种,主要涉及社会保险、社会救助、福利津贴、社会服务、医疗保健等方面。第二次世界大战以来,福利国家制度一直是英国政府奉行的基本国策,社会保障制度作为"社会安全阀",在英国政治、经济和社会稳定中发挥着极其重要的作用。

① 郑功成. 中国社会保障:现状、挑战与未来发展[J]. 中国社会保障,2022(9):20-23.
② 金锦萍. 论法典化背景下我国社会保障法的体系和基本原则[J]. 法治研究,2023(3):33-48.
③ 郑功成. 中国社会保障:现状、挑战与未来发展[J]. 中国社会保障,2022(9):20-23.

德国的社会保障制度属于社会保险型的社会保障制度,主要包括社会保险(含养老保险、失业保险、医疗保险、工伤保险)、社会救济、社会福利、住房补贴等。德国社会保障制度以社会保险制度为核心内容,并辅以社会救济和社会福利,对德国经济发展和社会稳定产生了积极的促进作用。

新加坡的社会保障制度属于个人储备积累型的社会保障制度,以中央公积金制度为主要内容。中央公积金制度的具体内容有:①保障对象,凡受雇雇员,其月收入在一定金额以上者,一律缴纳公积金;雇主及个体经营者也一律参加;②缴费办法,雇主和雇员均按一定比例缴交公积金;③公积金安排,加入公积金的成员每人都有3个账户——普通账户、特别账户和保健储蓄账户,用途各不相同,不得串支。与许多发达国家明显不同的是,新加坡没有针对失业问题的公积金的安排,政府对失业者的唯一帮助是为失业者提供就业岗位。政府投入大量资金用于员工技能和转岗培训,使失业者尽快重新就业。新加坡的中央公积金制度对新加坡经济发展和社会稳定起到了积极的作用:首先,它在国家财政没有沉重的福利包袱的前提下,使人民有了养老、医疗、住房、子女教育等方面的切实保障;其次,它在促进新加坡经济以每年平均10%的增长速度递增的同时,确保了社会保障累积基金的增值;最后,它有利于激发劳动者的生产协作性,克服劳动者对社会保障制度的过分依赖心理。

二、问题与分析

材料中英国、德国、新加坡的社会保障制度是否还存在其他问题,请查阅资料进行分析。

英国的福利国家制度在给人们提供社会安全保障的同时,也面临着许多问题:首先,福利支出居高不下,政府财政负担过重;其次,来自人口老龄化的压力使英国社会福利支出日益庞大;再次,失业率居高不下,一方面减少了政府的税收来源,另一方面又增加了失业救济的负担;最后,办事机构臃肿,经济效率低下。

德国的社会保障制度也存在一些问题:①社会保障的支出增长率超过国民生产总值的增长率,大大加重了政府的财政负担,使政府利用财政手段来刺激经济发展的能力大大减弱。②社会保障费用持续上升,使劳动力成本提高,产品价格上涨,国际竞争力下降,并最终影响主要依赖国际市场的国民经济。③德国统一后,原联邦德国和民主德国居民在社会保障制度、资金来源、保障待遇水平及组织管理方式上均存在很大的差异。

新加坡的福利制度存在的问题主要包括:第一,在新加坡的中央公积金制度下,社会成员之间没有互济特征,与社会保障的本质特征即社会性和互济性不相吻合。因此,从严格的意义上说,它不能称得上是现代社会保障制度。第二,其提供的保障水平参差不一,对年轻雇员和低薪雇员的生活保障水平较低。第三,过度的储蓄降低了人们的当期消费,限制了国内有效社会需求,同时,人们未来的基本生活保障变现将存在较大风险。第四,过高的缴费比率降低了人们储蓄的可能性。

(根据相关资料整理所得。)

 本章小结

社会保障制度自形成以来,在促进社会经济发展和维护社会稳定方面发挥了关键作用。这一制度已经在全球 170 多个国家和地区得到实施。通过提供基本的经济保障和福利,社会保障制度有助于减少贫困,提高民众生活水平,并促进社会的和谐与进步。

现代社会保障制度的形成与发展过程分为:以英国的《新济贫法》为标志的萌芽阶段;以德国俾斯麦政府的社会保险制度为标志的形成阶段;以美国颁布的《社会保障法》为标志的初步发展阶段;以英国《贝弗里奇报告》为标志的全面发展与完善阶段;从 20 世纪 80 年代初起的改革调整阶段。

自新中国成立以来,我国的社会保障制度已经历了 70 多年的发展和变革,从最初为适应计划经济而建立的国家和单位双轨保障体系,逐步演变成与市场经济相适应的现代社会保障机制。通过对我国社会保障制度历史演进的深入分析,我们可以总结出宝贵的经验和规律。这些经验和规律为我国构建适应新时代要求的社会保障制度提供了坚实的理论基础。在新时代的背景下,我国需要依据这些经验和规律,不断优化和完善社会保障制度,以确保其能够更好地服务人民,促进社会的和谐稳定发展。

 练习与思考题

1. 社会保障制度产生的经济根源是什么?
2. 社会保障制度产生的现实原因是什么?
3. 社会保障制度的形成和发展分为几个阶段?各阶段的主要标志是什么?
4. 简述我国社会保障制度的发展历程。

第三章
社会保障体系与模式

导读

数字经济背景下健全我国社保体系的政策建议

数字经济为我国社会保障制度在社会治理中更好发挥作用提供了诸多机遇,我国需要完善相关制度设计和各类风险管控,以充分利用这些机遇。为此,本文提出如下政策建议。

第一,充分利用数字技术,提升社保服务数字化、智能化水平,突破时间和空间限制,获得多样化、个性化、便利性的服务,是参保企业和参保人最为迫切的需求。

第二,增加高质量社保数据供给,充分发挥数据在社保体系健康运行中的作用。高质量社保数据包括参保人和不同政府部门的信息。我国社会保障制度处于不断改革完善的阶段,参保人要理解政策内容具有一定的障碍。因此,需要对政策进行专业化的解读,让参保人可以获取对自身有益的信息。

第三,完善信息保护措施,防范数字化风险。数字平台提升了效率,但同时也带来了风险。数字化平台面临信息泄露、数据丢失、黑客攻击、病毒感染等问题,需要安全的存储、传输和处理环境,各类信息所有权、主导权、安全性面临着前所未有的挑战。

第四,深化社会保障制度改革及相关税制改革。数字经济发展将扩大资本和劳动之间、不同技能劳动者之间的收入差距,个人对社会保障的需求更为迫切。社会保障制度可以通过政府强制性征收社保费用,在工作与不工作的人之间进行再分配,这一再分配还可以提高劳动者工作时的均衡工资,从而激励劳动生产率较高的人继续工作,提高劳动份额,降低资本份额。

（资料来源:封进.数字经济下社会保险体系:机遇、挑战与改革[J].社会保障评论.2023(5):24-35.）

本章知识结构框架

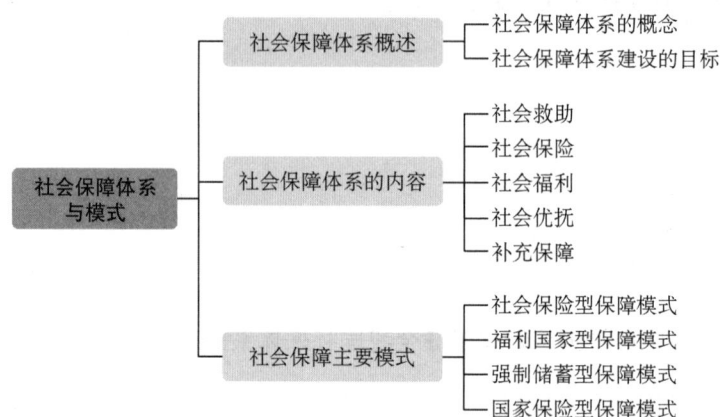

 本章学习目标与要求

通过本章的学习,学习者应了解社会保障体系的概念与建设目标,掌握政府主导的基本社会保障制度与民间及市场主办的各种补充社会保障方式的结构、基本内容,在把握基本国情与社会背景的基础上理解不同社会保障模式的特点与区别。

 本章学习重点

- 社会保障体系的概念
- 社会保障的体系组成
- 社会保障的主要模式

第一节　社会保障体系概述

一、社会保障体系的概念

社会保障体系是指国家通过立法制定的社会保险、社会救助、社会福利、社会优抚等一系列制度的总称,其中社会保险是社会保障体系的核心组成部分。社会保障体系是现代国家最重要的社会经济制度之一,它保障全社会成员基本生存发展需要,特别是保障公民在年老、生病、伤残、失业、生育、死亡、遭遇灾害、面临生活困难时的特殊需要。同时,社会保障体系的建设是一个长期而复杂的过程,需要政府、企业、社会组织和个人共同努力。社会保障体系的完善可以促进社会公平和稳定,提高公民的生活质量和幸福感。

由于影响社会保障的因素复杂,各国的具体国情又差异甚大,各国社会保障体系都经历了从单一保障项目到多个保障项目、从单一层次保障到多层次保障、从相互割裂的"头痛医头"措施到相互协调的完整体系的历程。社会保障体系的发展过程可以大致分为以下几个阶段。

（1）工业化前阶段：在工业化之前，社会保障体系基本上不存在，个体和家庭主要依靠自己的劳动、亲属关系和慈善事业等来维持生计。

（2）19世纪末至20世纪初的初步探索阶段：随着工业化的兴起和工人阶级的崛起，一些国家开始尝试建立一些最基本的社会保障制度，如工伤保险和养老金制度。

（3）第一次世界大战后的扩展阶段：第一次世界大战之后，许多国家开始认识到建立健全社会保障体系的重要性，并逐渐开始引入失业保险、医疗保险等制度。

（4）20世纪中期的高峰阶段：到20世纪中期，许多发达国家建立了全面的社会保障体系，包括养老金、医疗保险、失业救济等，这一阶段也被称为福利国家时代。

（5）20世纪末至21世纪初的调整和改革阶段：到20世纪末，许多国家开始面临人口老龄化、医疗成本上升等问题，开始进行社会保障体系的调整和改革，以确保其可持续性和效益。

（6）21世纪的新挑战阶段：进入21世纪之后，随着全球化、技术发展和新兴经济体的崛起，社会保障体系面临着新的挑战，需要不断适应经济、社会和人口结构的变化。

由于不同时期强调的重点不同，我国各界对社会保障体系的表述在政策文献及论著中也互有差别，但总体方向是不变的。例如，党中央在《关于建立社会主义市场经济体制若干问题的决定》中提出建立多层次社会保障体系的任务，包括社会保险、社会救济、社会福利、优抚安置和社会互助、个人储蓄积累保障。2022年，党的二十大报告明确指出"社会保障体系是人民生活的安全网和社会运行的稳定器。健全覆盖全民、统筹城乡、公平统一、安全规范、可持续的多层次社会保障体系"，这为新时代社会保障体系建设指明了方向。

总的来说，现代社会保障体系的发展经历了从初步探索到建立完善制度，再到面临新挑战的演变过程。不同国家社会保障体系在不同阶段的发展也受到其政治、经济、文化等多方面因素的影响。在了解和掌握不同社会保障模式的特点和区别的基础上，我们可以更好地理解和应对当前我国的社会保障形势和挑战。同时，通过借鉴国际经验，学习其他国家和地区的社会保障制度安排，我们也可以不断完善和发展我国的社会保障体系，提高社会福利水平。

二、社会保障体系建设的目标

社会保障体系建设的目标是为社会中的个体和群体提供完整的、协调的、具有层次性的社会保障，以确保每个人在不同生命周期和生活阶段都能够享有基本的经济和社会保障。[①]

（一）完整的社会保障体系

社会保障体系建设的目标应当是建立完整的社会保障体系，即覆盖公民社会生活中各个方面的需求。随着现代社会的进步与发展，国家和社会运用社会保障手段来解决现

---

① 郑功成. 社会保障概述[M]. 上海：复旦大学出版社，2019.

实社会问题。在国际上,国际劳工组织有关公约所规定的九项保障内容,包括医疗津贴、疾病津贴、失业津贴、老龄津贴、工伤津贴、家庭津贴、生育津贴、残废津贴、遗属津贴,可以作为一个较为完整的社会保障体系的最低内容要求。

(二) 协调的社会保障体系

不同领域、不同层次的社会保障目标应该相互协调,确保各个组成部分相互补充,形成一个有机整体。不同领域、不同层次的社会保障之间协调有助于防止目标之间的冲突,提高社会保障体系的效益。因此,社会保障体系应当具有协调性。社会保障各个子系统与各项目之间的发展水平应相互协调,不能畸高或畸低,造成社会保障对象之间的对立。

(三) 具有层次性的社会保障体系

社会保障体系应具有层次性,覆盖不同层面的需求,即从基本的生存需求到更高层次的生活品质需求。

完整、协调和具有层次性的社会保障体系才是一个全面、强大、公正的和可持续的社会保障体系,才能应对个体和社会面临的各种风险和挑战。

第二节　社会保障体系的内容

一、社会救助

社会救助也称社会救济,是指国家和社会对因各种原因无法维持最低生活水平的公民给予无偿救助的一项社会保障制度。社会救助是最基础的、最低层次的社会保障,其主要目的是保障公民享有最低生活水平,其给付标准低于社会保险。社会救助是最早产生的,至今仍发挥着重要作用的社会保障制度。公民参加社会保险是需要缴费的,而无收入和低收入的人没有缴费能力,所以社会救助的对象是社会保险没有覆盖的人群。社会救助是社会保障体系的必要组成部分,对社会安全和人的生存起到兜底的作用,被称为"最后一道安全网"[①]。

社会救助主要包括生活救助、医疗救助、教育救助、住房救助、就业救助、临时救助。

(一) 生活救助

生活救助是指政府或社会组织提供给生活困难、贫困人群的基本生活保障,包括提供日常生活所需的食品、住房、服装、卫生等物资或资金,以保障其基本的生存需求。

(二) 医疗救助

医疗救助是指在个体或家庭因疾病或健康问题而需要支付医疗费用时,政府或社会组织提供的经济支持或医疗服务援助,以保障人们的健康和医疗需求。

(三) 教育救助

教育救助是指在个体或家庭面临教育相关费用(如学费、书费等)的问题时,政府或社

---

① 孙光德.社会保障概述[M].北京:中国人民大学出版社,2015.

会组织提供的经济援助,以促进教育的普及和公民受教育水平的提高。

(四) 住房救助

住房救助是指政府或社会组织通过提供住房补贴、租金补助或提供廉租房等方式,帮助个体或家庭解决住房问题,改善其居住条件。

(五) 就业救助

就业救助是指政府或社会组织通过提供职业培训、就业指导、职位推荐等方式,帮助个体或失业人群找到工作,提高其就业能力。

(六) 临时救助

临时救助是指在特定紧急情况下,政府或社会组织为了帮助个体或家庭渡过困难时期提供临时性经济援助,以解决短期生活困境。

社会救助措施通常由政府或非营利组织提供,旨在帮助那些处于困境或需要特别支持的个体或家庭,以保障其基本生活、健康、教育和住房等方面的权利。这些救助措施在不同国家和地区可能会有不同的名称和实施方式,但其共同的目标是促进社会公平,减少贫困和不平等。

二、社会保险

社会保险是国家通过立法强制建立社会保险基金,对劳动者在丧失劳动能力或失业时给予必要帮助的制度。社会保险是社会保障制度的核心内容,不以营利为目的,其主要通过筹集社会保险基金,并在一定范围内对社会保险基金实行统筹调剂,当劳动者遭遇劳动风险时给予其必要的帮助。社会保险为劳动者提供基本生活保障,劳动者只要符合享受社会保险的条件,即可享受社会保险待遇。

社会保险主要包括养老保险、医疗保险、生育保险、工伤保险、失业保险。

(一) 养老保险

养老保险是指劳动者在达到法定退休年龄或因年老、疾病丧失劳动能力时,按国家规定退出工作岗位并享受社会给予的一定物质帮助的一种社会保险制度。养老保险待遇包括离休费、退休费、退职生活费以及物价补贴和生活补贴等。

(二) 医疗保险

医疗保险是指劳动者因疾病、伤残或生育等原因需要治疗时,国家和社会向其提供必要的医疗服务和物质帮助的一种社会保险制度。医疗保险待遇包括基本医疗保险、大病医疗保险。

(三) 生育保险

生育保险是指国家通过立法,在女性劳动者因生育子女而暂时中断劳动时,国家和社会及时给予其必要的经济补贴和医疗保健的一种社会保险制度。生育保险待遇包括生育补助金和医疗服务等。

(四) 工伤保险

工伤保险是指劳动者因工作受伤致残,暂时或永久丧失劳动能力时,有权从国家和社会获得必要物质帮助的一种社会保险制度。工伤保险待遇包括工伤待遇、医疗期的生活待遇、康复待遇、死亡待遇和因工伤残待遇等。

（五）失业保险

失业保险作为一种解除劳动者后顾之忧和化解失业带来的不利影响的一种制度安排，是社会保险系统的重要组成部分。失业保险的保障对象是社会劳动者，当依法参加失业保险的社会劳动者因失业而失去收入来源时，失业保险机构即会根据规定向其提供物资帮助，以保障失业者及其家属的基本生活。

除了上述五种保险，社会保险还涉及残障保险、死亡保险、护理保险等项目。在各种保险中，就其对社会和经济的影响而言，养老保险和医疗保险最为重要。养老保险涉及的人口最多，保险给付的金额也最多，尤其是在人口老龄化速度加快的背景下，其重要性更为突出。医疗保险最为复杂，涉及医、保、患等多方利益关系。养老保险和医疗保险是社会保险中最重要的两个险种。

三、社会福利

延伸阅读

社会福利是指国家依法为所有公民提供旨在保证其一定生活水平和尽可能提高生活质量的资金和服务的一种社会保险制度。

社会福利有广义和狭义之分。广义的社会福利是指提高广大社会成员生活水平的各种政策和社会服务，旨在解决广大社会成员在各个方面的福利待遇问题。狭义的社会福利是指对生活能力较弱的儿童、老人、残疾人、慢性精神病人等提供社会照顾和社会服务。社会福利包括的内容十分广泛，不仅包括生活、教育、医疗方面的福利待遇，还包括交通、文娱、体育等方面的待遇。

社会福利是一种服务政策和服务措施，其目的在于提高广大社会成员的物质和精神生活水平，使之得到更多的享受。同时，社会福利也是一种职责，是国家在社会保障的基础上保护和延续有机体生命力的一种社会功能。社会福利为法律或政策范围内的所有公民提供福利保障，具有普遍性。并且，社会福利也是最高层次的社会保障体系，其目的是提高受益者的生活质量。

社会福利主要包括公共福利、职业福利、老年人福利、残疾人福利、儿童福利、妇女福利。

（一）公共福利

公共福利是社会福利的重要项目，它是国家和社会为满足全体社会成员的物质及精神生活基本需要而兴办的公益性设施和提供的相关服务。

（二）职业福利

职业福利是单位在工资和社会保险之外，为职工提供的各种福利设施和福利项目的总称。

（三）老年人福利

老年人福利是国家和社会为发扬敬老爱老美德、安定老年人生活、维护老年人健康、充实老年人精神文化生活而采取的一系列物质帮助、服务支持和政策保障。

（四）残疾人福利

残疾人福利是国家和社会在保障残疾人基本物质生活需要的基础上，为残疾人在生活、工作、教育、医疗和康复等各方面所提供的设施、条件和服务。

（五）儿童福利

儿童福利是国家和社会为促进儿童生理、心理及社会潜能最佳发展而提供的物质支持、服务保障和政策保护体系。

（六）妇女福利

妇女福利是国家和社会为妇女的特殊需要和特殊利益而提供的照顾和特殊服务。

四、社会优抚

社会优抚是针对军人及其家属所建立的社会保障制度，是国家和社会为军人及其家属提供各种优待、抚恤、安置等待遇和服务的一个综合性保障系统。

军人身份的特殊性和保密性要求决定了社会优抚不可能与针对普通社会成员的社会保障一样，而是需要相对独立的制度安排，因此世界各国都有专门针对军人这一特殊职业的专门保障制度。例如，美国社会保障体系中就有军职人员退职退休津贴等特殊项目。

社会优抚的主要内容包括：

第一，从保障对象来看，社会优抚的对象是军人及其家属，是具有特殊贡献的群体。特殊贡献主要是指为国家和民族利益作出的奉献和牺牲，特殊群体包括人民解放军现役军人、革命伤残军人、复员退伍军人、革命烈士家属、因公牺牲的军人家属、病故军人家属及现役军人家属等。

第二，从责任主体来看，社会优抚是国家和社会的责任。社会优抚本身是一种社会、政治、经济行为的有机结合，其对象是为国家作出特殊贡献的群体，这一特殊性决定社会优抚的组织者和实施者必须是政府。

第三，从保障内容来看，国家和社会有责任保障军人及其家属的生活水平略高于一般保障对象的平均生活水平。社会优抚的基本目的是保障优抚对象基本的生活需要，但军人身份的特殊性可以使其享受略高于一般保障对象平均生活水平的保障待遇。除此之外，社会优抚不仅要保障优抚对象的物质生活，而且应包含带有褒扬和抚慰性质的精神保障。

第四，从保障政策来看，社会优抚是一项社会政策，同时是一项进行国民收入纵向分配的特殊制度安排。优抚特殊行业、特殊贡献者及其家属，是具有立法依据并得到全社会认可的社会政策措施。[①]

第五，从保障意义来看，军人职业具有劳动强度大、规范性强、约束性强等特点。从事军事劳动的过程中，军人本身及其家属面临着职业风险与职业连带风险，社会优抚可以有效地分担这类风险。社会优抚是社会公共政策的一部分，旨在为那些面临特殊困境或具有特殊需求的群体提供必要的帮助和支持。各国的社会优抚政策和具体措施会因当地的社会、经济和文化情况的不同而存在差异。

---

① 童星.社会保障理论与制度[M].南京：江苏教育出版社，2008.

五、补充保障

补充保障是指基本社会保障制度安排之外的，以非政府主导性、非强制性为特征的各种社会保障机制。

（一）慈善事业

慈善事业是指众多社会成员在自愿的基础上所从事的一种无偿的、对弱势群体的救助行为。它通过合法的社会中介组织，以社会捐献的方式，按特定的需要把可汇聚的财富集中起来，再通过合法途径用于无力自行摆脱危难的受助者。慈善事业一般不是由政府主导进行的社会救济行为，而是民间的扶贫济困行为。就其现代意义来讲，慈善事业搭建的是社会各阶层回报社会的爱心平台，在倡导人文关怀、帮助弱势群体方面发挥着特殊的功能。

慈善事业以社会成员的慈爱之心为道德基础，以人道主义为思想基础，以社会捐助为经济基础，以民间公益团体为组织基础，以社会成员的广泛参与为发展基础，是社会财富再次分配的一种形式，是社会保障的必要补充。慈善事业的这些特征将它和政府从事的社会救助事业区分开来。政府的社会救助事业以社会稳定为政治基础，以财政拨款为经济基础，以政府机构为组织基础，以法律制度为实施基础。

（二）社区服务

社区服务是指以社区为基本单元，以各类社区服务设施为依托，以社区全体居民、驻社区单位为对象，以公共服务、志愿服务、便民利民服务为主要内容，以满足社区居民生活需求、提高社区居民生活质量为目标，由党委统一领导、政府主导支持、社会多元参与的服务网络及运行机制。

社区服务主要包括社区福利服务、社区公益性服务和社区商业化服务。

（1）社区福利服务。社区福利服务是一个多元、模糊而又复杂的概念，对它的理解可分为广义和狭义两种。广义的社区福利服务包括满足社会成员基本生活需要的社会保障内容；狭义的社区福利服务是指在社会活动中，由社会公共组织和志愿者组织的，为不能满足自身需要的个人或家庭所提供的非营利性的产品和服务，包括为儿童、老人、残疾人、贫困家庭以及在社会、精神和情感方面遇到困难和受到困惑的特殊群体所提供的各种服务和帮助。

（2）社区公益性服务。社区公益性服务包括政府向社区居民提供的公共服务、社区组织提供的无偿或低偿服务和社区成员出于爱心向其他社区居民提供的志愿服务，其主要内容包括社区就业服务、社区卫生服务、社区公共安全服务、社区青少年服务、社区文化教育与体育服务等。

（3）社区商业化服务。由于社区商业化服务在方便群众生活、增加社区就业、推动经济增长等方面发挥着日益重要的作用，故其已成为政府管理部门及市场关注的一个焦点。

（三）企业年金和职业年金

企业年金是指企业及其职工在依法参加基本养老保险的基础上，自愿建立的补充养老保险制度，是多层次养老保险体系的组成部分。企业年金由国家宏观指导、企业内部决策执行。通常情况下，企业年金基金可分为设定缴存基金和设定受益基金，不同的基金类型所遵循的会计处理方法不同。

延伸阅读

职业年金又称"职业养老金"，有广义与狭义之分。广义的职业年金是指与职业人相关的各类养老金计划，包括职业人的社会养老保险、雇主发起的职业养老金计划（或称雇主养老金计划）、个人养老金（储蓄或商业保险等形式）。狭义的职业年金仅指其中第二类，即在公共养老保险制度之外由雇主发起的各类补充养老保险。

（四）商业保险

人们通常所说的保险是商业保险。商业保险是指通过订立保险合同进行运营，以营利为目的的保险形式，其由专门的保险企业负责经营。商业保险关系是当事人自愿缔结的合同关系：投保人根据合同约定，向保险公司支付保险费；保险公司根据合同约定，对可能发生的事故所造成的财产损失承担赔偿保险金责任，或者当被保险人死亡、伤残、疾病或达到约定的年龄、期限时承担给付保险金责任。

（五）家庭保障

在世界范围内，对青少年、儿童的抚养，对老年人的赡养以及其他绝大多数生活服务的提供，仍然主要由家庭来解决。国际知名的老年学专家哈尔·肯迪格、坎基科·哈西莫托和拉里·科伯德曾说："就一些发展中国家而论，家庭以外的照顾即便有，也为数不多，而在一些比较富裕的国家，政策的制定者把家庭视为可缓和财政问题而提供照顾的途径。"在客观上，家庭保障属于家庭内部事务，是家庭成员之间的互助互惠机制，其在理论上不应被纳入社会保障体系。但社会保障的产生与发展在很大程度上与家庭结构与功能的变迁密切相关，且家庭保障功能的弱化是发展社会保障事业的动力，两者之间存在直接的互动关系。[1]

（六）互助保障

互助保障是指群体中的成员自愿联合起来，共同承担一定风险或相互提供帮助的一种形式。这种形式可以在家庭、社区、组织、行业等不同层面出现。常见的互助保障形式包括家庭互助、社区互助、组织互助、行业互助。

其中，家庭互助是指家庭成员相互提供经济、精神或物质上的支持，共同维护家庭的生活稳定和幸福。社区互助是指社区成员相互帮助，共同解决日常生活中的问题，形成一个相互信任和相互支持的社区网络。组织互助是指一些志愿组织或社区组织以共同的目标或利益为基础，通过成员共同筹集资源，为特定目的提供支持的互助共同体。行业互助是指一些特定行业或职业的从业者自发组织，共同解决行业内的问题，提高职业素质和权益保障的合作机制。

互助保障的核心思想是相互帮助和共同承担责任，通过共同努力解决特定问题，提升整体的福祉和生活质量。这种形式可以在不同的社会和文化背景下出现，具有广泛的适用性。

第三节　社会保障主要模式

由于各国政治、经济、文化等因素不同，其推行社会保障的时间也有所不同。社会保

---

① 　郑功成.社会保障学［M］.北京：中国劳动社会保障出版社，2005.

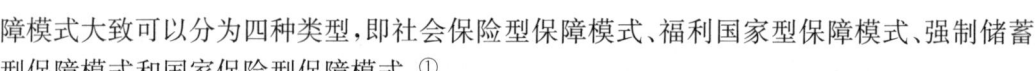

障模式大致可以分为四种类型,即社会保险型保障模式、福利国家型保障模式、强制储蓄型保障模式和国家保险型保障模式。[①]

一、社会保险型保障模式

(一) 社会保险型保障模式的基本内容

社会保险型保障模式起源于 19 世纪 80 年代的德国,也称俾斯麦型社会保障模式或"传统型"社会保障模式,是最早出现的社会保障模式。社会保险型保障模式的目标是为公民提供一系列的基本生活保障,使公民在失业、年老、伤残及由于生育或死亡需要特别支出的情况下,得到经济补偿和保障。[②] 在 20 世纪 30 年代的经济大萧条和第二次世界大战后,社会保险制度被欧洲一些国家和美国等国进一步发展成比较完善的社会保险型社会保障制度。

社会保险型保障模式以社会保险为核心,社会保障费用由雇员、雇主和国家三方承担,其中以雇员和雇主为主。社会保障的给付与雇员的收入和社会保险缴费相联系。在这一模式中,企业、个人和政府都是责任主体,在不同的项目中各有不同的角色。社会保险的主要缴费人为企业和个人,政府只扮演最后责任人的角色。在社会救助、社会福利制度中,政府是最主要的责任人。在这一模式中,普惠的项目较少,许多项目具有"选择性"。

社会保险型保障模式作为工业化的产物,是在工业化取得一定成就并有较为雄厚的经济基础,以及单位和个人都具有一定经济承受能力的情况下实行的。社会保险型保障模式的特点主要表现在以下几个方面:

一是责任分担。社会保险型保障模式强调雇主与劳动者个人分担劳动保险缴费责任,国家财政给予适当支持,从而形成一种风险共担和责任分担的社会保障机制。

二是以劳动者为核心。社会保险型保障模式的保障主体是劳动者,且主要是工薪劳动者。其围绕劳动者的年老、疾病、工伤、失业等风险设置保险项目,以保障劳动者在遭遇这些事件时的基本生活。在某些情形下,社会保险还通过劳动者惠及其家庭成员[③]。

三是权利与义务有机结合。社会保险型保障模式强调劳动者享受劳动保险的权利与其缴纳劳动保险费的义务相联系,劳动者享有的社会保险待遇水平亦常常与缴纳社会保险费的多少和个人收入情况相联系,不参加社会保险或者未缴纳社会保险费的劳动者无权享受社会保险待遇。

四是互助共济。雇主与劳动者个人缴纳的社会保险费形成养老、医疗、失业、工伤、生育等社会保险基金,当劳动者遭遇保险事件时,其可享受相应的社会保险待遇。社会保险基金在受保成员之间调剂使用,充分体现出互助互济、共担风险的原则。

五是以保障基本生活水平为原则。社会保险型保障模式以保障劳动者在丧失劳动能力或失去工作机会时的基本生活需要为标准。保障水平以劳动者原有生活水平和社会平均水平为依据,并随生产力的发展不断提高。

---

① 社会保障模式主要是基于社会保障制度安排的筹资方式、保障范围及项目等来进行划分。实际上,不同国家的社会保障模式要复杂得多,世界上不存在两个国家的社会保障制度完全相同的情况。因此,本书的模式划分只是相对而言的,其对理论研究和政策分析有益。
② 穆怀中.社会保障国际比较[M].3 版.北京:中国劳动社会保障出版社,2014.
③ 郑功成.社会保障学[M].北京:中国劳动社会保障出版社,2005.

六是现收现付。社会保险型保障模式的资金筹集以现收现付方式为主。社会保险型保障模式非常重视权利与义务的对等关系,强化责任分担意识,在追求公平的同时亦体现了效率原则。不过,采取现收现付方式筹集社会保险基金时,保险费率受人口年龄结构与人口就业比例的影响较大,难以应对人口老龄化所导致的养老金支付高峰,进而可能因基金积累不足造成财务危机[①]。因此,对现收现付方式的基金筹集模式保持警惕是必要的。

(二)社会保险型保障模式的代表

社会保险型保障模式自 19 世纪 80 年代在德国建立后,被世界许多国家引进,包括美国、日本、欧洲大陆的某些国家在内的许多发达资本主义国家和部分发展中国家都采用这种模式。

德国是世界上最先建立社会保险制度的国家,现行的社会保险制度是在俾斯麦时期创建的社会保险制度基础上发展起来的,至今已经有 100 多年的历史。在德国,市场效率与高水平的社会保障被视为互为条件的发展基石。这种兼顾经济效率和社会公平的目标,更有利于效率的发挥且充分体现公平的一致性。在实践中,德国的社会保险型保障模式表现为享受者自己缴纳社会保险费,每个公民只要符合规定的条件,均可享受相应的社会保险待遇。政府禁止滥用社会保险基金,并采取一系列的措施限制和推迟某些社会福利费用的发放。不仅如此,德国还把社会保障与其他经济、政治措施结合起来运用,例如,把自助的社会保障同保持货币的长期稳定联系在一起,以防止消费和投资的膨胀,从而保持经济秩序稳定。

美国是经济大国,其社会保障制度亦具有自己的显著特色。总体而论,美国仍然属于社会保险型保障模式国家。1935 年由罗斯福总统签署的《社会保障法》通常被认为是美国社会保障制度建立的标志。此前虽然美国也采取了一些社会保障举措,但 1929—1933 年的经济大危机才使美国政府真正认识到建立与工业社会相适应的社会保障制度的重要性。自《社会保障法》实施后,美国的社会保障制度分为现金福利和非现金福利两类。此外,美国社会保障体系的一个重要特点是私人保险也在其中发挥着突出作用。在社会保障管理方面,美国由州政府实行高效率管理,但多层次管理存在机构臃肿且行政管理费较为庞大的现象。

日本是亚洲第一个推行社会保障制度的国家。从 20 世纪 20 年代到 50 年代,日本逐渐建立起以健康保险、雇员年金保险和国民年金制度为核心的社会保障体系。与其他西方工业化国家不同的是,日本强调企业发挥内部互助作用。因其企业内部互助的保障水平较高,故其社会保障制度给国民经济造成的负面影响并不像其他福利国家那么严重。[②]

综上所述,社会保险型保障模式是强调权利与义务相结合,通过国家和个人分担责任,充分体现互助共济原则的一种保障形式。社会保险型保障模式既适应了工业社会的需要,又避免了福利国家的某些缺陷,因而受到了多数国家的重视。但各国的社会保障发展实践也表明,随着社会的发展与进步,社会保障支出的范围和水平不断扩大、提高,社会保险型保障模式所需的资金也越来越庞大。为了应对这种危机,有的国家仅采取社会保险型保障模式的部分做法,而有的国家则完全将这种模式蜕变为其他模式(如强制储蓄型

---

① 许琳. 社会保障学[M]. 3 版. 北京:清华大学出版社,2021.
② 穆怀中. 社会保障国际比较[M]. 3 版. 北京:中国劳动社会保障出版社,2014.

保障模式等)。

二、福利国家型保障模式

(一)福利国家型保障模式的基本内容

1920年,英国剑桥学派主要代表人物之一的庇古出版的《福利经济学》,为确立福利国家奠定了相应的理论基础。福利国家型保障模式正是在这种理论的指导下,以公民权利为核心,确立了福利普遍性和保障全面性的原则。福利国家型保障模式的目标是不仅对每个公民由生到死的一切生活及危险给予安全保障,而且维持社会成员一定标准的生活质量。[①]

英国在1948年通过一系列的社会保障法律并加以实施后,正式宣布建成福利国家。随后,西欧、北欧等地的一些国家也纷纷宣布建立福利国家。福利国家作为经济社会发展水平达到很高层次和社会文明进步的象征,在全球风靡一时,并于20世纪60年代达到鼎盛状态。具体而言,福利国家型保障模式主要具有以下特点:

一是政府负责与全面保障。在福利国家,保障项目涵盖了每个社会成员"从摇篮到坟墓"的一切福利保障需求。而政府作为社会保障的责任主体,不仅承担着直接的财政责任,还承担着实施、管理与监督的责任。

二是高待遇与高税收。福利国家的社会保障项目覆盖较广,待遇标准较高,为每个社会成员提供较为完整的社会保障体系,其整体保障水平在世界上是最高的。同时,为维持福利国家高水平的福利支出,该模式必然需要依靠高税收来支撑。

三是普遍覆盖与全民共享。普遍性和全民性构成福利国家型保障模式的基本原则,其目标是不仅为公民在遭遇贫困、疾病、失业等困难时提供保障,而且能维持社会成员一定标准的生活质量,增强个人的安全感。福利国家的各种保障制度,不限定于被保险者一人,也可推及其家属;不限定于某一保险项目,也包括所有经济困难和不安定的事件。因此,福利国家型保障模式是全民共享国家发展成果的保障制度安排。

四是法制健全。福利国家型保障模式的社会保障制度设有多层次的社会保障法律监督体系,以确保各项保障政策的依法实行。

五是充分就业。国家采取各种措施为社会成员提供更广泛的就业机会,通过多维度干预促进就业目标的实现。

(二)福利国家型保障模式的代表

在世界上,许多国家选择福利国家型保障模式。其中,英国是福利国家型保障模式的起源国,瑞典被称为福利国家型保障模式的橱窗,北欧五国(丹麦、瑞典、挪威、冰岛、芬兰)被誉为福利国家型保障模式的天堂。

福利国家型保障模式诞生于英国,这与其当时所处的特定历史环境密不可分。第二次世界大战期间,英国遭受了前所未有的重创,社会矛盾更加尖锐,迫切需要在战后建立一套缓和社会危机、稳定经济发展的社会稳定机制。于是,1941年,英国政府委托著名经济学家贝弗里奇负责制订战后社会保障计划。这个计划于1942年以《社会保险及相关服

---

① 张琪,江华.社会保障学[M].2版.北京:高等教育出版社,2023.

务》为题发表,提出英国在战胜法西斯德国后需建立一套"从摇篮到坟墓"的社会福利制度。经过此后 20 年的改进和完善,英国的社会保障制度发展成为面向全体社会成员、高福利、统一管理体制、为公民提供"一揽子"预防性保障的完整的社会保障体系,该制度由国家作为责任人,承担最后的责任。[①]

瑞典是福利国家型保障模式的又一典型代表。自 1948 年起,瑞典致力于建设"福利国家",奉行"从摇篮到坟墓"的社会保障政策。瑞典实行的社会保障政策对其社会稳定和经济发展发挥了很大的作用。到 20 世纪末,瑞典在维持高福利的同时保持了较好的经济活力。至今,瑞典仍然是欧洲生活水平最高的国家之一。

综上所述,福利国家型保障模式使国民生活质量得到普遍提高,维持了经济和社会稳定,有利于国家进行收入分配和居民收入均等化。但这种模式在提供优厚的社会保障待遇的同时,亦造成了一些负面影响。例如,社会保障支出增长过快会导致社会保障制度的财政负担过重。同时,由于国家承担过多、标准过高,用于生产的财力便会减少,社会成本提高,产品在国际市场的保障收入同劳动收入的差距逐渐缩小,从而影响国家的经济增长与国际竞争力提升。因此,福利国家自 20 世纪 80 年代起,开始调整自己的社会保障制度。

三、强制储蓄型保障模式

(一) 强制储蓄型保障模式的基本内容

强制储蓄型保障模式是一种通过国家立法、主要依靠个人缴费的社会保险制度。强制储蓄型保障模式强调雇员的个人缴费和个人账户的积累,退休者的社会保障权益来自本人在工作期间的积累,且其所积累的资金通过投资基金进行运作。[②]

强制储蓄型保障模式主要具有以下特点:

一是强调自我负责。强制储蓄型保障模式在国家立法的规范下,采取强制手段将劳动者的一部分工资储存起来,将其完全用于劳动者的养老、医疗等。这种模式将个人待遇与个人努力紧密地联系在一起,不存在劳动者之间的互助共济功能,故无法让风险在群体中分散。强制储蓄型保障模式强调自我负责,这一点与其他社会保障模式所追求的目标是不同的。

二是以工薪劳动者为对象。在强制储蓄型保障模式下,所有公民只要有工资薪金收入,就必须依法按工资收入的一定比例缴纳社会保障费。

三是充分体现权利与义务的统一。劳动者个人账户积累的基金实行市场化的投资运营,投资回报率直接决定劳动者退休后的养老金水平。

四是保障内容主要是养老保障。新加坡的公积金在建立之初只是一种简单的强制养老储蓄制度,后来随着社会经济的发展和收入水平的提高,其逐步发展成为一项包括养老、住房、医疗在内的综合性社会保障制度,但在保障内容上仍以养老为主。

五是政府承担责任的方式较为特殊。在强制储蓄型保障模式下,政府通常并不直接分担缴费责任,而是扮演着监督者的角色。政府重点对劳动者个人账户上积累基金的投资运营进行监督。不同国家政府所承担的责任是有区别的。

---

① 孙光德,董克用. 社会保障概论[M]. 5 版. 北京:中国人民大学出版社,2016.

② 张琪,江华. 社会保障学[M]. 2 版. 北京:高等教育出版社,2023.

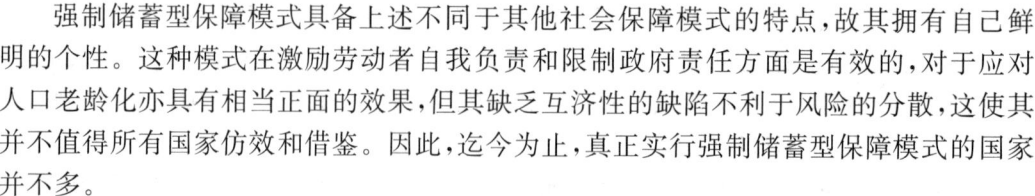

强制储蓄型保障模式具备上述不同于其他社会保障模式的特点,故其拥有自己鲜明的个性。这种模式在激励劳动者自我负责和限制政府责任方面是有效的,对于应对人口老龄化亦具有相当正面的效果,但其缺乏互济性的缺陷不利于风险的分散,这使其并不值得所有国家仿效和借鉴。因此,迄今为止,真正实行强制储蓄型保障模式的国家并不多。

(二)强制储蓄型保障模式的代表

新加坡在 20 世纪 50 年代获得独立后,结合自己的国情,创设了独特的公积金制度。新加坡的公积金制度最初只是一种简单的强制养老储蓄制度,后来随着社会经济的发展,其从单一功能拓展至多重功能,逐步成为一项包括养老、住房、医疗在内的综合性社会保障制度,进而成为新加坡国民主要的社会保障。

另一个采取强制储蓄型保障模式的代表性国家是智利。作为最早建立社会保障制度的拉美国家,与新加坡相比,智利的区别在于:一是雇主不缴费,而只由劳动者个人缴费;二是由私人机构管理养老基金的运营;三是个人账户上的强制性储蓄只能用于养老方面,而不能像新加坡那样用于医疗保健与住房开支等。

综上所述,强制储蓄型保障模式有效解决了社会保障基金的保值及增值问题,强化了公民的自我保障意识,调动了居民的工作和储蓄的积极性。但其忽视了公平的原则,拉大了社会成员之间的经济差距,也弱化了再分配的职能。自新加坡建立公积金制度以来,随着老年人口数量的增加,强制储蓄型保障模式在很大程度上发挥了分散老龄化风险的作用,故该模式逐渐得到了国际社会的重视。一些国家在建立或改革社会保障制度时亦可考虑借鉴强制储蓄型保障模式的优点。

四、国家保险型保障模式

(一)国家保险型保障模式的基本内容

国家保险型保障模式又称国家统包型保障模式,其以"国家统包"为核心,福利由政府进行直接分配,社会保障事务由国家统一办理,社会保障费由国家和企业负担,职工个人不必缴纳社会保障费用。它主要是根据马克思的社会总产品要在个人分配之前扣除社会保障费用的理论所确立的模式。

国家保险型保障模式的主要特征包括以下几个方面:

第一,国家通过宪法将社会保障确立为国家制度,公民所享有的社会保障权利由生产资料公有制保证,并通过实施相应的社会经济政策取得。

第二,社会保障支出由政府和企业承担,其资金由全社会的公共资金无偿提供。由于国家已事先做了社会保障费的预留和扣除,个人不需要缴纳社会保障费。

第三,保障的对象是全体公民。每一个有劳动能力的公民都必须积极参加社会劳动并在劳动中获得相应的社会保障,国家为无劳动能力的社会成员也提供物质保障。

第四,工会参与社会保障事业的决策与国家保险制度的管理。

作为社会主义国家普遍采用过的社会保障模式,国家保障型保障模式曾经造福于亿万人民,但其超越了社会经济的承受力,故其经过半个多世纪的实践,随着苏联的解体与东欧国家的剧变而被放弃。我国作为社会主义国家从 20 世纪 80 年代开始改革这套制度,并代之以能够适应市场经济体制的社会化社会保障制度。

随着社会的发展与进步,国家保险型保障模式作为一场现代社会保障制度的伟大实践,正在成为历史,或正经历着深刻的改革。

(二)国家保险型保障模式的代表

采用国家保险型保障模式的国家以苏联和曾经的东欧各国为代表,该模式最早始于苏联。

苏联的保险模式是按列宁的"保险事业国有化就是把一切保险公司合并为一,集中它们的活动,由国家来监督"这一观点而建立的。这种模式的特征包括保险公司为财政(或银行)的附属机关;保险基金纳入国家预算;国家保险机构垄断经营保险业务,奉行纵向行政性管理体制。十月革命后,苏联通过对 20 家私营保险公司和 3 家外商保险公司实行国有化,将保险业统由国家专营,开始构造国家保险型保障模式。国家保险型保障模式建立的基础是高度集权的、排除市场机制和经济规律作用的产品经济。[①] 在这种模式下,总公司操纵全国业务大权,各级公司按行政区划设置,不允许互相分保和竞争,费率制定权由总公司严格掌握,财政对保险征高税,保险资金结余不能自主投资。此模式过分强调国家后备的作用,将保险仅作为体现国家政策的工具。

综上所述,在社会主义保险事业初期,国家保险型保障模式曾发挥一定的积极作用。但是,这种模式过分强调公平,使国家财政负担过重,企业竞争力下降,劳动力缺乏合理流动,职工个人也缺乏自我保障意识。我国曾在计划经济时期采用过这种模式。苏联在其解体后,该保障模式被放弃。

 案例与评析

一、案例与材料

完全积累型模式是相对于现收现付型模式而言的一种养老保险财务机制,它通常以个人账户的面孔出现。在世界上,新加坡建立的公积金制度开创了社会保障个人账户与完全积累型模式的先河。此外,智利于 1980 年推行养老金私营化改革,中国香港地区于 2000 年推行强积金制度。从公积金到强积金,新加坡、智利与中国香港地区选择的养老金制度,在制度模式上均强调个人负责,采取强制性的个人账户形式,确立完全积累型财务机制,且与市场紧密结合,而其共同缺陷是缺乏共济性。

二、问题与分析

查阅相关资料,分析以上案例与材料,比较新加坡的公积金制度、智利的养老金私营化制度和中国香港地区的强积金制度之间存在的差异。

在资金筹集方面,新加坡是由雇主与劳动者个人按照等额原则共同分担缴费责任,智利则完全由劳动者自己承担缴费责任,中国香港地区借鉴了新加坡的方式。

在基金管理方面,新加坡建立中央公积金管理局并由其负责管理公积金,智利与中国香港地区则均由私营机构管理养老基金。

---

① 宋国华.保险大辞典[M].沈阳:辽宁人民出版社,1989.

在基金投资方面,新加坡采取公营方式,中央公积金管理局根据政府的主导将基金统一集中投向房屋建设等公共领域,从而为改善国民的居住条件作出贡献;而智利与中国香港地区则由私营机构实行分散投资,完全参与资本市场的竞争。

在待遇给付方面,新加坡的公积金除用于养老外,还可用于改善受保者的居住条件和医疗条件,而智利与中国香港地区均只能用于养老。

在政府角色定位方面,新加坡选择公营方式来确保相应的投资收益率,新加坡政府扮演着公积金制度的担保人角色,而在智利与中国香港地区,政府主要扮演监督者的角色。在新加坡,参与公积金的劳动者无需承担投资失败和基金贬值的风险,而在智利与中国香港地区,个人须对基金投资风险负责,因为分散投资的决定权在个人账户所有者手中。

在制度建立的基础方面,新加坡的公积金制度完全是新创建的,因而没有历史负担;而智利的养老金私营化制度则是对原有公共养老金制度的改革,故需要政府承担转制成本并采取认购债券的方式来进行成本消化。在中国香港地区,部分企业或组织在强积金制度建立前已经建立了相应的养老金制度。中国香港地区采取的办法是凡缴费水平高于强积金制度规定的缴费水平的,继续实施该组织原有的办法;未建立养老金或已经建立的养老金制度缴费水平低于强积金制度规定的缴费水平的,则须按照强积金制度规定的标准参与进来。因此,中国香港地区建立的强积金制度在维护市民既得利益的条件下进一步增加其福利待遇。

上述差异足以表明,社会保障模式已进入多样化发展阶段。即使是同一种类型的社会保障模式,也在不同的国家或地区发生了裂变。新加坡、智利、中国香港地区在养老金制度方面均采取个人账户与完全积累型模式,却在具体实践中存在着多方面的差异。各国社会保障制度改革的方向在相当长的时期内并非逐渐趋同,而是在尊重社会保障自身发展规律的同时充分尊重本国国情,并在这种尊重中日益体现出自己的个性。中国的社会保障制度改革也不会例外。

(资料来源:郑功成.社会保障概论[M].上海:复旦大学出版社,2019.)

本章小结

社会保障体系是由国家依法建立、由各个密不可分的社会保障子系统组成的,是保障国民生活、维护社会稳定、促进社会和谐发展的"社会安全网"。由于各国的社会经济文化、生活水平、居民需求和传统习惯不同,社会保障的内容、项目、保障范围和受益程度也不尽相同。

社会保障体系建立的原则包括机会均等、平等分配和适度保障,所追求的目标包括项目完整、相互协调和结构多层次化。

政府主导的基本社会保障制度安排包括社会救助、社会保险、社会福利和社会优抚等。社会救助面向贫困人口与不幸者,社会保险主要面向劳动者,社会福利需满足不同社会群体的福利需求,社会优抚则是面向军人的综合性保障系统。由于基本社会保障制度不可能满足国民全部的社会性保障需求,企业年金、慈善事业、社区服务、商业保险乃至中国特色的家庭保障等共同构成了对基本社会保障制度的重要补充,并在不同程度上发挥着社会保障的作用。

根据各国社会保障制度的主要特点,社会保障模式主要分为四种,即社会保险型保障模式、福利国家型保障模式、强制储蓄型保障模式和国家保险型保障模式。

社会保险型保障模式强调权利与义务相结合,通过国家、雇主和个人三方共同分担责任,充分体现保险的互助共济原则,其目的是解除劳动者的后顾之忧,增进劳资关系。采用该模式的代表国家包括德国、美国等。

福利国家型保障模式强调普遍性与全民性,是在经济发达、社会物质生活水平较高的情况下实行的一种全面保障形式,其目的在于为每个公民由生到死的一切生活及危险提供安全保障。该模式以高税收为基础,以高福利为显著标志,其代表国家包括英国、瑞典等。

强制储蓄型保障模式强调个人自我负责、自我积累、自我保障,采取完全积累的财务机制。采用该模式的代表国家包括新加坡、智利等。

国家保险型保障模式又称国家统包型保障模式,是以公有制为基础并与计划经济体制相适应的一种社会保障模式。该模式强调国家负责、个人不承担直接义务,曾由苏联建立并被其他社会主义国家普遍仿效。

 练习与思考题

1. 比较基本社会保障与补充社会保障的差异。
2. 比较社会救助、社会保险、社会福利与社会优抚的异同。
3. 比较几种主要社会保障模式的异同。

第四章
社会保障基金

📖 导读

2022 年社会保障基金年度报告

全国社会保障基金理事会(下称"社保基金理事会")发布的 2022 年社保基金年度报告显示,社保基金自成立以来的年均投资收益率为 7.66%,累计投资收益为 16 575.54 亿元。

权益类资产配置是社保基金锚定长期稳定收益的重要因素。社保基金理事会相关负责人介绍,面对资本市场超预期波动和基金短期回撤压力,2022 年社保基金始终坚定信心、保持定力,结合长期资金优势和特点,在 A 股市场阶段性低点多次把握机会进行加仓,为获取长期较好收益打下了基础,也发挥了稳市场、稳预期、稳信心的积极作用。虽然社保基金当年股票投资出现一定的浮亏,但均战胜相关市场指数。

报告显示,2022 年年末,社保基金权益总额为 26 016.15 亿元,包括:全国社保基金权益 25 336.56 亿元,其中,累计财政性净拨入 10 912.04 亿元,累计投资增值余额 14 424.52 亿元;个人账户基金权益 679.59 亿元,其中,委托本金余额 347.72 亿元,累计投资收益余额 331.87 亿元。

有专家分析,2022 年社保基金出现了 5% 左右的浮亏,这应是去年罕见的多重不利因素叠加造成的。从与国内机构投资者 2022 年的平均收益率横向比较来看,该浮亏水平较低。从历史上看,2000—2022 年,社保基金曾经还有过两次浮亏,即 2008 年和 2018 年,其分别对应的国际情形是美国次贷危机和中美贸易摩擦。由此可见,资本市场出现的波动会对社保基金的投资业绩带来一定的负面影响。但这种影响程度是有限的,并不能动摇社保基金长期投资和价值投资的理念。2022 年,在外部高通胀和主要经济体纷纷加息的背景下,国内资本市场面临的不利因素比以往更多,基金投资面临的风险挑战显著增多,管理运营难度不断加大。

相关专家表示,从中国经济的基本面来看,8 月以来经济趋稳的势头比较明显,投资和消费均同比上升,出口也有边际改善的迹象。与此同时,第四季度财政政策和货币政策的发力空间较大,全年经济增长的各项目标有望顺利完成。此外,在高质量发展的目标下,上市公司质量也有望得到进一步提升。

(资料来源:中国青年报. 2022 年社会保障基金年度报告[EB/OL]. (2023-09-28)[2024-09-25]. https://caoss.org.cn/news/html?id=13565.)

本章知识结构框架

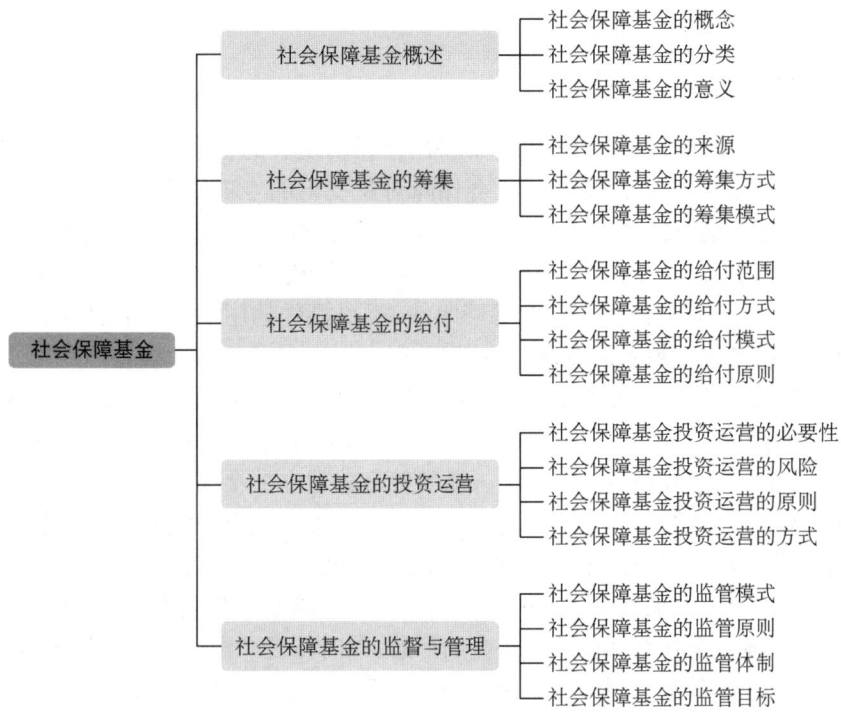

社会保障基金

- 社会保障基金概述
  - 社会保障基金的概念
  - 社会保障基金的分类
  - 社会保障基金的意义
- 社会保障基金的筹集
  - 社会保障基金的来源
  - 社会保障基金的筹集方式
  - 社会保障基金的筹集模式
- 社会保障基金的给付
  - 社会保障基金的给付范围
  - 社会保障基金的给付方式
  - 社会保障基金的给付模式
  - 社会保障基金的给付原则
- 社会保障基金的投资运营
  - 社会保障基金投资运营的必要性
  - 社会保障基金投资运营的风险
  - 社会保障基金投资运营的原则
  - 社会保障基金投资运营的方式
- 社会保障基金的监督与管理
  - 社会保障基金的监管模式
  - 社会保障基金的监管原则
  - 社会保障基金的监管体制
  - 社会保障基金的监管目标

 本章学习目标与要求

通过本章的学习,学习者应掌握社会保障基金的概念和分类,掌握社会保障基金的筹集方式、给付方式和投资运营方式,了解社会保障基金的监管模式及内容。

 本章学习重点

- 社会保障基金的概念和分类
- 社会保障基金的筹集方式及筹集模式
- 社会保障基金的给付方式
- 社会保障基金的投资运营方式及原则
- 社会保障基金的监管模式及内容

第一节　社会保障基金概述

一、社会保障基金的概念

从定义上来看,社会保障基金是国家和社会利用现有的社会财富进行提存、积累,以实施各项社会保障制度、援助或补偿社会保障对象支出的专项资金。这些基金是社会保障制度建立和正常运行的物质基础。社会保障制度的建立、运行和持续性发展需要依赖社会保障基金的支持。政府通过法律规定社会成员纳税或缴税的责任和义务,强制筹集社会保障资金,并将其专门用于社会保障事业,不得挪作他用。财政部门设立财政专户,将筹集的社会保障税费划入该专户,并专款专用。

从性质上来看,社会保障基金是一种消费性社会后备基金,通过国民收入的初次分配和再分配过程形成。初次分配将国民收入分配给国家、企业或集体及个人,而再分配则通过政府财政拨款、企业或单位统筹及个人缴费等方式建立社会保障基金。此后,社会保障基金依据相关法律规章制度,为不同的社会保障对象提供经济补偿或福利服务,通过对收入进行分配和再分配,实现国家、企业和个人之间的缴费比例变动,即将原本属于国家和企业的份额转移到个人消费领域。在实践中,社会保障基金先进行积累,然后再进行支付,这使社会保障基金具有社会后备基金的形态,同时体现了国民收入再分配的性质。

因此,社会保障基金的筹集和给付具有至关重要的作用,其可以调节收入分配,缩小收入差距。社会保障基金最主要、最基本的功能是确保社会保障制度的稳定和可持续运行,实现社会保障制度的政策目标。此外,社会保障基金还具备一定的调节投资和融资的功能,可促进资本市场的发展。

二、社会保障基金的分类

根据国际劳工组织的规定,社会保障基金包括医疗、疾病、失业、工伤、老龄、家庭、残疾、生育和遗属九个方面。其中,医疗、疾病、失业、工伤和老龄这五个方面被认为是其中较为重要的。各国的社会保障基金制度均不同程度地包括了以上几个方面。[①] 根据社会保障项目的专门用途及其功能、基金的营运管理方式和账户积累模式,社会保障基金可分为不同的类型。

(一) 按照社会保障项目的专门用途及其功能

按照社会保障项目的专门用途及其功能,社会保障基金可以分为社会救助基金、社会福利基金、社会保险基金和其他保障项目基金。

(1) 社会救助基金。社会救助基金是用于援助困难群体的专项社会保障基金。根据资金来源,社会救助基金可以分为政府财政性基金和民间慈善基金。政府财政性基金主要用于应对自然灾害和缓解贫困,而民间慈善基金则主要依靠社会捐赠,用于帮助需要社会救助的人。社会救助基金包括最低生活保障基金、灾害救助基金、失业救助基金、住房

[①]　许琳.社会保障学［M］.3 版.北京:清华大学出版社,2018.

救助基金、医疗救助基金、教育救助基金等。

（2）社会福利基金。社会福利基金是用于改善人民物质和精神文化生活水平的社会保障基金。社会福利基金包括财政性福利基金、社会化福利基金和企业自有福利基金。财政性福利基金主要由财政拨款，社会化福利基金根据居民需要进行安排，而企业自有福利基金则用于本单位员工的福利。除此之外，社会福利基金可细分为老年人福利基金、残疾人福利基金、教育福利基金和其他社会福利基金。

（3）社会保险基金。社会保险基金是保障劳动者在失去劳动能力或机会时的基本需求的社会保障基金，由雇主和雇员的缴费及国家财政的援助组成。社会保险基金可根据具体的社会保障项目细分为养老保险基金、医疗保险基金、失业保险基金、工伤保险基金和生育保险基金。某些国家的社会保险基金还包括护理保险基金（如德国、日本等）。在筹集与使用方面，一些国家采取分项筹集、分项使用的方式，另一些国家则采取混合筹集、混合使用的方式。

社会保险基金的负担方式主要分为三方负担型（由雇主、雇员和政府三方共同负担）、双方负担型（一是由雇主和雇员双方共同负担；二是由雇员和政府双方共同负担；三是由雇主和政府双方共同负担）、单方负担型（由一方单独负担，包括全部由个人负担、全部由雇主负担和全部由政府负担）。

（4）其他保障项目基金。常见的其他保障项目基金包括补充保障基金、民间保障基金、军人保障基金等。

补充保障基金是社会保障基金的一种补充，包括企业年金基金、补充养老保险基金、补充住房公积金、职工互助保障基金等。补充保障基金由雇主和雇员缴纳费用，由非政府组织负责管理。这些基金由商业保险机构或企业年金受托人管理，为补充保障制度的发展提供资金保证。

民间保障基金是指由私人或非政府组织设立和管理的一种保障基金，旨在提供一定程度的经济保障和福利，以满足特定人群的需求。民间保障基金主要依靠社会捐赠，是慈善事业和民办福利事业的经济基础。这些基金由慈善公益事业团体管理，用于各种社会性救济和服务事业。

军人保障基金是为实施社会优抚而筹集积累的资金，包括优抚基金、安置基金、军人保险基金等。优抚基金是用于保障法定优抚对象的基本生活、褒扬军人、抚恤军烈属等的特殊社会保障基金。安置基金是用于退伍军人安置的专项资金。军人保险基金是为确保现役军人能够与地方社会保险制度接轨而筹集的专项资金，主要源自国家财政拨款。

（二）按照基金的营运管理方式

按照基金的营运管理方式，社会保障基金可以分为财政性社会保障基金、市场信托管理基金和公积金基金。

（1）财政性社会保障基金。财政性社会保障基金直接源自国家税收，体现了政府在社会保障方面的财政责任。不同国家所采用的收支模式不同，故其财政性社会保障基金在功能与结构上存在差异。在现收现付制度下，财政性社会保障基金规模较大；对于实行完全基金制的国家，财政性社会保障基金的规模极小，政府在某种意义上不直接承担社会保障责任。我国社会保障基金包括社会统筹账户基金和个人账户基金，其中社会统筹账户基金属于财政性社会保障基金,源自企业缴费和国家财政补助。1996 年发布的《关于加强预算外资金的管理决定》将社会统筹基金划入预算外资金。社会统筹账户基金由政府强制性收缴并建立财政专户,但不纳入国家预算管理。社会统筹账户资金中由政府直接承担的社会保障拨款比例不高,在国家财政预算中所占比例不足 10%,且主要用于救灾济贫、公务员保险、军人保障及官办福利事业等。2010 年 1 月发布的《国务院关于试行社会保险基金预算的意见》规定,社会保险基金的筹集和使用实行预算管理,社会保险基金预算单独编报,专项基金应专款专用,不能用于平衡公共财政预算,但公共财政预算可补助社会保险基金。这一政策的出台,意味着我国政府在确保社会保险基金可持续性方面的责任更加明晰。

(2)市场信托管理基金。基金的市场信托管理是指基金会法人将单位和个人缴存的积累式的社会保障基金委托第三方,即金融中介机构(如基金管理公司、投资管理公司)进行营运管理。2000 年 9 月,我国国务院决定建立全国社会保障基金,同时设立全国社会保障基金理事会,由其管理通过中央财政拨入、变现部分国有资产等渠道筹得的资金,并由理事会挑选、委托专业的资产管理公司对基金的资产进行运作,以实现其保值增值,同时向社会公布社会保障基金的资产收益、现金流量等情况。2004 年,全国社会保障基金理事会受托管理原行业统筹基金和部分省市做实个人账户中央财政补助部分,将这两部分基金与全国社会保障基金一起进行投资运营。

(3)公积金基金。公积金基金是指雇主和雇员依法缴纳,并记入个人账户的基金,其由法律规定用途和领取条件,并由法定机构营运管理。例如,实行中央公积金制度的新加坡,通过国家设立的中央公积金管理局对基金进行管理。公积金基金既不是财政性资金,又不同于银行储蓄资金。住房公积金是指雇主和雇员根据工资的一定比率分别缴存,用于住房福利开支的长期住房储蓄。我国实行住房公积金制度,参与缴存的单位包括国家机关和事业单位、国有企业、城镇集体企业、外商投资企业、城镇私营企业、其他城镇企业和事业单位、民办非企业单位、社会团体及其在职职工。1996 年 8 月,国务院办公厅印发《关于加强住房公积金管理的意见》,明确了住房公积金的性质不是财政预算资金,而是职工个人住房基金,归职工个人所有。住房公积金由公积金管理中心运作管理,委托银行开立专户存储和贷款,财政部门行使监督职能。按照规定,住房公积金应专项用于职工购、建、大修自住房支出。在职工离退休时,住房公积金本息余额一次结清,退还给本人。

(三)按照账户积累模式

按照账户积累模式,社会保障基金可以分为社会统筹账户基金和个人账户基金。[①]

(1)社会统筹账户基金。社会统筹账户基金一般实行现收现付制,即以支定收,不留积累,根据需求灵活调整缴费率。但是,多国意识到人口老龄化问题的严峻性,纷纷对社会保障制度进行改革,将原来的现收现付制改为部分基金制。保留社会统筹账户基金就是部分基金制的一种模式。这种制度是在社会统筹框架内建立部分基金积累,其做法是调高费率或在基金支付压力较小时期降低部分费率,留有部分积累。

(2)个人账户基金。个人账户基金是在完全基金制或统账结合的部分基金制中形成的。20 世纪 80 年代以后,一些南美国家和东南亚国家开始实行完全积累的社会保障制

---

① 许琳.社会保障学[M].3 版.北京:清华大学出版社,2018.

度,将雇主和雇员所缴纳的社会保险费存入个人账户,并通过私人管理或政府管理形式进行投资运营,以实现基金的保值增值。与此同时,一些国家也将基金式的筹资模式引入本国的社会保障制度,确立了统账结合的部分积累式社会保障制度。

三、社会保障基金的意义

建立社会保障基金能够有效地防范和化解社会成员因生存危机可能产生的逆反心理和对立行为,有助于缓和甚至消除其引起社会震荡和失控的潜在风险,维护社会秩序,推动社会健康发展。社会保障基金是社会保障制度运行的物质基础,对社会经济发展具有重要意义。

(一)社会保障基金是社会保障制度运行的物质基础

建立任何社会保障制度都需要有相应的社会保障基金作为基础。社会保障的本质是在社会成员遭受意外风险(如年老、疾病、残疾、失业、工伤、自然灾害、贫困等)时,通过建立社会保障基金,由政府组织社会成员互助,为其提供经济援助,确保个人或家庭能够应对风险,避免个人风险转化为社会风险。通过社会保障制度提供经济补偿和服务,可确保个人和家庭摆脱生存危机,保障社会再生产的顺利进行,并不断增进国民福利。

延伸阅读

(二)社会保障基金是经济增长的“助推器”

社会保障基金是政府强制性的储蓄基金,无论是采用现收现付型还是完全积累型的财务管理模式,都可积累一笔可观的资金。社会保障基金支付周期长且规模庞大,故其对于促进经济增长具有重要作用。除此之外,社会保障基金的投资和运营也是推动资本市场发展和完善的重要力量。社会保障基金在投资方面注重时间结构和资产结构的组合,对基金的安全性和流动性要求较高,这在一定程度上降低了资本市场过度追求盈利所带来的风险。对于机构投资者而言,社会保障基金在稳定资本市场(尤其是股票市场)和完善信息披露制度等方面发挥着重要的促进作用。

第二节 社会保障基金的筹集

社会保障基金的筹集是指由专门的社会保障机构按照规定的比例和计征对象收取社会保障费(税)的行为。筹集过程对于建立充足、稳定的社会保障基金来说至关重要,其既是社会保障制度的核心内容和关键环节,也是社会保障制度运行的基础和根本保证。国际劳工组织提出了三项筹集社会保障基金的原则:一是受保职工负担的费用应不超过全部所需费用的50%;二是避免低收入者负担过重;三是考虑本国的经济状况。

一、社会保障基金的来源

世界各国的社会保障基金来源并不完全相同,大多数国家的社会保障基金主要由政府、雇主和雇员三方分担。此外,社会组织、企业和个人的赞助,社会福利有奖募捐和互助储金会等也是社会保障基金的来源渠道。

（一）国家财政拨款

国家财政拨款是全国社会保障基金的一个主要来源，其资金主要源自国家税收。国家财政拨款的方式包括直接资助和间接补助。直接资助是指政府通过财政拨款的方式提供社会保障资金。间接补助是指政府通过税收减免的方式鼓励企业和个人积极缴费，政府对税前缴纳保费、对社会保障基金的投资收益免税及对受保人享受的社会保障待遇免税等措施都属于间接补助。

（二）雇主和个人缴费

雇主和个人缴费是现代社会保障基金的重要来源。雇主利用劳动力资源获得利润和再生产的必要条件，故应承担保障劳动者的责任。雇主向社会保险机构缴纳雇员的社会保险费，社会保险费一般按雇员工资总额的一定比例缴纳，由社会保险机构依法强制征收。个人既是社会保障的受益人，也是社会保障资金的负担主体，因此也应承担相应的责任和义务。个人负担社会保障费用包括两个方面：一是法定社会保险制度通常要求劳动者承担相应的缴费义务；二是在享受有关社会福利和服务时，个人可能需要承担有限的付费义务。一般来说，个人按照其劳动收入的比例缴费，高收入者缴费多，低收入者缴费少。

（三）基金运营收益

社会保障基金的运营收益通常来自银行存款、国债、股票和实业投资等多种渠道。20 世纪 80 年代，智利实行了养老制度改革，将养老基金交由私人机构管理和运营。由于基金投资收益较高，智利模式一度被拉美国家效仿。然而，在资本市场不发达且金融风险抵御能力较差的国家，将社会保障基金投入商业运营存在较大风险，因此应予以谨慎对待。无论如何，若社会保障基金被投入商业运营并获得投资收益，其增值部分也成为社会保障基金的来源之一。

（四）社会筹资

社会筹资的主要方式包括社会捐赠和发行福利彩票。

社会捐赠是指通过自愿捐赠的方式，由民间慈善团体负责征集资金并将其用于各种社会救济与福利事业。社会捐赠是慈善事业的经济基础，也是补充社会保障基金的重要来源。捐赠的资金可以直接由慈善机构根据实际需要使用，也可以在特定事件发生或特定对象需要时，由慈善机构临时向社会募捐。募捐的方式包括直接筹款、义卖、义演等。

发行福利彩票完全依靠公众的自愿参与。其所筹集的资金用于兴办各种社会福利事业，是政府社会保障基金尤其是社会福利基金的重要补充。发行福利彩票被认为是国民收入的第三次分配。无论是在发达国家还是发展中国家，发行福利彩票都是一种既有效又受欢迎的筹资方式。截至 2021 年年末，我国累计发行福利彩票 2.497 7 万亿元，筹集彩票公益金 7 456 亿元。长期以来，包括福利彩票在内的我国彩票事业为我国的社会公益和社会保障事业作出了重要贡献。

（五）其他渠道

除了上述几个主要渠道，社会福利服务收费、发行特种国债、国际援助等其他渠道也是社会保障基金的来源。随着社会保障制度对市场机制的利用，适度的福利服务收费已经成为社会福利事业的重要资金来源。

二、社会保障基金的筹集方式

社会保障资金有多种筹集方式,其中最主要的方式有两种,即征税方式和缴费方式。

(一)征税方式

征税方式是指政府根据国家立法规范,通过行政权力,采取税收形式来强制筹集社会保险资金,一般采用源泉扣缴。雇主应负担的部分根据规定的计税依据和税率,主动自行申报缴纳。而雇员应缴纳的部分由雇主按照规定的比率在雇员工资里代为扣缴。自由职业者如果自愿参加,则可以自行申报缴纳,也可以按照社会平均工资或其收入的一定百分比缴纳。征税方式的优点是具有强制性,负担公平,有利于提升社会保障的社会化程度。除此之外,征税方式项目简单明了,对于缴税和支付都有明确规定,管理方便。征税方式的缺点在于税收形成财政资金后只能通过年度预算来进行安排,通常以年度收支平衡为基本目标,这导致其无法应对周期性的社会保障风险。

征税方式通常只适用于现收现付型社会保障制度,而不能满足完全积累型社会保障制度的需求。因此,在选择征税方式时应考虑到国家的社会保障财务机制。

(二)缴费方式

社会保障基金的缴费方式分为统筹缴费和强制储蓄。统筹缴费由雇主和雇员按规定比例缴纳,由政府设立的专门机构负责运营和管理。这种方式筹集的资金由政府统一支付,并独立于财政预算系统,实行专款专用,不足部分由政府补助。强制储蓄又称个人账户制,雇员和雇主按照规定的缴费率将社会保险费存入个人账户,需要时按照规定从账户中支取。根据采取强制储蓄国家的法律规定,任何单位和个人都必须参加强制储蓄,无权擅自更改或中途退出。

(三)其他筹资方式

除了以上两种常见的方式,社会保障基金的筹集实际上还有其他多种方式。例如,通过发行福利彩票募集相当数量的社会保障基金;通过向服务对象收取一定的服务费用作为福利事业的重要经费来源;通过社会募捐筹集社会保障基金等。这些虽然不是法律强制的筹资方式,但同样可以对社会保障基金起到重要的补充作用。这些资金主要用于扶老、助残、救孤、济困、维持城市最低生活保障、补充国家社会保障基金等。

三、社会保障基金的筹集模式

社会保险基金的筹集模式包括现收现付制、基金制和部分基金制。

(一)现收现付制

现收现付制又称"统筹分摊制",是一种以近期内横向收支平衡为指导原则的资金筹集模式。近期横向收支平衡意味着当年征缴的社会保障基金总额与同期的社会保障基金支出总额保持平衡。实施现收现付制的具体做法是先预算当年所需支出的社会保险费用,然后按照一定比例分摊给所有参加社会保障的企业和个人。按照"以支定收"的原则,当年收缴的社会保险费用将在当年支付出去。

(二)基金制

基金制又称"预提分摊制"或"储蓄制",是一种以远期纵向收支平衡为指导原则的资金筹集模式。实施基金制的具体做法是在对社会经济指标(包括退休率、死亡率、工资增长率、通货膨胀率、利息率等)进行长期预测的基础上,确定一个总平均收费率,以保证社会保障基金在较长时期内实现收支平衡。这个收费率会被分摊到保障对象的整个投保期,未支出的保障金被积累用于投资运营。

基金制要求从职工开始工作时起,按照工资收入的一定比率由企业和职工本人缴纳社会保障费用,并将这些费用记入个人账户进行积累。职工在年老退休时,可以一次性或逐月领取积累的基金。通过实行基金制,社会保障费用能够被储备起来,从而为社会保障提供一个相对稳定的经济来源。

(三)部分基金制

部分基金制又称"混合制"或"部分现收现付制、部分基金制",是一种将近期横向收支平衡原则和远期纵向收支平衡原则结合的资金筹集模式。实施部分基金制的具体做法除了采用现收现付方式,还增加了一定比例的积累和实行社会统筹账户与个人账户相结合的基金积累两种管理方式。第一种方式是在现收现付框架内,将当年未支出的资金积累起来,形成基金,并在支付高峰期用于填补当年收支不平衡的缺口。这种筹集的基金可以被投资运营,以保持结余资金的价值或获得一定的投资收益。第二种方式是将收缴的社会保障资金分为社会统筹账户和个人账户两部分,社会统筹账户按现收现付方式筹资,而个人账户则采用完全积累方式,两种账户相结合,形成了部分基金制。

部分基金制整合了现收现付制和基金制的优点,并有效地弥补了它们的缺点。其既能根据短期支付需求进行社会统筹,又能适度积累资金。积累部分通过投资实现保值增值,从而减轻下一代的负担,缓解代际之间的矛盾。

第三节 社会保障基金的给付

延伸阅读

社会保障基金的给付是根据法律法规及相关制度进行的,由社会保障机构按照一定的标准和方式将资金给付于符合条件的社会成员,以满足他们基本的生活需求。社会保障基金的给付是指保障对象从社会保障制度中获取公民基本保障所需的资金支持或与其缴费责任相对应的社会保障待遇,它是社会保障基金管理的最后一步,也是实现国民社会保障权益的标志。因此,依法给付社会保障待遇不仅是社会保障管理与实施机构的责任,也是社会保障基金管理的重要内容。

一、社会保障基金的给付范围

社会保障基金的给付范围包括以下方面:

(1)用于职工基本生活保障的给付,包括临时丧失劳动能力和面临生活困难的职工补助费,以及退休人员的退休金。

(2)用于失业者在失业期间的基本生活保障和就业培训方面的给付。

(3)用于国家和单位的医疗保障费用的给付。

(4)用于军人保障方面的给付。

（5）用于社会救助方面的给付。

（6）用于社会福利事业方面的给付。

（7）用于社会保障设施的给付。

从用途上看,社会保障基金的给付项目主要可分为两类,即社会保障待遇给付和社会保障管理运行费用给付。其中,社会保障待遇给付在基金给付中占绝大部分比重,主要包括社会救助待遇给付、社会保险待遇给付和社会福利待遇给付。社会保障管理运行费用主要包括社会保障管理机构及其人员的办公经费、用于处理社会保障基金银行业务的费用,以及用于管理和服务社会保障对象的费用等。然而,并非所有社会保障管理运行费用都完全依赖基金支持,某些国家的某些项目是由国家财政单独拨款解决的。

二、社会保障基金的给付方式

社会保障基金有多种给付方式。依据社会保障基金的给付内容、种类、发放方式,社会保障基金可分为不同的类型。

（一）按照社会保障基金的给付内容

社会保障基金给付方式根据给付内容可以分为货币支付、实物支付和服务支付三种。

货币支付是指以货币形式向需要保障的社会成员提供社会保障的一种给付方式。货币具有灵活性和适应性,因此大部分社会保障基金采用货币支付方式。

实物支付是指政府直接向社会成员提供特定物品的一种社会保障给付方式。这种方式在社会救助、社会福利和军人保障制度中都有被采用。在我国的灾害救助中,提供食物、衣物等实物援助也较为常见。

服务支付是指通过提供服务和服务设施来实现社会保障目标的一种方式。例如,医疗保险中的身体检查、建立疗养基地和康复基地等都属于服务支付。

（二）按照社会保障基金的种类

社会保障基金给付方式按照种类可分为社会救助待遇给付、社会保险待遇给付和社会福利待遇给付。

社会救助待遇给付是指在个人陷入生存危机或无法维持基本生活水平时,国家和社会依照法定标准向其提供满足最低生活需求的物质援助。社会救助待遇的给予必须符合两个条件:一是个人因遭受不可抗力导致基本生活来源中断,或因失去劳动能力而无生活来源,抑或因负担过重等导致生活低于一般水平;二是个人提交申请,并经过调查确认其需要救助。

社会保险待遇给付是指国家通过社会保险制度,依法向符合条件的参保人员提供经济补偿或服务保障的过程。作为社会保障体系的核心环节,其运行机制和政策设计直接关系民生福祉和社会稳定。该方式通过银行代发系统、医疗机构实现各社会保险项目的支付。

社会福利待遇给付主要提供设施和服务,货币形式在其中较为少见,其只在社会福利体系中起到辅助作用。这是因为设施和服务在社会福利制度中更具有普遍性和常态性。提供设施和服务是指政府和社会通过举办各种社会福利事业、建设福利设施,以提供服务的方式来实现社会福利待遇。通常,政府通过兴办各种公益性的社会文化、教育、体育、健

身、休闲等事业来提供相关的福利待遇。

（三）按照社会保障基金的发放方式

社会保障基金给付方式按发放方式可分为年金给付制和一次性给付制。

年金给付制是一种按照固定时间间隔（如每周、每月或每年）向被保障人提供一定数额资金的给付方式。年金给付制需要资金账户的长期积累和长期账户管理，旨在为账户所有人提供稳定的收入来源。在保障期内，年金给付可以持续为被保障人提供收入以平衡其消费支出，确保其生活的稳定性，从而维护社会的稳定。一般来说，如果解决个人风险需要分阶段、持续进行，则采用年金支付制可以使保障对象在允许的时间和范围内获得持续的经济支持。由于年金积累周期通常较长，这一制度存在管理难度大、管理成本高等缺点。

一次性给付制是指在被保障人遭受风险时，以一次性经济补偿的方式进行赔付。相较于年金给付制，一次性给付制的办理和管理成本较低，社会保障管理部门的责任负担较轻，这有助于帮助被保障人在短期内摆脱困境，促进劳动力的恢复和再生产。除此之外，一次性给付制相对简单，适用于疾病、伤残、灾害等风险集中发生的情况，能使被保障人迅速恢复正常生活。然而，被保障人可能存在运营不当或使用不合理的情况，这可能导致资金浪费，从而影响保障水平。

在社会保障项目中，养老保险和失业保险大多采用年金给付制，而医疗保险、工伤保险和社会救济等则大多采用一次性给付制。

三、社会保障基金的给付模式

社会保障基金的给付模式是指确定待遇水平的方式，可以按照两种标准进行分类：一种是根据待遇水平的确定依据，可分为确定待遇制和确定缴费制；另一种是根据待遇水平的计发依据，可分为普惠制和收入关联制。[①]

（一）确定待遇制与确定缴费制

确定待遇制（defined benefit，DB）也被称为确定给付制，是一种根据员工的工作年限和工资收入，确定其社会保障待遇水平，从而预先确定其社会保障待遇支付额，再采用精算原理确定各年缴费水平的给付模式。在该模式下，资金风险责任由保险发起人承担。其待遇确定包括金额确定[②]和收入关联[③]两种方式。在"现收现付＋确定待遇"的养老保险制度下，退休者的待遇水平是根据当前退休者待遇总需求来确定的，社会保障管理部门测算当期在职人员及其单位的缴费率，以实现短期横向收支平衡。而在"基金＋确定待遇"的养老保险制度下，社会保障管理部门应先确定参保人个人未来的养老金待遇水平，然后按照精算原理确定个人工作期内的缴费率[④]，以实现远期纵向收支平衡。

确定缴费制（defined contribution，DC）是一种预先确定缴费水平，按照筹资的基金

---

① 许琳. 社会保障学［M］. 3 版. 北京：清华大学出版社，2018.
② 金额确定，即领取金额固定不变。
③ 收入关联，即按社会平均工资或个人工资的一定比例计算待遇。
④ 确定待遇制的缴费率需要按照缴费人口与领取人口及其变动规律来确定，从而确保资金档期收支平衡。

及其投资收益的积累额确定待遇水平的给付模式。在该模式下,账户管理或投资经营风险责任由参保个人承担。从缴费到待遇给付这段时期,账户基金规模随着缴费不断扩大,为了避免通货膨胀带来的贬值风险,往往需要对账户基金进行投资运营。在养老保险计划下,参保人按期缴费并进行基金积累,退休时根据账户上的基金及其投资收益发放养老金。在"基金制+确定缴费"的养老保险制度中,参保人的缴费额或缴费比例①在每期确定,并根据退休时账户基金和投资收益形成的资金总供给,由社会保障管理机构定期发放养老金,以实现个人生命周期内的长期纵向收支平衡。

(二) 普惠制与收入关联制

普惠制(flat-rate)是一种按照统一标准发放社会保障待遇的给付模式。在普惠制下,待遇的发放不考虑受益人的工作年限和工资水平,也不考虑受益人之间的需求差异,而是对符合条件的受益人提供均等的待遇。

收入关联制(earning-related)是一种按照受益人在职工资的一定比例发放社会保障待遇的给付模式。在收入关联制下,待遇的发放往往考虑受益人的工作年限和工资水平。受益人工作时间越长、工资水平越高,其享受的待遇给付水平也越高。

四、社会保障基金的给付原则②

确定社会保障待遇给付水平应遵循以下原则。

(一) 保障受保障者基本生活需要的原则

人的生活需要可以分为生存的需要、发展的需要和享受的需要,社会保障的一个基本功能就是在社会成员的生存受到威胁时保障其基本生活需要。在不同时期,基本生活需要的内容和水平不完全相同,故在确定社会保障待遇支付水平时应确定一个基准,使之能够与经济发展水平相适应。保障基本生活需要要求社会保障给付水平标准既不能过高,也不能过低。标准过高会给经济、财政带来沉重的负担,过低则可能无法实现保障功能。

(二) 随物价变动调整待遇水平的原则

社会保障的基本目标是保障社会成员的基本生活水平,社会成员的基本生活水平取决于一定的收入水平与消费水平,其生活状态直接决定于物价水平。物价的上升意味着受保障者的生活水平会下降。因此,社会保障基金给付的标准需要随物价变动而进行调整,以保障社会成员的基本生活不因物价上涨而导致生活水平下降。

(三) 共享经济增长成果的原则

在现代社会,基于社会公平与正义,让全体国民分享经济发展与经济增长的成果日益成为政府与社会各界的共识。但对于退出劳动领域的老年人、不能参与社会劳动的残疾人及缺乏劳动能力的未成年人等,如果没有社会保障制度的安排,他们则没有机会参与分享经济发展成果。因此,社会保障待遇给付应当尽可能地通过扩大制度的覆盖面来使全体国民得到不同程度的保障,让全体国民分享经济发展的成果。

---

① 为规避待遇给付不确定性所带来的风险,应充分考虑未来消费水平和投资收益,在账户基金进行精算的基础上确定缴费额和缴费比例。

② 郑功成.社会保障学[M].北京:中国劳动社会保障出版社,2005.

第四节　社会保障基金的投资运营

社会保障基金的投资运营是指利用实行基金制和部分基金制的社会保险基金中暂时不用于支付的节余部分从收取到支出的时间差，在法律允许的范围内，通过投资运营使其不断增值，并使其增值部分超过一般利息率、工资增长率和物价变动率的资金使用行为。社会保障基金与其他类型基金的投资运营目的是相同的，即获得投资收益，实现资金的保值增值。

一、社会保障基金投资运营的必要性

延伸阅读

在实行基金制和部分基金制的国家，社会保障机构都积累着一笔备用资金。积累的资金如果不能进行有偿运营，便会遭遇贬值风险。因此，社会保障基金与资本市场的有机结合已经成为社会保障制度发展的重要趋势。社会保障基金投资运营的意义包括多个方面：一方面，它有利于社会保障基金的保值增值；另一方面，它有利于减轻政府、企业和个人的负担。如果社会保障基金能够保值增值，则其不仅可以保证受益人的福利待遇不会因时间的推移而降低，而且可能提高受益人未来的福利待遇。此外，社会保障基金投资运营可以促进社会经济的发展。因为社会保障基金投入社会再生产过程能带来社会总产出的增长，从而起到加速经济发展的作用。

二、社会保障基金投资运营的风险

社会保障基金在投资运营的过程中必然会面临一些风险，这些风险可以概括为系统性风险与非系统性风险两类。

社会保障基金投资运营中的系统性风险是指基金外部的、无法在组合投资中被分散的风险，该风险由所有投资者承担、由市场共同性因素导致。系统性风险主要包括政治风险、政策风险、利率风险、经济周期风险、购买力风险和市场缺陷风险。其中，政治风险是指国家或地区政治的动荡使该国或地区的经济政策发生变动，从而导致的风险。政策风险是指因政府运用各种经济政策对国家经济运行进行调节而导致的风险，如中央银行实行紧缩的货币政策导致股市萎缩，影响社会保障基金在股市的收益。利率风险是指利率的波动所导致的风险。经济周期风险是指国家的经济周期变化规律所导致的风险。购买力风险是指通货膨胀风险。市场缺陷风险是指市场发育不成熟所导致的风险，如不完善的证券市场等。

社会保障基金投资运营中的非系统性风险是指风险来源为非全局性、理论上可以通过基金管理者的操作进行防范和化解的具体风险。非系统性风险主要表现为投资项目风险、流动性风险和管理风险。其中，投资项目风险是指因社会保障基金所投资的上市公司股票或实业项目本身因素而导致的风险。如果社会保障基金所投资的上市公司经营不善，股票下跌，则会导致基金投资收益下降。流动性风险是指在运营过程中，因资金难以"变现"或贷款对象出现支付困难而导致的风险。管理风险是指在社会保障基金运营过程中，基金管理人的主观原因影响基金收益水平所导致的风险，包括"委托—代理"风险、基

金管理人投资战略风险、基金管理人管理水平风险等。

三、社会保障基金投资运营的原则

由于面临上述风险,加之社会保障基金本身的特殊性,社会保障基金在投资运营时往往把安全性原则放在首位,同时遵循收益性原则、分散化原则,并兼顾流动性原则。

(一) 安全性原则

社会保障基金投资运营的安全性原则是指社会保障基金投资经办机构必须保证用于投资的社会保障基金能够按期如数收回,并取得预期投资收益。社会保障基金是对保障对象未来给付的负债,是用来支付保障对象基本生活保障待遇的积累金,在被保险人遭遇事故需要这笔资金时,社会保障管理机构必须能予以给付。

(二) 收益性原则

在追求社会保障基金投资运营的安全性的同时,并不排除社会保障基金投资追求利润最大化。收益是社会保障基金实现自我增值的重要途径,也是衡量社会保障基金投资成败的关键指标。从理论上讲,由于通货膨胀、工资增长及替代率等因素的影响,社会保障基金投资需要具有较好的收益,使自身在积累的过程中不断增值,从而减轻国家、企业和个人的负担,增进社会成员的福利。因此,不少国家都规定了投资的最低收益率。在实践中,要实现社会保障基金投资运营安全和收益的双重目标并不容易,因为收益与风险通常呈正相关关系,要取得收益就必然会冒一定的风险,两者很难兼顾,这就要求投资者拥有较高的专业水平与投资技巧。社会保障基金投资应兼顾投资的经济效益和社会效益,这也是社会保障基金不同于其他金融性投资资金的一个重要特性。

(三) 分散化原则

由于投资风险大,社会保障基金投资运营必须遵循分散投资的原则。在投资时,应考虑多元化的投资组合方式,以分散投资风险,并促使社会保障基金的投资运营在总体性、长期性、稳定性的基础上实现安全增长。社会保障基金的投资组合既要包括固定收益金融工具,又要包括权益工具;既要包括低风险的投资工具,又要包括高风险、高收益的投资工具;既要有中长期工具,又要有短期工具。对于进行国际投资的社会保障基金,还应考虑投资于不同国家或地区的金融工具。

(四) 流动性原则

尽管社会保障基金的支出通常是有计划的,不会如商业性财产保险般发生因突发性大灾害导致资金支付高峰的不确定性现象,但其同样需要保持一定份额的基金以便能够及时满足社会保障待遇的给付需求。因此,社会保障基金投资不能一味地追求收益性而忽视流动性,这要求社会保障基金投资经办机构要善于选择流动性较好的金融工具进行投资。

在具体的投资过程中,社会保障基金即使遵循多元化投资原则,将基金资产配置到不同性质的投资上,也依然面临着安全性、收益性和流动性之间的内在冲突问题,这些内在冲突问题源自证券市场的内在属性。投资学和金融学的理论研究证明,在一个完备的证券市场中,证券的安全性与收益性呈现出反向关系,例如,风险最低的国债一般是所有同

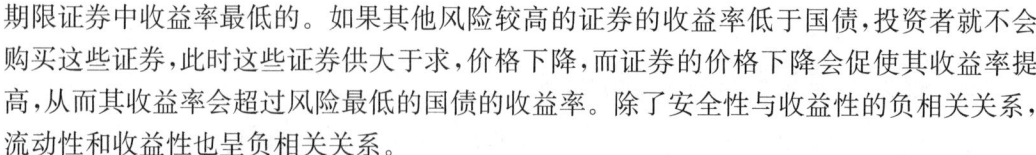

期限证券中收益率最低的。如果其他风险较高的证券的收益率低于国债,投资者就不会购买这些证券,此时这些证券供大于求,价格下降,而证券的价格下降会促使其收益率提高,从而其收益率会超过风险最低的国债的收益率。除了安全性与收益性的负相关关系,流动性和收益性也呈负相关关系。

由于证券投资的安全性、收益性和流动性三者之间存在冲突,所以社会保障基金投资很难同时实现这三个目标。因此,在基金投资运营时,需要在弱化一个目标的同时强化其他两个目标,而如何在三个目标之间进行权衡,要以社会保障基金的性质和内在要求为依据。总而言之,在确定社会保障基金的投资方式时要在安全性、收益性和流动性三者之间进行权衡,以确定最优的资产配置方案。

四、社会保障基金投资运营的方式

从各国社会保障基金投资运营的实践情况来看,可供选择的投资工具包括金融投资和实业投资两类。

(一)金融投资

社会保障基金投资的金融投资工具包括储蓄存款、债券、公司股票、贷款、以资产为基础的证券和衍生证券等。其中较为常用的有储蓄存款、债券及公司股票。

(1)储蓄存款。储蓄存款是指社会保障基金管理机构把基金存入银行,以取得一定利息的投资方式。储蓄存款有活期和定期之分:活期可随时提现,但利息较低;定期利息较高,但一般只能到期提取。定期又有时间长短之分,时间越长,利率越高。储蓄存款的优点是安全可靠,投资风险相对较低,收益稳定,流动性较好,而且操作简便,省时省力。其缺点是收益相对偏低,不能有效化解通货膨胀的威胁。在社会保障基金刚刚进入资本市场时,储蓄存款所占比例较高,随着投资工具选择的多样化,其比重逐步降低,后来只被用来做短期投资工具,以满足流动性需要。

(2)债券。债券分为政府债券和企业债券两种。政府债券具有很好的信誉,偿还有保证,安全性强,风险极低,而且可随时变现,具有较强的流动性,因而成为社会保障基金的重要投资工具。此外,购买政府债券能为国家重点建设提供资金,故许多国家鼓励把社会保障基金投资于政府债券。一些发达国家和发展中国家常常立法规定社会保障基金中的部分项目必须要有一定比例投资于政府债券。虽然政府债券的收益一般高于银行利息,但其投资收益并不算太高,因而在社会保障基金中所占比例也不能太大。企业债券的风险一般处于政府债券和股票之间,收益一般也高于政府债券。企业债券的风险程度因企业的资信程度不同而有所差异,各国政府通常对社会保障基金投资的企业债券等级有所限制,以防止投资风险过高。

(3)公司股票。公司股票一般具有较高的收益率,且变现能力强,故成为社会保障基金的一种重要投资工具。股票投资的收益来自股票买卖的价差和持股期间的股息收入。目前,多数国家都允许社会保障基金投资于股票市场。但是由于股票市场风险较高,绝大多数国家会限制社会保障基金投资股票的比例。

(二)实业投资

除了金融投资工具,社会保障基金还可以进行实业投资。实业投资包括房地产、基础设施等不动产投资。不动产投资在经济持续发展的情况下可以保证较高的盈利率,且具有一定的安全性保证,故能在一定程度上防范通货膨胀风险。但不动产投资一般投资周期长、流动性差。其中,房地产市场受经济周期波动影响,具有较大风险,且由于房地产管理具有较强的专业性,其投资管理成本较高。一些国家严格规定社会保障基金投资于房地产的比重,多数国家所规定的社会保障基金用于不动产投资的比重较低。

第五节 社会保障基金的监督与管理

社会保障基金的监管是指国家授权专门机构为实现社会保障制度的目标,依法对社会保障基金的筹集、给付、运营等过程进行监督和管理,是社会保障基金管理过程中的重要一环,也是确保基金安全并实现其保值增值必不可少的过程。

一、社会保障基金的监管模式

(一) 按照监管方式

社会保障基金的监管模式按照监管方式可分为审慎监管和限量监管。

审慎监管要求基金资产管理者履行审慎人原则(prudent person rules),即基金资产管理者"应像一个审慎、细心而富有智慧的人在同样情况下管理自己的基金时一样采取应有的判断,考虑资本可能的收益和存在的风险"。审慎监管强调资产管理者的受托责任,要求其行为必须以受益人的利益为投资准则,以为计划受益人提供收益并据此收取合理的管理费为唯一目的。审慎监管没有具体的投资组合比例和数量的限制,但其对投资管理人的行为给予了严格的监督。

限量监管的特点是监管部门对社会保障基金的投资组合作出比例或数量上的限制。监督机构独立性强、权力集中,除了要求基金达到审慎监管的要求,还对基金的结构、运作和绩效等具体方面进行限制性的规定,并通过现场检查和非现场检查的方式密切监控基金的日常运营。

我国资本市场和各类中介机构的成熟度较低,相关法律制度还不完善,故现阶段应对社会保障基金进行严格的限量监管。而随着资本市场和中介机构的成熟及法律制度的完善,监管模式可逐步转变为审慎监督模式。

(二) 按照时间序列

社会保障基金的监管模式按照时间序列可分为事先控制、实时监控和事后控制。

事先控制是指采用基金预算、确定收益率指标等方法在基金筹集、给付、运营的过程之前进行控制。

实时监控是指对基金在其筹集、给付和运营的过程中所实施的控制,如现场检查基金运营情况等。

事后控制是指在从基金的运行结果中获取信息后,处理有关问题,如清理被挤占挪用的基金。

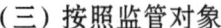

（三）按照监管对象

1. 针对社会保障基金经办机构的监管[①]

一是对制定和执行社会保障基金运营规章制度的合法性的监管。这种监管既包括对各项规章制度和经营决策是否符合有关法律法规和政策的监管，也包括对具体经办机构内控制度的监管。后者的监管包括内部组织结构、基金风险程度、会计系统、计算机业务系统运行状况等。

二是对社会保障基金经办过程的监管，包括基金征缴、基金支付及结余基金的监管。

基金征缴的监管包括检查征缴机构是否依法征收保费，以及缴费单位是否按规定缴纳保费两个方面。①对征缴机构的监管：是否按规定的项目和标准，及时、足额征缴保费；是否擅自提高或降低保费的征缴比例或减免征收保费；是否转移或隐瞒基金收入，私设"小金库"或多头开户；是否发生挤占挪用收入户基金的行为；是否将收入户基金及时、足额缴存财政专户；是否按规定收取滞纳金，并将滞纳金列入基金收入；是否允许缴费单位以实物抵顶保费，造成基金的少征。②对缴费单位的监管：缴费单位或个人是否按规定缴纳保费，有无隐瞒工资总额，造成少缴或其他形式的漏缴；缴费单位有无故意拖欠或拒缴保费，有无将应缴的保费截留用于其他开支。

基金支付的监管包括对经办机构或社会化发放机构行为和对参保人行为两个方面的监管。①对经办机构或社会化发放机构行为的监管：是否违规扩大基金开支范围和标准并支付待遇；是否依法及时足额支付各类保险津贴，有无拖欠或截留；是否按规定编制预算、计划，调剂金的分配、使用是否合理合法，资金的调度和用款计划是否按规定的程序报批；有无虚列支出、转移资金和挤占挪用；内部控制制度是否健全，业务结算中是否出现计算差错，如多付、少付或重复支付。②对参保人行为的监管：领取社会保险金的人员是否已参加社会保险并符合享受的条件；是否存在多报离退休人数或死亡不报、冒领社会保险金等欺诈行为。

结余基金的监管包括：各级政府、财政部门、经办机构和其他单位或个人是否存在将社会保险基金结余用于对外投资、经商办企业、自行或委托放贷、参与房地产交易、弥补行政经费和平衡财政预算、为企业贷款担保等问题；管理人员是否存在贪污、私分基金等违法违纪行为；是否发生不可抗拒的基金损失，如盗窃和自然灾害事件；基金管理措施是否严密。根据规定，结余基金必须存入社会保险基金财政专户，实行收支两条线管理，专款专用，任何部门、单位和个人均不得挤占挪用，也不得用于平衡财政预算。

2. 针对社会保障基金投资运营过程的监管

一是社会保障基金投资运营的准入。准入的控制亦称审批、授权、认证和特许，旨在保证准入的金融机构的数量、结构、规模、分布和规范性符合社会保障事业发展的需要，并与监督当局的监管能力相适应。把好这个关口可以事先将可能带来问题的金融机构拒之门外，预先铲除带来违规运作风险的土壤。大多数国家的法律规定，银行等金融机构只有在获得授权或特别许可后，才能从事社会保障基金的运营业务。任何得到认证的金融机构都必须接受社会保障基金监督当局的监督。

二是社会保障基金投资运营的退出。与准入机制相对应，退出机制是指监管当局限

延伸阅读

---

① 温海红，王立剑. 社会保障概论［M］. 西安：西安交通大学出版社，2022.

制或取消某一金融机构已经获得的管理运营基金的资格和权力。当某一金融机构或其分支机构不能履行有关责任和义务,并且威胁到基金的利益和安全时,监管当局有权采取某些措施,限制其运营基金的某些活动,直至取消其资格。

在现实中,很少有国家单纯地采用某一种监管模式,而多以其中一种监管模式为主,辅以另一种监管模式,以实现既监管社会保障基金的投资组合,又监管基金投资管理者的行为。此外,各国通常对政府集中管理的社会保障基金采用严格限量监管,而对分散私营管理的社会保障基金采用审慎监管模式。例如,美国对联邦信托基金采用严格限量监管,要求完全投资国债,而对其他私营养老基金则采用审慎监管。即便是采用审慎监管的加拿大、澳大利亚等国,也会有一些针对单一企业股票投资比例的限制。

二、社会保障基金的监管原则

如果社会保障基金在投资运营过程不能及时规避问题,则可能出现巨大的经济损失,导致基金不能及时支付,影响社会稳定和经济发展,甚至产生政治风险。因此,国家对社会保障基金必须实行严格的监督管理。

在社会保障基金监管的发展过程中,形成了以下基本原则。

(1) 安全原则。这一原则要求社会保障基金的监管必须以维护社会稳定为目标。这是社会保障基金监管的首要原则。

(2) 法治化原则。这一原则要求用法律确定监管对象的权利、义务及管理和运营的行为标准,用法律确定监管机构的法律地位、监管职责、行为标准和管理办法,用法律确定监管机构与其他机构之间的关系。

(3) 公正性原则。这一原则要求监管机构在履行监管职能时,应以客观事实为依据,以法律规章为准绳,运用行政、经济和法律手段,对经办机构及有关机构的违规违纪行为进行监督检查。

(4) 独立性原则。这一原则要求监管机构与监督对象、其他机构既要密切合作,又要划清职责界限,互不干涉。监管机构对经办机构和运营机构执法时,应保持相对独立性。

(5) 审慎性原则。这一原则要求监管机构的监督检查要适度,做到管而不死、活而不乱。

(6) 科学原则。这一原则要求监管机构必须运用先进的科学技术手段,建立健全法律体系和监测评估体系,做到监管科学合理。

无论采取何种管理机构、管理模式和监管方式,一个比较健全的管理体制应该具备以下特点:一是有一个统一的国家社会保障行政主管部门,或有主管不同类型社会保障项目的行政主管部门;二是社会保障主管部门与社会保障经办机构要严格分开,后者要接受前者的监督;三是制定完善和健全的法律法规体系,保障社会保障基金的运营安全,并实现基金的保值和增值。

三、社会保障基金的监管体制

(一) 立法与司法监督

立法与司法监督是社会保障基金监督管理的前提条件。立法监督主要审查政府关于社会保障的法规和其他有关规范性文件是否违反国家的基本法律和相关法规。司法监督是指中央和各级地方的检察机关对政府的社会保障基金行政行为、经济活动当事人事关社会保障基金的行为和事关社会保障基金的刑事案件进行侦察、提起公诉或支持公诉等。

(二) 行政监管

行政监管是社会保障基金监督管理的主要环节,其是指政府有关职能部门根据其管理职能,将监督社会保障事务纳入自己的工作范畴,并按照本部门的工作程序、工作手段行使监督权,代表国家对社会保障基金的运行进行监督。中国的行政监管机构包括人力资源和社会保障、民政、财政等部门的相关机构,如财政部门对社会保障基金实施财务监督,保证基金的财务收支活动健康、有序地进行。

(三) 内部控制

内部控制是社会保障基金监督管理的基础环节。各级社会保险经办机构和有关运营机构作为社会保障基金收支运营管理的主体,必须加强社会保障基金规章制度建设,健全内部财务制度,使之成为内部自我约束机制的重要组成部分。

(四) 社会监督

社会监督是社会保障基金监督管理的重要环节。各级经办机构通过定期或不定期向社会公布基金收支和结余报告,自觉接受社会公众、舆论界、工会、人民代表大会等个人、团体和组织的社会监督。同时,监管机构开设举报电话,受理各种投诉,接受不同渠道的社会监督。

四、社会保障基金的监管目标

延伸阅读

社会保障基金的监管目标是消除或减少不安全因素,最大限度地保障社会保障基金的安全。具体而言,社会保障基金的监管目标包括维护劳动者的合法权益、确保社会保障基金安全完整、实现社会保障基金保值增值、维护社会稳定和防止权力滥用。

(一) 维护劳动者的合法权益

维护广大劳动者的合法权益是进行社会保障基金监管的根本目的。各项社会保障基金是政府强制建立的专项资金,是保障广大劳动者切身利益的"养命钱"和"保命钱"。由于种种原因,社会公众难以了解基金管理运营和资产质量的状况,无法直接参与并保护切身利益,这使监管机构代表参保人员对基金运营实行监管成为一种必然。

(二) 确保社会保障基金安全完整

确保社会保障基金安全完整是各国监管机构的重要目标。我国社会保障基金数额巨大,无论是从收支的过程来看,还是从具体运营的操作来看,都潜伏着巨大的风险,因此国家对社会保障基金必须实行严格的监管。监管机构应采取有效的措施,建立针对社会保障基金风险的"防火墙"和"隔离带",从而维护公众对社会保障的信心。

(三) 实现社会保障基金保值增值

实现社会保障基金保值增值是提高基金供给能力和保障水平的客观需求。规模庞大的社会保障基金在形成的同时,便成为一个财政、金融问题,如基金不能保值增值,制定社会保障政策的初衷将难以实现。社会保障基金监管一方面要保障基金的安全完整,另一方面要通过有效监管和鼓励技术创新,促进经办机构建立一个良好的社会保障基金运营结构和信息反应体系,合理配置社会保障基金资源,稳步提高投资效益,最大限度地满足保障对象对社会保障基金的需求。

(四)维护社会稳定

社会保障基金监管必须把维护社会稳定作为重要目标。社会稳定是我国经济和社会稳步健康发展的前提,社会保障的根本性政策目标也强调要维护社会稳定。社会保障基金的管理和运营状况直接关系着我国社会的稳定,尤其是目前我国正处于经济结构调整、经济体制转型和社会保障体系建立与完善时期,做好社会保障基金的管理和运营更为重要。

(五)防止权力滥用

防止权力滥用也是社会保障基金监管的重要目标之一。由于社会保障基金经办和运营权掌握在专门机构的少数人员手中,为了防止权力被滥用,防范以权谋私、独断专行等情况出现,国家必须建立基金监管制度,形成权力约束机制。

 **案例与评析**

一、案例与材料

习近平总书记指出,"保障和改善民生没有终点,只有连续不断的新起点"。这一论述为"十四五"时期我国社会保障事业的发展提供了根本遵循,折射了我党以人民为中心的发展思想。基于此,"十四五"规划纲要将社会保障体系与公共服务、就业、收入分配、弱势群体权益、基层社会治理等内容统一起来,赋予社会保障增进民生福祉的重要功能。

二、问题与分析

(一)试谈我国是如何完善社会保障体系的

针对不同群体之间的保障差异,我国在更高层次上统筹社会保障制度安排,努力补齐社会保障的短板和弱项,不断推动社会保障整体结构的优化与功能的提升。首先,统筹城乡社会保障制度。一方面,我国着重推进城乡居民养老、医疗与最低生活保障制度的统筹,渐进性地化异趋同,努力实现城乡社会保障制度在筹资机制、待遇保障、经办管理等方面的全面统筹;另一方面,中央和地方政府均需加大对农村社会保障的财政投入,缩小城乡社会保障待遇水平的差距,同时积极推动农村低收入人口常态化帮扶机制的发展完善,进一步提升农民的社会保障待遇与服务的水平。其次,进一步推动体制内外基本养老保险制度并轨,保障社会保障制度的公平性。再次,缩小区域间社会保障水平的差距,努力建立均等化、可持续、流动性强的全国范围内的社会保障体系,"十四五"时期将进一步推动社会保障法治化进程,建立健全中国社会保障法律体系。最后,筹划建立国家主导型的社会福利制度,通过加强对"妇女、儿童、老年人、残疾人"等特殊群体的福利项目建设,逐步提高社会福利水平,补齐社会保障体系短板。

(二)我国社会保障体系后续应当如何改进

一般来说,在市场经济制度下,社会保障水平容易受到整个国民经济基础的制约,社会保障的发展需要适应不同时期的经济发展而非主动促进经济进步。社会保障为国民提供了一张"安全网",只有不断完善社会保障制度,遵循"兜底线、织密网、建机制"的基本要求,坚持"全覆盖、保基本、多层次、可持续"的基本方针,以社会保险制度为核心构建多层次社会保障体系,健全与经济发展水平相适应的社会保障和公共服务制度,才可以帮助老百姓"能消费、愿消费、敢消费",从而形成内需旺盛的强大国内市场。

中国特色社会主义进入新时代,不仅要求做大做好"蛋糕",而且要合理分好"蛋糕",扎实推进共同富裕。社会保障作为一种再分配制度,在"先富带动后富"的过程中具有显著的调节优势,在缩小贫富差距方面能够有效抓痛点、解难点,进一步推进社会公平。

马克思主义政治经济学认为,通过社会保障起点、过程与结果的公平,让所有社会成员均获得自由全面的发展机会,是社会主义社会保障的根本目标。我们党传承这一思想,强调保证人民平等参与、平等发展的权利,维护社会公平正义。在"幼有所育、学有所教、劳有所得、病有所医、老有所养、住有所居、弱有所扶"思想的正确指引下,实现社会保障制度的高质量发展,应以公平为核心,从共享发展理念出发,不断加大社会保障对再分配公平的调节力度,提高其精准性,不断增强社会保障待遇和服务的公平性与可及性。在保障原则上,坚持"量力而行"和"尽力而为"相统一。在提升社会保障水平时,要依据具体国情和经济发展现状,建立科学合理的动态调整机制,做到量力而行,以不断满足人民日益增长的美好生活需要。在促进社会保障公平层面,则要综合考虑地区、城乡、群体等方面的差异,做到尽力而为,进一步加强普惠性、基础性、兜底性的民生建设。在资源分配方面,体制外的社会保障资源应参照体制内的保障水平逐步调整,不断缩小体制内外社会保障水平的差距;东部地区的社会保障资源应适当向中西部及东北地区倾斜;城镇社会保障资源应支持农村社会保障的发展建设。在保障项目上,应坚持以社会保险为主体,以社会救助保底层,积极促进社会福利、慈善制度及优抚安置制度的完善。在组织形式上,应以政府保障为主体,积极促进市场、社会等多方协同合作,形成社会保险、补充保险与商业保险相互衔接的多层次社会保障格局。

(三)我国是否应该按照西方的社会保障制度来进一步改善民生

无论是"国家让步"视角下的自由主义社会保障制度,还是"国家回归"视角下的福利主义保障制度,西方的社会保障制度都是作为缓和资本主义根本矛盾的工具性制度出现并发展的,本质上是国家和社会二元对立的产物。中国的社会保障制度则与之不同,其一方面批判吸收了中国本土哲学中"水之于舟、民之于政"的民本思想,另一方面创新发展了马克思主义的社会保障思想,从而将社会保障从风险管理的手段上升为国家治理制度,彰显了中国特色社会主义制度的优势,能够有效提升人民的满意度、增强国家认同感,为推进国家治理体系和治理能力现代化、畅通国内经济大循环、促进全社会共同富裕提供了可行路径。在中国共产党的领导下,我国的社会保障事业始终立足民生发展,将民生保障作为社会保障政策的出发点和价值源泉。我国通过社会保障体系与就业、教育、收入分配、公共服务、基层治理等的有效连接,以社会保障制度的进步为应对人口老龄化等问题提供了更全面的政策选择。

(根据相关资料整理所得。)

本章小结

本章阐述了社会保障基金的概念,同时介绍了社会保障基金的筹集、给付、投资运营及监管等方面的基本知识。

社会保障基金是国家和社会利用现有社会财富进行提存、积累,以实施各项社会保障制度、援助或补偿社会保障对象支出的专项资金,是形成于国民收入的初次分配和再分配过程的一种消费性社会后备基金。根据社会保障项目的专门用途、基金的营运管理方式及账户积累模式,社会保障基金可分为不同的类型。

世界各国的社会保障基金来源并不完全相同,大多数国家的社会保障基金主要由政府、雇主和雇员三方分担。社会保障基金的筹集和给付起着至关重要的作用,可以调节收入分配、缩小收入差距。社会保障基金的运营涉及对实行积累制和部分基金制的社会保险基金的节余部分,通过法律允许的范围内的投资运营,使其增值部分超过一般利息率、工资增长率和物价变动率,以实现资金的保值增值。社会保障基金与其他类型基金的投资运营目的相同,都是获得投资收益,以实现资金的保值增值。社会保障基金在投资运营时往往把安全性原则放在首位,同时遵循收益性原则、分散化原则,并兼顾流动性原则。

社会保障基金的监管是指国家授权专门机构,为实现社会保障制度的目标,依法对社会保障基金的筹集、给付、运营等各个环节进行监督和管理。这是社会保障基金管理过程中的重要一环,也是确保基金安全并实现其保值增值必不可少的过程。

练习与思考题

1. 简述适应我国社会保障基金发展的社会保障基金筹资模式。
2. 简述不同社会保障基金给付模式的特性。
3. 简述社会保障基金投资运营应遵循的原则。

第五章
养老保险

导读

延迟退休有利于积极应对人口老龄化

"十四五"期间,我国人口老龄化将从轻度迈入中度阶段,这一历史性的转变必将对我国经济社会的诸多方面产生重大而深刻的影响。因此,必须坚持系统观念,从更高层面进行前瞻性思考、全局性谋划、战略性布局,做到及早应对、科学应对、综合应对,实现经济社会协调发展。

如何理解延迟退休的弹性实施原则?

改革前期,临近退休的人仅需延迟1个月或几个月退休,这对其工作、生活的影响不会太大。年轻一些的劳动者距离退休的时间较长,那时的社会环境、生活水平、人们的健康状况、心理状态等都会发生很大的变化,个人也有比较多的时间来调整和适应。延迟退休改革,应该充分考虑这种多元化需求。应在统一实施延迟退休政策的基础上,结合我国现实国情、文化传统及历史沿革等因素,增加弹性因素,允许个人根据自身情况和条件选择具体的提前退休时间,充分体现改革的灵活性和包容性。

如何理解延迟退休的统筹兼顾原则?

统筹兼顾,即延迟退休改革不能"单兵突进"。退休年龄问题涉及经济社会的方方面面,因此,延迟退休改革是一项系统工程,与之相关的配套和保障政策措施非常之多,需要统筹谋划、协同推进。一方面,过去一些与退休年龄相关的政策需要随着延迟退休改革进行相应调整;另一方面,延迟退休改革也会带来新的机遇、问题和挑战,需要有相应的配套措施及时跟进。

（资料来源:李心萍.延迟退休如何进行（政策解读）[N/OL].人民日报,（2021-03-30）[2024-09-25].http://politics.people.com.cn/n1/2021/0330/c1001-32064256.html.）

本章知识结构框架

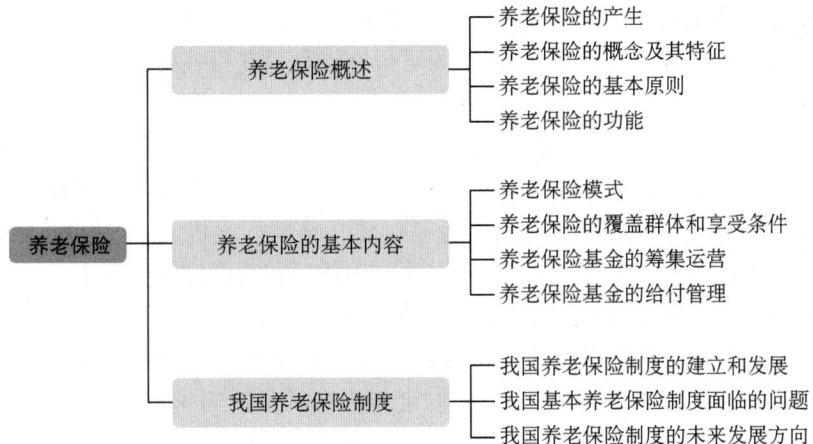

本章学习目标与要求

通过本章的学习,学习者应掌握养老保险的产生、概念、特征、基本原则和功能,掌握养老保险的制度模式、责任承担模式、筹资模式等相关内容,了解我国养老保险制度的发展历程、现状及未来发展方向。

本章学习重点

- 养老保险的概念
- 养老保险的基本内容
- 我国养老保险制度的建立和发展

第一节　养老保险概述

一、养老保险的产生

养老保险的产生是对人口老龄化和社会变迁的回应,旨在为老年人提供经济保障和相关福利,同时为整个社会提供可持续的养老解决方案。促使养老保险产生的原因主要包括以下几点:

(1) 人口老龄化。随着医疗水平的提高和生活质量的改善,人均寿命不断延长,社会面临养老、医疗和社会福利等多重压力。为应对这些社会挑战,养老保险制度应运而生。养老保险制度保障了老年人退休后有稳定的收入来源,确保他们的基本生活需求得到满

延伸阅读

足。这不仅能减轻个人及其家庭的经济负担,而且为社会提供了一种可持续的养老方案。

(2)家庭结构变化。传统意义上,家庭在养老方面扮演着重要角色,子女负责照料和赡养父母。随着现代社会的发展、社会结构的变化及年轻一代生活方式的改变,子女可能无法完全承担起这些责任。养老保险的引入为老年人提供了独立的经济保障,减轻了家庭的负担。通过缴纳养老保险费用,老年人可以在退休后获得一定的经济来源,以维持基本的生活水平。

(3)经济的不确定性。在市场经济中,个人收入可能会受到多种因素的影响,如就业市场波动、行业变化等。当劳动者退休后失去工资收入时,如果没有养老保险的支持,很有可能会面临经济困难的风险。养老保险通过建立长期积累机制,让劳动者在工作期间缴纳一定比例的工资作为养老保险基金,以便在退休后获得稳定的经济来源,这可以帮助劳动者满足日常生活需求,减轻其在退休后的经济压力。

(4)社会安全和福利意识的提高。随着社会不断发展,人们对社会安全和福利的意识也在逐渐增强。随着人口老龄化的加剧,老年人口的经济需求日益增长。养老保险可以为老年人提供一定的经济来源,确保他们能够维持基本的生活水平。

二、养老保险的概念及其特征

(一)养老保险的概念[①]

养老保险又称老年保险,是指国家和社会根据相关法律和法规,为确定范围内的老年人口在达到国家规定的解除劳动义务的年龄界限时,或因年老丧失劳动能力而退出劳动岗位时,提供基本生活保障。作为社会保障体系的重要组成部分,养老保险在老年社会保障中占据核心地位。

(二)养老保险的特征

养老保险是在劳动者退休后为其提供经济保障的一种社会保险,具有以下几方面特征。

延伸阅读

(1)普遍需求。与失业、疾病、伤残等不确定事件相比,衰老是一个确定且可预见的现象,人人都会经历。虽然不同个体在能力、经历和家庭条件方面存在差异,对老年收入减少和身体衰弱的承受能力也各不相同,但随着家庭规模的缩小、家庭保障功能的弱化以及市场竞争的加剧,各种风险的集中化和多重化日益明显,人们难以确保自己的老年生活无忧。在这种情况下,养老风险逐渐成为普遍的社会风险,养老保险也因此成为社会成员的共同需求。

(2)个人责任。从全球各国的养老保险制度来看,除了国家型养老保险制度,保险型、储蓄型乃至福利型的养老保险制度都要求参保者个人缴纳税收或保险费。个人缴费意味着个人需对自己的老年生活负责,这表明养老既是政府和社会的责任,也是个人应承担的责任。因此,相较于传统的基于国家保障的退休金制度,养老保险凸显了个人责任的特点。

(3)适度水平。养老保险制度要求个人承担缴费义务,其养老保险基金水平的高低

---

① 郑功成.社会保障学:理念、制度、实践与思辨[M].北京:商务印书馆,2020.

取决于个人的缴费贡献及制度内的筹资能力。这一制度主要针对有劳动收入的人群，目的是确保他们在退出劳动力市场后能维持基本生活水平。养老保险对个人缴费贡献往往设有限制区间，在此区间内缴费，便能保证基本养老保险基金水平维持在适度范围内。因此，养老保险凸显了适度水平的特点。

（4）长期积累。养老保险通常都是劳动者在年轻时参加，达到退休年龄办理退休手续后再领取，直到退休者死亡时终止。一些养老保险还惠及劳动者需要抚养的家属，其领取的时间更长。

三、养老保险的基本原则

（一）享受养老保险的权利与劳动义务对等的原则

遵循这一原则的国家通常规定，享受养老保险的对象是在达到一定年龄后退出工作岗位的劳动者。国家和政府对公民的劳动年龄上下限有明确的立法或制度规定，其中退休年龄即为劳动年龄的上限。劳动者达到退休年龄后，无论其实际劳动能力是否丧失，国家根据退休制度安排他们退出原有工作岗位，同时保障他们享有社会物质帮助和服务的权利，这也被视为劳动者获得养老保险所应履行的义务。基于这一对等原则，确定养老保险条件和待遇水平时，应以劳动者退休前为社会所作的劳动贡献时间及贡献大小为依据。实行国家保险型老年社会保障模式的国家大多采用这种方式。我国计划经济时期以及苏联、东欧等国家的老年社会保障制度遵循了这一原则。

（二）享受养老保险待遇与工作贡献相联系的原则

尽管现代养老保险、福利及社会服务制度是在承认所有老年人对社会均有贡献的前提下实施的，且在许多福利国家，老年人的社会待遇较高，福利覆盖面广泛，但在实际操作中，社会保险或社会待遇仍根据老年人的历史贡献有所区别。在经济发展水平较低的发展中国家，老年人保障和待遇标准的差异更为显著。大多数国家在制定退休金标准时，都会考虑原工资水平和职位高低。在具体实施过程中，养老保险基金和福利待遇需要根据多个条件确定。在日本，通常来说，劳动者领取全额退休金的条件是缴纳保险费累计达到25年，这体现了对劳动贡献时间的要求。许多国家对某些特殊行业或工种的劳动者在退休待遇方面给予优惠。例如，从事繁重或危险工作的工人，可以提前退休且不减发退休金。此外，一些国家规定化工、煤炭、冶金等行业的工人、工程技术人员和领导者可以享受高额养老保险基金。为国家作出特殊贡献或具有特殊功勋的人，退休时可获得功勋养老保险基金。

（三）保障基本生活水平的原则

在劳动者结束职业生涯后，养老保险为劳动者提供的养老保险基金成为其主要生活来源，养老保险基金必须达到维持老年人基本生活的水平。在老年人的一生中，实际的养老保险基金水平或社会购买力受到社会经济因素的影响，如物价波动等。在不同的物价水平下，同一标准的养老保险基金待遇所能享有的消费资料和社会服务存在差异。为确保老年人的基本生活不受物价波动的影响，必须根据通货膨胀率和物价指数来适时调整养老保险基金和社会救济金水平。许多国家通过立法途径来调整养老保险基金，以保障老年人的经济生活不受影响，这种调整通常包括两种方式：第一种方式是养老保险基金随物价上涨而自动提高。这种方式可以保持养老保险基金不贬值，但其工作量较大，尤其是

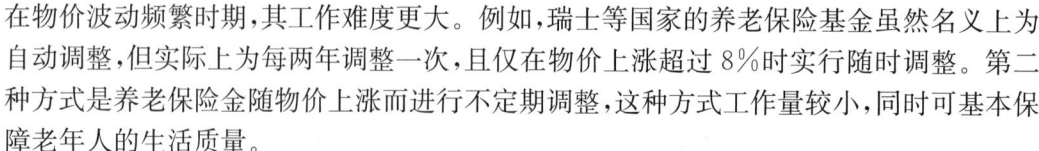

在物价波动频繁时期，其工作难度更大。例如，瑞士等国家的养老保险基金虽然名义上为自动调整，但实际上为每两年调整一次，且仅在物价上涨超过 8％时实行随时调整。第二种方式是养老保险金随物价上涨而进行不定期调整，这种方式工作量较小，同时可基本保障老年人的生活质量。

（四）与社会经济发展相适应的原则

老年人的社会保险水平必须与其他社会成员的收入和生活水平相适应，应随着在职人员工资水平的提高而相应提高。因为老年人为经济发展奠定了基础、创造了条件、作出了贡献。他们已经履行了劳动的义务，承担了社会发展的历史责任。

四、养老保险的功能

（一）优化劳动力结构

养老保险有助于实现劳动力群体平稳的代际更替，确保老年人安享晚年，促使新成长劳动力顺利就业，优化就业结构。一方面，养老保险制度为老年人提供了稳定的经济来源，使他们享有基本的养老保障。这样一来，老年人便可以安心度过晚年，减轻家庭养老的负担。另一方面，养老保险制度有助于新成长的劳动力顺利就业。随着老年人退休，新成长劳动力进入劳动力市场，保障了市场的活力和可持续性。

（二）维护社会的和谐稳定

养老保险为老年人提供了基本生活保障，使老年人老有所养。在职劳动者参与养老保险，无疑是为其未来铺就了一条安心之路。在养老保险的保障下，劳动者可以放下对养老的担忧，全心投入现有工作，为社会创造更多价值。养老保险缓和了人们的焦虑与浮躁情绪，有利于社会的和谐稳定。

（三）促进经济的发展

各国在设计养老保险制度时，多将公平与效率相结合，尤其是在部分积累和完全积累的养老保险基金筹集模式中。劳动者退休后领取养老保险基金的数额，与其在职劳动期间的工资收入、缴费金额具有直接联系，这无疑能够激励劳动者在职期间积极劳动、提高工作效率，促进经济发展。

此外，养老保险涉及面广、参与人数众多，其运作过程中能够筹集大量的养老保险基金。在实行基金制养老保险模式的情况下，个人账户中的资金积累通常以数十年计算，使养老保险基金规模更大，可为市场提供更多的资金，有利于国家对国民经济进行宏观调控。

第二节　养老保险的基本内容

一、养老保险模式

（一）养老保险的制度模式

世界各国实行的养老保险制度主要有四种模式，可概括为传统型、福利型、国家统筹

型和强制储蓄型。

1. 传统型养老保险制度

传统型养老保险制度又称"雇佣相关性模式"或"自保公助模式",最早由德国俾斯麦政府于 1889 年颁布《养老保险法》创设,后为美国、日本等国家所采纳。此类制度要求员工在工作期间每月缴纳一定比例的养老保险,同时企业需为其员工缴纳相应比例的养老保险。员工退休后,可根据其缴纳的养老保险基金额和年限,按月领取养老保险基金。这一制度既体现了国家对老年人的关爱,也强调了企业和员工在养老保障方面的责任。然而,随着全球人口老龄化趋势的加剧,传统型养老保险制度面临巨大的压力。养老保险基金缺口、支付能力不足等问题逐渐显现。为应对这些挑战,许多国家开始对养老保险制度进行改革,以适应时代发展的需求。

2. 福利型养老保险制度

福利型养老保险制度最早为英国创设,目前适用该类制度的国家还包括瑞典、挪威、澳大利亚、加拿大等。福利型养老保险制度的核心特点是实行完全的"现收现付"制度,即当前工作年龄段人口的收入为养老保险基金支付来源,以满足退休人员的养老保险基金需求。同时,该制度采用"支付确定"的方式来确定养老保险基金水平,即养老保险基金水平与员工的工资挂钩,确保退休人员的基本生活水平。在这一制度下,员工在工作期间缴纳的养老保险费用,用于支付当前退休人员的养老保险基金。这意味着,每位员工在退休后都能获得一定程度的养老保险基金保障,从而降低了老年人生活贫困的风险。此外,福利型养老保险制度还强调国家、企业和个人共同承担养老责任,以实现社会公平和正义。

3. 国家统筹型养老保险制度

国家统筹型养老保险是苏联创设的,后被东欧各国、蒙古、朝鲜以及改革开放前的我国等国家采用,其理论基础为列宁的国家保险理论。与福利型养老保险制度相似,国家统筹型养老保险制度也由国家全权负责养老保险活动和资金筹集,实行统一的保险待遇水平。在这种制度下,劳动者个人无需缴费,退休后可享受退休金。在我国的改革开放过程中,国家统筹型养老保险制度逐渐向部分积累型养老保险制度过渡。这种制度既保留了国家统筹型养老保险制度的优点,又能激发个人责任意识,提高养老保险基金制度的可持续性。

4. 强制储蓄型养老保险制度

强制储蓄型养老保险制度主要有新加坡模式和智利模式两种。

新加坡模式是一种公积金模式。该模式的主要特点是强调自我保障,即通过建立个人公积金账户,由劳动者于在职期间与其雇主共同缴纳养老保险费,劳动者在退休后完全从个人账户领取养老保险基金,国家不再以任何形式支付养老保险基金。个人账户的基金在劳动者退休后可以一次性连本带息领取,也可以分期分批领取。国家对个人账户的基金通过中央公积金局统一进行管理和运营投资,这是一种细小的筹资模式。除了新加坡,东南亚、非洲等地的一些发展中国家也采用了该模式。

智利模式作为另一种强制储蓄型养老保险制度,强调自我保障,虽然其也采用了个人账户的模式,但与新加坡模式不同的是,个人账户的管理完全实行私有化,即将个人账户交由自负盈亏的私营养老保险公司,以获取最大化的利益回报。该制度于 20 世纪 80 年代在智利推出后,也被拉美一些国家效仿。强制储蓄型养老保险制度最大的特点是强调

效率,但忽视公平,难以体现社会保险的保障功能。

(二)养老保险的责任承担模式

根据养老保险的责任承担机制,养老保险的责任承担模式分为政府负责型、责任分担型、个人负责型、混合责任型。

1. 政府负责型

政府负责型通常由政府直接负责管理和运营。在这种模式下,企业和个人会缴纳社会保障税,政府通过进行财政收入预算来为国民提供养老保险基金。政府会直接管理养老保险事务,并对其进行监督,以确保养老保险基金的发放和管理符合相关法规和政策。这种模式可以确保养老保险的公平性和可持续性。

2. 责任分担型

责任分担型基于责任分担或责任共担的原则,由政府、单位或雇主、个人等多方分担养老保险责任,是社会养老保险制度发展的主流趋势。这种模式可以实现风险分散和财务稳定,但由于责任共担的强制性,其可能无法覆盖全体国民,而只能适用于劳动者,尤其是工薪劳动者,因此属于选择性制度安排。

3. 个人负责型

智利自 20 世纪 80 年代后推行的养老保险基金私有化改革确立了个人负责型养老保险。在这种模式下,国家通过立法规定劳动者参与养老保险制度,但政府与雇主不承担缴费义务,保险费完全由劳动者个人缴纳。所缴纳的保险费完全记入个人账户,并通过市场机制实现有偿运营,所赚取的收益再充实到个人账户中。劳动者退休后可以领取自己账户中的养老保险基金来养老。这种模式的特点是强调个人责任和市场运作,但存在一定的风险和不确定性。

4. 混合责任型

在这种模式下,政府负责的层次通常提供基本的养老保障,确保所有符合条件的人都能获得最低限度的养老保险基金或福利。其他责任方负责的层次可能涉及政府、雇主和劳动者之间的共同缴费,以增加养老保险基金的金额和范围。而个人负责的层次要求个人自行缴纳养老保险费用,以增加个人的养老保险基金积累。这种多层次结构的养老保险体系可以更好地平衡社会责任和个人责任,提供更全面和灵活的养老保障。它为养老保险制度的发展提供了更新、更有效的方案,以适应不同国家和地区的需求和情况。

二、养老保险的覆盖群体和享受条件

作为一项社会保险,养老保险要求参保者先履行缴费责任(在国家统筹模式下须履行劳动责任)。这一给付条件决定了养老保险覆盖群体是已履行缴费责任(劳动责任)的劳动者群体。享受养老保险的资格与条件往往和养老保险的基本原则有关,其法定的适用对象和适用人群与各国的经济发展水平、政策规定和实行的养老保险类型有关。

因不同国家经济发展水平与政策规定的不同,养老保险的保障对象有所差异。有些国家主要针对劳动者群体,有些国家则覆盖全体国民。世界上绝大多数国家的养老保险基金给付条件是复合型的,即国民必须同时符合两个或两个以上的资格条件,才能享受领取养老金的权利。这些条件可归纳为以下两种:

（1）年龄和投保年限条件，即被保险人必须达到规定的退休年龄和缴纳保险费的期限，才有领取养老金的资格。

（2）年龄和工龄条件，即被保险人必须达到规定的年龄和所需要的工作年限，才有领取养老金的资格。

近年来，发达国家为了应对人口老龄化及退休金支出过快的情况，采取了多支柱养老金方案、提高退休年龄和延长缴费年限等改革措施。

三、养老保险基金的筹集运营

（一）养老保险基金的资金来源

养老保险基金的资金来源是养老保险制度生存与发展的基础。这一问题不仅与国家的财政状况、企业的经济状况息息相关，还反映了制度的政策导向，影响着广大受益者的切身利益。责任分担的核心与关键在于各方责任主体如何公平、合理地分担社会保障费用，具体到养老保险制度表现为养老保险费用的分担问题。养老保险制度的完善与可持续发展，需要各方共同努力。首先，政府应明确自身职责，加大对社会保障事业的财政投入，确保养老保险基金的稳定增长。其次，企业要履行社会责任，为员工提供充足的养老保险待遇，减轻员工养老负担。最后，个人也要积极参与养老保险，通过按时缴纳保费，为自己的养老生活提供保障。从各国的养老保险制度实践来看，养老保险基金的负担方式不外乎以下四种：

（1）由雇主、雇员和国家三方共同负担的方式，如英国、德国和意大利等国家，这种方式最为普遍。

（2）由雇主和雇员双方分担的方式，如法国、荷兰、葡萄牙、新加坡等。

（3）由雇主和国家分担的方式，如2000年前的瑞典。

（4）完全由雇员个人负担的方式，如智利。

总的来说，第一种方式属于多方分担，其资金来源渠道较多，保险系数较大，因此得到多数国家的青睐。值得一提的是，即使在采用同一方式的国家，费用的分摊比例也会存在相当的差异，这是由各国不同的国情决定的。

（二）养老保险基金的运营管理[1]

由于人口老龄化的冲击，现收现付的养老保险制度面临着严峻的挑战，这掀起了全球范围内的养老保险制度改革，改革的大方向是建立事先积累的养老保障基金。在基金制的条件下，规模庞大的养老保险基金的保值增值负担异常沉重，因此，养老保险基金的有效运营和安全管理日益成为保证养老保险制度健康发展的必要条件。

养老保险基金的投资运营模式往往和基金的筹集方式紧密联系在一起。例如，强制性完全积累型养老保障制度的投资运营主要有四种模式：一是将缴费确定型个人账户交由投资管理公司分散管理，政府的责任是从保护雇员利益出发进行审慎监管，在必要时对受益人提供最低养老保险基金担保，智利即是如此；二是通过个人缴费建立基金，由公共机构集中管理和投资，比较成功的案例有新加坡和马来西亚，其主要特征是由政府实施基

---

① 郑功成.社会保障概论［M］.上海：复旦大学出版社，2019.

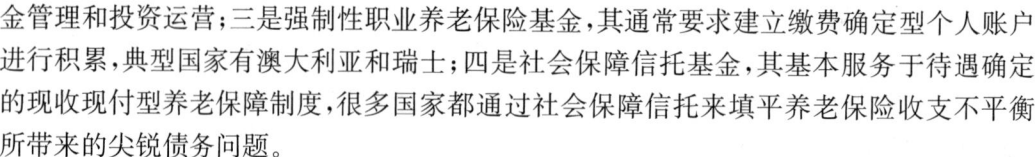

金管理和投资运营;三是强制性职业养老保险基金,其通常要求建立缴费确定型个人账户进行积累,典型国家有澳大利亚和瑞士;四是社会保障信托基金,其基本服务于待遇确定的现收现付型养老保障制度,很多国家都通过社会保障信托来填平养老保险收支不平衡所带来的尖锐债务问题。

关于养老保险基金的管理,世界各国并不统一。一些国家的养老保险基金管理由各种独立性机构或基金会负责,管理机构通常由受保人、雇主和政府三方组成的理事会领导。另一些国家的养老保险业务由政府的一个部门直接管理,例如,法国的管理机构为全国养老保险基金会,它接受法国卫生和社会保障部的全面监督;德国的管理机构为联邦薪金雇员保险局,它由德国联邦劳动和社会事务部全面监督;意大利的管理机构为全国社会保险协会,它由劳工与社会福利部及财政部监督。

养老保险基金保值增值问题虽然在许多国家备受关注,但要取得良好效果却绝非易事。许多国家的经验表明,养老保险基金的投资需要谨慎对待。养老保险基金的债务期较长,因此,在养老保险基金的投资组合中,国家可以降低流动性资产的比例;在实物资本方面,养老保险基金一般集中在房地产;在金融领域,养老保险基金的主要投资方向是债券、股票及贷款。为了提高养老保险基金整体上的安全性,许多国家还通过立法对养老保险基金中用于各项投资的比例作出上限规定。

(三)养老保险基金的筹集模式

养老保险基金筹集模式的选择受到多种因素的影响,如该国的经济发展水平、政府和个人应承担的责任比例、人口老龄化的程度及资本市场的投资渠道等。养老保险基金的筹集模式主要有现收现付制、完全积累制和部分积累制三种。

1. 现收现付制

现收现付制实质上是一种代际互助的公平模式,它通过当前工作的一代人资助已退休的一代人,实现收入分配的横向平衡。这一制度要求每年的保费筹集和支出随人口老龄化趋势相应增长。然而,现收现付制的实施需要一个稳定的人口增长环境和新增劳动力与退休人口相对平衡的大背景。在当前人口结构变化剧烈、老龄化速度加快的背景下,现收现付制在基金筹集方面面临着巨大挑战,实施起来相当困难。

2. 完全积累制

完全积累制是一种强调个人自我保障的养老模式,它意味着在本代人生命周期内,对收入进行跨时间分配,实现不同历史时期纵向分散养老风险。这种基金筹集模式需要稳定的经济发展和物价变动环境,从而采取措施确保积累基金保值增值。通常,这种筹集模式在养老保险制度启动之初或劳动者就业初期开始实施。然而,完全积累制需要大量储备,这些储备通常用于安全性较高的投资,一旦通货膨胀严重,其可能面对货币贬值所带来的风险。目前,智利和新加坡等少数国家采用完全积累制。

3. 部分积累制

部分积累制是一种融合现收现付制和完全积累制的养老保险基金筹集模式。根据保险建制原则的不同,部分积累制可以有两种解释:第一种解释是将养老基金分为两个部分,一部分采用现收现付制,用于保障当前退休者的基本养老需求,实现代际互济;另一部分则存入个人账户,形成实际的积累基金。第二种解释是在近期内,以支出为基准的同时，多收取一部分资金进行积累，最终仍将回归现收现付制。这种筹集模式在兼顾公平与效率的同时，为老年人提供了较为稳定的养老保障。

（四）养老保险基金的运行模式

养老保险基金的运行模式是指养老保险基金筹集后的管理方式，主要有社会统筹模式、个人账户模式，以及社会统筹与个人账户相结合模式。

1. 社会统筹模式

社会统筹模式是指将通过养老保险筹资渠道筹集到的养老保险基金全部纳入社会统筹，由相关部门根据当年或一个周期内的社会需要进行统筹规划，考虑养老保险基金的使用问题。该模式的最大特点是高度社会化，最大限度地发挥了社会保险互助共济和风险共担的功能，将"大数法则"利用到极致。但该模式通常只考虑短期内基金的平衡，因此，采用该模式的养老保险制度要在人口结构稳定的情况下才得以维持，当人口结构发生变化，如出现人口老龄化危机时，就难以为继。在具体制度安排中，这种模式总是和现收现付的财务模式联系在一起。

2. 个人账户模式

与社会统筹模式相对应，个人账户模式是指征缴的养老保险费全部进入个人账户，劳动者在步入老年、失去劳动能力、离开劳动力市场后，按照个人账户积累的金额（本金＋运营收入），领取属于自己的养老保险基金。

这种模式对劳动者具有一定的激励作用，但没有体现"大数法则"，没有体现社会保险互助共济和风险分担功能，而且基金保值增值压力大。在具体制度安排中，这种模式总是和完全积累的财务模式联系在一起。

3. 社会统筹与个人账户相结合模式

在社会统筹与个人账户相结合模式下，国家、企业和个人三方承担供款责任但分别记账。基本养老保险基金分为两部分：一部分是用人单位缴纳的基本养老保险费，进入基本养老统筹基金，用于支付职工退休时社会统筹部分养老保险基金（即基础养老保险基金），基本养老统筹基金用于均衡用人单位的负担，体现社会互助共济；另一部分是个人缴纳的基本养老保险费，进入个人账户，用于负担退休后个人账户养老保险基金的支付，体现个人责任。[①]

四、养老保险基金的给付管理

（一）养老保险基金给付水平

不同国家的养老保险基金给付水平是不同的，它受一国或地区的社会经济发展水平、通货膨胀等宏观因素的限制，也取决于最低生活费用和工作年限等具体因素。评判各国养老保险基金水平的高低，需要了解其养老保险待遇确定的基础和标准。

（二）养老保险基金给付方式

世界各国的养老保险基金给付方式通常可分为以下四种。

1. 绝对金额制

这种给付方式是指将被保险人及其供养的直系亲属，按不同标准划分为若干

---

① 中华人民共和国社会保险法［M］.北京：中国法制出版社，2019.

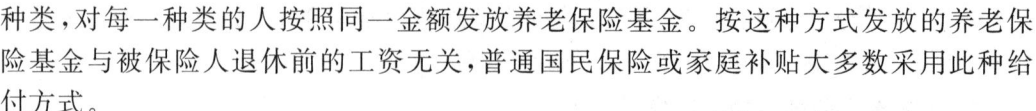

种类,对每一种类的人按照同一金额发放养老保险基金。按这种方式发放的养老保险基金与被保险人退休前的工资无关,普通国民保险或家庭补贴大多数采用此种给付方式。

2. 统一比例制

这种给付方式是指按被保险人工资的一定比例或某一确定标准的一定比例给付养老保险基金。被保险人退休前的养老保险缴费与其退休后获得的养老保险基金之间的联系不大,即为统一比例制。领取的养老保险基金为:

$$养老保险基金 = 统一比例 \times 基期工资$$

3. 薪资比例制

这种给付方式以被保险人退休前某一段时期内的平均工资或最高工资额为基数,再根据被保险人的工龄或投保年限确定养老保险基金替代率。被保险人的养老保险基金取决于"基数"和"投保年限"两个因素。

4. 收入关联制

这种给付方式是指被保险人养老保险基金的替代率与退休前的工资负相关。被保险人退休前的工资越高,其领取养老保险基金的比例越低;被保险人退休前的工资越低,其领取养老保险基金的比例越高。

第三节 我国养老保险制度

一、我国养老保险制度的建立和发展

我国的养老保险制度经过四十多年的变革,逐步成为惠及所有老年人的社会保险制度。职工基本养老保险制度、机关事业单位工作人员基本养老保险和城乡居民基本养老保险共同构成了我国法定基本养老保险制度体系。1988 年,国务院撤销劳动人事部,组建劳动部和人事部,其中劳动部负责企业社会保险事务,人事部负责机关事业单位退休管理及福利。2008 年,十一届全国人大一次会议审议批准《国务院机构改革方案》,设立人力资源和社会保障部。

(一) 企业职工和机关事业单位工作人员养老保险制度的建立和发展

我国传统的社会养老保险制度始于 20 世纪 50 年代。1950 年,政务院发布《中央人民政府政务院财政经济委员会关于退休人员处理办法的通知》,该文件是新中国成立后第一个关于干部退休规定的政策文件,但其覆盖范围有限,只针对部分单位,如机关、铁路、海关等系统部门。1953 年,政务院公布修改后的《劳动保险条例》,将养老保险的实施范围扩大到工厂、矿场及交通事业的基本建设单位和国营建筑公司,退休金待遇虽有所调整,但是变化不大。1951 年 2 月 26 日,政务院颁布了适用于企业职工的《中华人民共和国劳动保险条例》,对职工的退休养老、疾病医疗、工伤康复、生育保险等多项社会保险项目及其管理进行了规范。其中,职工退休养老包括职工退休的年龄、工龄条件、养老保险基金待遇及其他一些问题。1955 年 12 月,国务院颁布了适用于事业单位、机关工作人员的《国家机关工作人员退休处理暂行办法》《关于处理国家机关工作人员退职、退休时计算工作年限的暂行规定》等法规。1958年,在全国总工会提出国家机关和企事业单位统一实行劳动保险制度建议的背景下,国务院发布《关于工人、职员退休处理暂行规定》,首次对养老保险制度建设作了较为全面的政策规定,适当放宽了退休条件、退职条件,调整了养老保险基金待遇,解决了企事业单位、国家机关政策不一致的矛盾。

1978年,国务院颁布了《国务院关于安置老弱病残干部的暂行办法》《国务院关于退休、退职的暂行办法》,分别制定了干部和工人的退休、退职办法。20世纪80年代,企业间养老保险基金负担畸轻畸重的矛盾不断暴露出来,养老保险资金支付严重不足,引发了养老保险制度的改革呼声。1986年,国务院在《中华人民共和国国民经济和社会发展第七个五年计划》中提出,要有步骤地建立具有中国特色的社会保障制度。同年,国务院印发《关于发布改革劳动制度四个规定的通知》,明确筹资渠道是由劳资缴费和国家补贴构成,明确实行统筹互济,明确退休待遇决定机制,明确管理体制。从1986年开始,许多城市陆续进行了养老保险模式改革的试验。

1991年6月,国务院发布《关于企业职工养老保险制度改革的决定》,提出建立基本养老保险制度、企业补充养老保险和个人储蓄型养老保险相结合的多层次养老保险体系,并规定实行国家、用人单位和职工三方共同负担原则,实行社会统筹。1993年,党的十四届三中全会通过了《关于建立社会主义市场经济体制若干问题的决定》,明确了城镇职工养老和医疗保险由单位和个人共同负担,实行社会统筹和个人账户相结合的制度,首次明确了"个人账户"的概念。1995年3月,国务院印发《关于深化企业职工养老保险制度改革的通知》,在社会统筹与个人账户相结合(以下简称统账结合)原则的基础上,补充以企业保险、个人储蓄,形成多层次的养老保险体系。1995年10月,国务院发布了《国务院办公厅转发民政部关于进一步做好农村社会保险工作意见的通知》,逐步建立农村社会养老保险制度,建立健全农村社会保险体系。1997年7月,国务院发布《关于建立统一的企业职工基本养老保险制度的决定》。从此,我国养老保险制度进入现收现付制与部分基金积累制相结合的改革阶段。2000年,城镇养老保险基金社会化发展目标基本实现。

2015年1月,国务院发布《关于机关事业单位工作人员养老保险制度改革的决定》,将全国机关事业单位工作人员的退休保障制度改为社会化的养老保险制度,机关事业单位实行统账结合的基本养老保险制度。其与城镇职工养老保险在单位和职工的缴费责任进行划分,以及在待遇发放规则上基本相同,由此结束了两类群体养老保险双轨制的漫长历史,标志着养老保险基金双轨制开始"并轨"。

(二)我国城乡居民基本养老保险制度的建立和发展

20世纪50年代初期,我国建立起针对城镇劳动者的企业职工养老保险制度与国家机关事业单位工作人员退休养老制度。除此之外,国家还为农村孤寡老人建立了相应的福利制度,针对农村孤寡老人按照"五保"制度进行集体供养,以解决农村大多数老年人的养老问题。

改革开放后,由于农村开始实行家庭联产承包责任制,加之人口流动、家庭规模小型化等,传统的家庭养老保险功能弱化,农村居民养老问题亟需解决。1986年,民政部和其他部委召开全国农村基层生活保障工作座谈会,会议指出,经济较发达地区要发展以社区

(乡镇、村)为单位的养老保险。同年年底,民政部向国务院提交《关于探索建立农村基层社会保障制度的报告》。之后两三年间,全国开展了农村养老保险试点工作。1992 年1 月,民政部出台《县级农村社会养老保险基本方案(施行)》,规定基金筹集以个人缴费为主、集体补贴为辅,政府给予政策扶持,实行个人账户积累制,参保人在达到规定退休年龄时按照计发办法领取养老保险基金。

1998 年,按照国务院机构改革方案,农村社会养老保险由民政部划入劳动和社会保障部。但由于农村尚不具备运行社会保险的条件,农村社会养老保险陷入停滞状态。2002 年,党的十六大报告明确指出"有条件的地方,探索建立农村养老、医疗保险和最低生活保障制度"。2006 年,党的十六届六中全会进一步明确探索建立多种形式的农村养老保险为重点工作任务。2008 年,党的十七届三中全会作出推进农村改革发展若干重大问题的决定,提出"贯彻广覆盖、保基础、多层次、可持续原则,加快健全农村社会保障体系。按照个人缴费、集体补助、政府补贴相结合的要求建立新型农村社会养老保险制度"。

2009 年 9 月,国务院印发《关于开展新型农村社会养老保险试点的指导意见》,明确规定"探索建立个人缴费、集体补助、政府补贴相结合的新农保制度,实行社会统筹与个人账户相结合的形式,与家庭养老、土地保障、社会救助等其他社会保障政策措施相配套,保障农村居民老年基本生活"。同年,我国在多个地区开展试点工作。2011 年 6 月,国务院印发《关于开展城镇居民社会养老保险试点的指导意见》,并在全国多个地区开展试点工作。2012 年 7 月,新农保、城居保在全国实施,截至同年 9 月,全国城乡居民养老保险的参保人数达到 4.49 亿人。2014 年 2 月,国务院印发《关于建立统一的城乡居民基本养老保险制度的意见》,决定将新农保和城居保两项制度合并实施,在全国范围内建立统一的城乡居民基本养老保险制度,基金来源由个人缴费、集体补助、政府补贴构成,养老保险待遇由基础养老保险基金和个人账户养老保险基金构成。

(三) 我国多层次养老保险制度的建立和发展

1. 基本养老保险制度

1997 年,国务院发布《关于建立统一的企业职工基本养老保险制度的决定》,这标志着统账结合的职工养老保险模式初步形成。2014 年,国务院发布《关于建立统一的城乡居民基本养老保险制度的意见》,在全国范围内建立统一的城乡居民基本养老保险制度,迈出了中国养老保险公平、可持续发展的重要一步。自 2014 年 10 月 1 日起,我国将全国机关事业单位工作人员的退休保障制度改为社会化的养老保险制度。

养老保险基金的筹措主要由国家、单位和个人共同承担。个人账户与社会统筹相结合的制度形式是我国养老保险体系中基本养老保险制度的"第一支柱",社会统筹实行现收现付制,而个人账户要求完全积累,强调养老保险基金在个人账户部分的激励作用和劳动贡献差别。我国的基本养老保险基金制度由职工基本养老保险基金制度、机关事业单位基本养老保险基金制度、城乡居民基本养老保险基金制度三部分组成。

2. 企业年金与职业年金

企业年金是指企业及其职工在依法参加基本养老保险的基础上,自愿建立的补充养老保险制度,是多层次养老保险体系的组成部分。其由国家宏观指导、企业内部决策执行。一般来说,企业年金基金可分为设定缴存基金和设定受益基金,不同的基金类型所遵循的会计处理方法不同。设定缴存基金为每个计划参与者提供一个个人账户,按照既定的公式决定参与者的缴存金额,并不规定其收到的福利金额;将来在个人有资格领取养老保险基金时,其所收到的养老保险基金福利仅取决于其个人账户的缴存金额、缴存金额的投资收益及可被分摊到该参与者账户的其他福利。设定受益基金计划是指基金主办者(企业)按既定的金额提供养老保险基金福利的企业年金。福利的金额通常是一个或多个因素的函数,如参与者的年龄、服务年数或工资水平。该福利既可以是一笔年金,也可以一次性支付。

职业年金是指机关事业单位及其工作人员在参加机关事业单位基本养老保险的基础上,建立的补充养老保险制度。职业年金的特点通常包括:一是职业年金的资金可能来自雇主的直接投入、员工的薪资扣除,或是这两者的组合;二是职业年金由专门的养老保险基金管理机构或保险公司管理投资,以确保资金的保值增值和安全性;三是许多国家对职业年金计划提供税收优惠,如税前缴纳、投资收益免税或退休金税收减免;四是员工通常需要满足一定的工作年限或年龄条件,才能获得职业年金的完整或部分利益。职业年金是雇主吸引和留住优秀员工的重要福利之一,同时也是员工规划退休生活的重要组成部分。不同国家和地区的职业年金制度有所不同,具体细节需要参考当地的法律和规定。我国的职业年金既不是社会保险,也不是商业保险,而是一项单位福利制度,是事业单位及其职工依据自身经济状况建立的保障制度,由事业单位及其职工承担因实施职业年金计划而产生的所有风险。机关事业单位自 2014 年 10 月 1 日起开始实施职业年金制度,《国务院办公厅关于印发机关事业单位职业年金办法的通知》于 2015 年 4 月 6 日正式发布。

3. 个人养老保险基金制度

2017 年 6 月,国务院办公厅发布《国务院办公厅关于加快发展商业养老保险的若干意见》,提出要"依托商业养老保险机构专业优势和市场机制作用,扩大商业养老保险产品供给,充分发挥商业养老保险在健全养老保险体系等方面的生力军作用。支持符合条件的商业保险机构积极参与个人税收递延型商业养老保险试点"。该意见是为了健全多层次养老保险体系,促进养老服务业多层次、多样化发展,应对人口老龄化趋势和就业形态新变化,进一步保障和改善民生,促进社会和谐稳定而制定的法规。2018 年 4 月,财政部、税务总局等五部门发布《关于开展个人税收递延型商业养老保险试点的通知(财税〔2018〕22 号)》,这是推进养老保险第三支柱建设的积极探索。2022 年 4 月,国务院印发《国务院办公厅关于推动个人养老保险基金发展的意见》,该意见提出关于建立我国个人养老保险基金制度的顶层设计与行动指南。2022 年 11 月,多部门联合发布《个人养老保险基金实施办法》,对个人养老保险基金参加流程、资金账户管理、机构与产品管理、信息披露、监督管理等方面作出具体规定。

二、我国基本养老保险制度面临的问题

党的二十大报告提出健全覆盖全民、统筹城乡、公平统一、安全规范、可持续的多层次社会保障体系,完善基本养老保险全国统筹制度,发展多层次、多支柱养老保险体系。我国现有的养老保险体系建设还面临着一些问题,需要进一步深化改革,不断完善。

(一) 人口老龄化

近年来,我国老龄化程度不断加深,老年人人口数量和比重上升,且增速不断加快。2020 年第七次人口普查数据显示,我国 60 岁及以上老年人口占比已达 18.73%,65 岁及以上老年人口为 1.91 亿人,占总人口的 13.50%。根据联合国《世界人口展望 2022》预测,21 世纪上半叶我国人口老龄化程度将持续加深,65 岁及以上老年人口将于 2025 年超过 3 亿人,2033 年将超过 4 亿人,并于 2054 年达到峰值 5.18 亿人,将占总人口的 40.65%。预计到 2025 年,我国 60 岁和 65 岁以上人口占总人口比重将分别达到 20% 和 14%,将进入中度老龄化社会,并继续向重度老龄化社会发展,这一趋势必将影响我国养老保险制度的运营与发展。

(二) 家庭保障功能减弱

随着社会的发展,尤其是计划生育政策的推行,我国家庭的人口结构模式已经发生了巨大的变化,小家庭或核心家庭已经取代传统的大家庭格局,家庭的老年生活保障功能也在持续弱化。一方面,子女数量的减少使下一代人赡养上一代人的经济承受能力迅速下降,如果没有相应的社会机制来维护老年人的收入保障,老年人将因退出劳动岗位而陷入贫困境地;另一方面,家庭规模的小型化对传统家庭养老模式构成挑战服务,尤其是为老年人服务的功能迅速遭到削弱,而人口老龄化甚至高龄化的趋势又使老年人的生活服务需求持续增长。如果没有相应的经济支撑或社会福利供给,老年人的晚年生活将缺乏保障。因此,养老保险制度的未来发展必然要适应家庭保障功能不断弱化的趋势,以充分弥补家庭保障的不足[①]。

(三) 养老保险基金公平问题

我国养老保险制度存在城镇居民和农村居民之间的差异,以及体制内就业群体和体制外就业群体之间的差异。不同保险的参保待遇差别仍然较大。2020 年城乡居民实际待遇领取人员达到 1.6 亿余人,企业职工次之,其后为机关事业单位。但 2020 年城乡居民人均基金支出仅为 1 827.6 元,机关事业单位和企业职工的人均基金支出水平分别为 69 206.3 元和 34 877.6 元[②]。由此可见,三大群体的养老保险待遇存在较大差异。我国养老保险体系如何在保障适度的原则下进一步提升养老保险制度的公平性,需要更加严谨客观的研究和更谨慎的政策。

(四) 养老保险基金财政可持续性问题

2016 年城镇职工养老保险总收入为 43 310 亿元,其中财政补贴为 8 004 亿元,养老保险基金总支出为 38 052 亿元。从数据上看,如果将财政补贴计算在基金收入中,并未出现收不抵支的情况,但若扣除财政补贴,保费和基金利息收入已经小于养老保险基金支出。加之管理养老保险基金并确保其保值增值的任务十分繁重,如果养老保险基金不能有效增值,则其很难适应未来人口老龄化高峰期的需要,也会使得个人账户对劳动者的吸引力降低。如果没有安全可靠的养老保险基金保值增值机制,人们宁愿将钱存入银行以获取更加安全的回报。在这种情况下,养老保险制度就难以获得长足发展。

---

① 郑功成.社会保障学:理念、制度、实践与思辨[M].北京:商务印书馆,2000.
② 2020 社会保险运行报告[M].北京:中国社会科学出版社,2021.

三、我国养老保险制度的未来发展方向①

(一) 加大转移支付,提高福利水平

养老保险制度在保障社会养老和防止老年人贫困化方面发挥着重要作用。我国当前的老年社会福利制度仍存在功能不足、水平不高、结构单一、差距较大等问题。为解决这些问题,我国迫切需要健全养老保险体系。首先,应从制度层面解决养老保险待遇水平较低的问题,加快相关立法进程,增加财政投入,提高财政转移支付比例,以解决社会资金不足和福利水平过低的问题。其次,应优化养老保险体系结构,使之更加多元化,以满足不同老年人群体的需求。最后,应合理调整各项政策,缩小群体间差距,提高养老保险制度的公平性。总之,通过完善立法、加大财政投入、优化待遇结构和调整政策,我国有望构建一个更加健全、公平的养老保险体系,为老年人提供更好的保障。

(二) 扩大社会覆盖,发挥补充作用

我国的家庭结构及代际关系已发生显著变迁,家庭养老功能逐渐削弱。老年人获得的经济支持力度不断减弱,从而导致老年贫困问题日益突出。为应对老年福利不足和待遇差距过大等问题,应从多方面着手,改革制度设计,加大立法与执法力度,确保多数老年人得到应有的保障,进而减轻贫困化问题,促进社会公平正义的实现。

(三) 以公共财政资源为主体、社会资源为补充

在制定养老政策时,政府应充分考虑财政实力与老年人需求,以此作为政策的出发点和实施操作的标准,合理界定养老保险覆盖范围,构建全面覆盖老年人的养老保险制度,以满足其多样化的养老需求。在养老服务事业中,政府要将社会资源(包括民间资本)充分用于建设养老院、社区养老服务设施等,从而满足大多数老年人的生活照料及服务需求。政府需制定并落实鼓励性政策或法规,确保社会组织在养老服务领域既能实现社会效益,也能获得一定的经济效益。政府应着力打造一个多元化、多层次的养老服务体系,通过引入民间资本和充分利用大数据、人工智能等先进技术,创新养老服务模式,为老年人提供更加个性化、精细化的服务。此外,政府还需关注养老服务质量,加强对养老服务机构的监管,确保老年人享受到优质的养老服务。

(四) 创新养老服务模式,满足服务需求

面对老年人口日益高龄化、空巢化以及失能、失智老人数量增加的情况,我国亟需构建以居家为基础、社区为依托、机构为支撑的功能完善、规模适度、医养结合养老服务体系。近年来,全国各地都在深入改革创新机制,积极寻找解决老龄事业供需失衡的方法。多方试点所总结的经验可为未来养老事业的发展提供借鉴。首先,要高度重视居家养老,并在家庭住房、职工休假、家政服务、权益保护等方面给予政策与法律支持。这有助于营造一个适宜居家养老的环境,让老年人在家中安享晚年。其次,要依托社区,广泛动员社会力量,重点建设和发展医养结合、由社区服务支持的居家养老服务体系。这有助于满足老年人日常生活需求,并为老年人提供及时的医疗救助。最后,要充分利用市场机制,通

① 黄敏,锁罗曼.我国现行养老保险制度体系及改革趋势[EB/OL].(2023-07-20)[2024-09-25]. https://www.workercn.cn/c/2023-07-20/7916048.shtml.

过企业创办、社企合作、政府购买、社会实施等形式,大力发展多样化的养老产业。这有助于向老年人提供丰富的养老服务,满足老年人不同的需求。

案例与评析

一、案例与材料

截至2023年年末,全国共有14.17万户企业建立了企业年金,参与职工人数为3 144万人,全国参与城镇职工基本养老保险的人数为52 121万人。缴纳企业年金的职工人数只占参与城镇职工基本养老保险人数的6.03%。2010—2023年企业年金的建立企业及累计结余资金情况如表5-1所示。

表5-1 2010—2023年企业年金建立企业及累计结余资金情况

年份	企业年金建立企业 (万户)	参与职工 (万人)	累计结余 (亿元)
2010	3.71	1 335	2 809
2011	4.49	1 577	3 570
2012	5.47	1 847	4 821
2013	6.61	2 056	6 035
2014	7.33	2 293	7 689
2015	7.55	2 316	9 526
2016	7.63	2 325	11 075
2017	8.04	2 332	12 880
2018	8.74	2 388	14 770
2019	9.60	2 548	17 985
2020	10.5	2 718	22 497
2021	11.75	2 875	26 406
2022	12.80	3 010	28 718
2023	14.17	3 144	31 874

资料来源:《人力资源和社会保障事业发展统计公报》(历年)。

作为多层次养老保险基金体系的组成部分,企业年金一方面增加了养老保险基金的积累,另一方面缓解了政府支付养老保险基金的财政压力。学界对企业年金参与率低这一问题进行了分析:一些学者认为基本养老保险基金挤出了企业年金的空间;但另一些学者认为,基本养老保险基金在总体上并未挤出企业年金,反而有利于企业年金的发展。

二、问题与分析

（一）阐述企业年金与基本养老保险基金之间的关系

企业年金与基本养老保险基金既相互补充，又相互独立。第一，两者互为补充。企业年金是养老保险体系的补充部分，旨在提高职工退休后的生活水平。基本养老保险是国家强制实施的养老保险制度，旨在为职工提供基本养老保障。第二，两者相互独立。企业年金与基本养老保险基金分别由不同主体管理。基本养老保险基金由社保部门负责管理，而企业年金则由企业自行管理或委托专业机构进行管理，两者在运营和管理上相对独立。

企业年金与基本养老保险基金的区别包括：在资金来源方面，企业年金的基金来源主要是企业及其职工的缴费，由职工个人账户和企业账户分别管理；基本养老保险基金的来源则是国家、企业和个人缴费，以及投资收益等。在制度差异方面，企业年金制度更加灵活，根据企业经济效益和职工需求进行调整；基本养老保险制度则遵循国家政策规定，具有较高的统一性。在政策指导方面，国家对企业年金实行宏观指导，鼓励企业建立补充养老保险制度；而对于基本养老保险基金，国家制定了一系列法律法规和政策，规范养老保险基金的筹集、管理和使用。

（二）阐述促进多层次养老保险基金体系健康运行的措施

促进多层次养老保险基金体系的健康运行，需要从以下几个方面着手。

一是建立养老保险相关机制。健全多层次养老保险基金相关的法律法规，明确各层次养老保险基金的管理、投资、使用和监管职责，确保养老保险基金的安全合规运行。完善多层次养老保险基金的筹集机制，包括基本养老保险、企业年金、个人储蓄性养老保险等的筹集，确保养老保险基金的持续、稳定增长。

二是加强基金投资管理。建立健全养老保险基金的投资管理制度，提高基金投资收益，确保养老保险基金的安全性和收益性。完善养老保险基金的使用制度，优化养老保险待遇支付结构，保证养老保险基金的有效使用，提高基金使用效率。建立健全养老保险基金的监管体系，加强对养老保险基金筹集、投资、使用等环节的监管，确保养老保险基金的安全运行。推动养老保险基金与经济社会发展相适应，充分考虑人口老龄化、就业结构变化等因素，确保养老保险基金在长期内保持稳定运行。

三是加强人才队伍建设。加强养老保险基金管理、投资、监管等方面的人才培养，提高养老保险基金管理的专业化水平。

总之，促进多层次养老保险基金体系健康运行需要从政策法规、基金筹集、投资管理、基金使用、基金监管、人才队伍、信息化建设和国际合作等多方面着手，确保养老保险基金的安全、合规、有效运行。

（根据相关资料整理所得。）

 **本章小结**

养老保险的产生是对人口老龄化和社会变迁的回应，旨在为老年人提供经济保障和

相关福利,同时为整个社会提供一种可持续的养老解决方案。养老保险又称老年保险,是社会保障制度的重要组成部分,是国家和社会根据相关法律和法规,为保障劳动者在达到国家规定的解除劳动义务的年龄界限,或因年老丧失劳动能力退出劳动岗位后的基本生活而建立的一种社会保险制度。养老保险应该坚持享受养老保险的权利与劳动义务对等、享受养老保险待遇与工作贡献相联系、保障基本生活水平、与社会经济发展相适应等原则。

一般而言,每个建立养老保险制度的国家都会对养老保险基金的申领资格作出明确的规定。享受养老保险的资格与条件往往和养老保险的基本原则有关,也与一个国家实行养老保险的类型有关。随着人口老龄化的加剧,家庭结构趋于小型化,以及高龄老人、空巢老人及失能老人数量的增加,发展养老服务成为我国政府对老龄人口抚养压力的现实回应。

世界各国的养老保险制度可分为传统型、福利型、国家统筹型和强制储蓄型。根据养老保险的责任承担机制,养老保险的责任承担模式分为政府负责型、责任分担型、个人负责型、混合责任型。养老保险基金的筹集模式主要包括现收现付制、完全积累制和部分积累制三种。养老保险基金的运行模式是指养老保险基金在筹集后的管理方式,主要有社会统筹模式、个人账户模式,以及社会统筹与个人账户相结合模式。

我国的养老保险制度经过四十多年的变革,逐步成为惠及所有老年人的社会保险制度。职工基本养老保险制度、机关事业单位工作人员基本养老保险和城乡居民基本养老保险共同构成了我国法定基本养老保险制度体系。

 练习与思考题

1. 简述养老保险产生的原因。
2. 简述养老保险的模式。
3. 简述我国养老保险制度的建立和发展。
4. 简述我国养老保险制度的未来发展方向。

第六章
医疗与生育保险

📖 **导读**

关于做好 2023 年城乡居民基本医疗保障工作的通知

2023 年 7 月 28 日，为持续推进健全覆盖全民、统筹城乡、公平统一、安全规范、可持续的多层次医疗保障体系，不断增强基本医疗保障能力，努力解除人民群众看病就医的后顾之忧，国家医保局会同财政部、国家税务总局印发了《关于做好 2023 年城乡居民基本医疗保障工作的通知》（以下简称《通知》）。

在筹资标准方面，《通知》明确 2023 年城乡居民基本医疗保险（以下简称"居民医保"）筹资标准为 1 020 元，其中人均财政补助标准达到每人每年不低于 640 元，个人缴费标准每人每年 380 元。《通知》同时要求统筹居民医保和城乡居民大病保险资金安排和使用，确保大病保险待遇水平不降低。在待遇保障方面，《通知》要求全面落实医疗保障待遇清单制度，促进制度规范统一、待遇保障均衡。

此外，《通知》还提出了以下具体要求。

（1）扎实推进参保扩面，巩固健全全民医保。实施精准参保扩面，聚焦重点人群、关键环节，加大参保缴费工作力度，确保应参尽参。

（2）进一步推动医保助力乡村振兴。优化分类资助参保政策，健全完善防范化解因病返贫致贫长效机制，加强部门协同，推动形成多元化救助格局。

（3）加强医保支付管理、医药集中采购和价格管理。持续加强医保基金监管和绩效管理，强化基金预算严肃性和硬约束。

（4）持续提升经办管理服务水平。健全医保经办服务体系，落实基本医保参保管理经办规程，实施一批医保服务便民举措，提高经办服务水平。

（5）深化医保信息平台和数据应用。依托全国统一的医保信息平台，深化医保电子凭证、移动支付等便民服务应用，推进医保数据基础制度体系建设，强化数据赋能医保管理、服务、改革能力。

（来源：央视新闻网.关于做好 2023 年城乡居民基本医疗保障工作的通知[EB/OL].（2023-07-31）[2024-09-25].https://caoss.org.cn/news/html?id=13377.）

本章知识结构框架

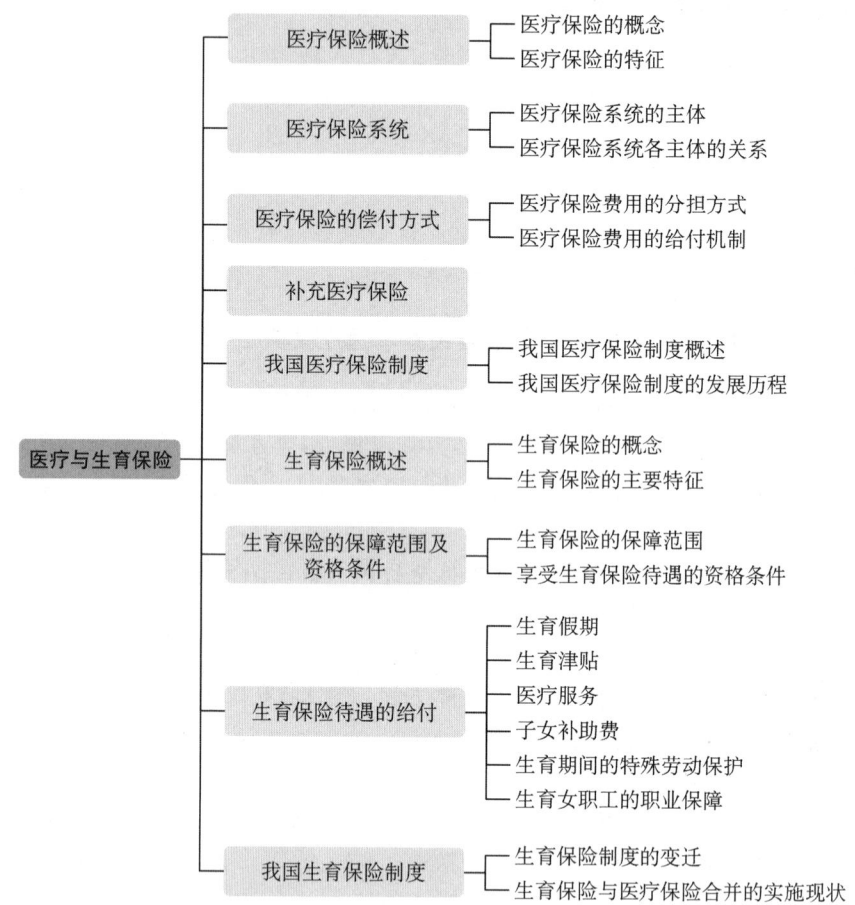

| | | 医疗保险概述 | — 医疗保险的概念 |
| | | | — 医疗保险的特征 |

医疗与生育保险

- 医疗保险概述 —— 医疗保险的概念 / 医疗保险的特征
- 医疗保险系统 —— 医疗保险系统的主体 / 医疗保险系统各主体的关系
- 医疗保险的偿付方式 —— 医疗保险费用的分担方式 / 医疗保险费用的给付机制
- 补充医疗保险
- 我国医疗保险制度 —— 我国医疗保险制度概述 / 我国医疗保险制度的发展历程
- 生育保险概述 —— 生育保险的概念 / 生育保险的主要特征
- 生育保险的保障范围及资格条件 —— 生育保险的保障范围 / 享受生育保险待遇的资格条件
- 生育保险待遇的给付 —— 生育假期 / 生育津贴 / 医疗服务 / 子女补助费 / 生育期间的特殊劳动保护 / 生育女职工的职业保障
- 我国生育保险制度 —— 生育保险制度的变迁 / 生育保险与医疗保险合并的实施现状

 本章学习目标与要求

通过本章的学习,学习者应掌握医疗保险和生育保险的概念及特征,熟悉医疗保险系统的主要内容,理解医疗保险制度和生育保险制度运行的一般规则,进一步了解我国医疗保险制度与生育保险制度的发展历程。

 本章学习重点

- 医疗保险的概念、特征
- 医疗保险系统及其偿付方式
- 我国医疗保险制度的发展历程
- 生育保险的概念、特征
- 生育保险的给付及保障范围

第一节　医疗保险概述

一、医疗保险的概念

健康是人类生存和发展的基础,是人最基本的需求。随着现代社会的发展,健康问题越来越多,人们对健康的需求也不断增加。面对健康风险的冲击,需要建立一项共同分担和转移风险的财务保障机制,于是以化解健康风险为目的的医疗保险应运而生。最初的医疗保险以疾病保险为主,随后发展为疾病与预防相结合的机制。建立医疗保险有利于保障居民健康、提高劳动生产率,同时有助于维护社会稳定、促进社会文明进步。

从保障范围来看,医疗保险可以分为狭义的医疗保险和广义的医疗保险。狭义的医疗保险是指仅对疾病和意外伤害导致的医疗费用进行补偿。[①] 而广义的医疗保险也被称为健康保险,不仅包含对疾病导致的医疗费用和经济损失进行补偿,也包含预防保健、健康促进等方面的内容。

从我国的现状来看,医疗保险是指国家针对立法范围的人群,在疾病风险发生时,为人们提供因疾病所需医疗费用补偿的制度安排。[②] 我国医疗保险的概念可以从以下几个方面进行理解:

医疗保险资金必须确保用于劳动者(或公民)的基本医疗消费,不能挪作他用。劳动者(或公民)只有患病、生育或受伤时,才有资格享受医疗保险待遇。

劳动者(或公民)患病就医、接受治疗服务的机会均等,不会因为个人地位、身份的不同而有所不同。医疗机构提供的医疗保障标准,只能根据患者的病情来确定,不受患者经济地位、工资待遇、工龄长短的限制和影响。而医疗保险提供的疾病津贴与劳动者工龄的长短、患病时间的长短、患病前的工资水平相联系。劳动者享受医疗服务的公平性和获得疾病津贴的差异性体现了医疗保险的公平和效率。

延伸阅读

二、医疗保险的特征

医疗保险与其他社会保险项目相比,具有明显的特征。其特征主要表现在以下几个方面。

(一) 医疗保险的管理具有复杂性

医疗保险是人类为了防范、规避疾病这一风险因素设立的社会保险项目,主要保障劳动者在患病时能够得到就诊等医疗服务。医疗保险是涉及面较广、内部关系复杂、作用频率较高、管理难度较大的一项社会保险。

(二) 医疗保险的费用支出具有不可预知性

由于人与人之间存在个体差异,且生活环境不同,人们难以预知疾病发生的状况。即使面对相同的致病因素,因个体抵御疾病的能力不同,人们也很难对疾病发生的时间、类

---

①　许琳. 社会保障学[M]. 3版. 北京:清华大学出版社,2018.
②　张琪,江华. 社会保障学[M]. 2版. 北京:高等教育出版社,2023.

型、严重程度进行准确的预测。疾病发生的随机性、经常性和不可预知性决定了医疗保险费用的支出具有随机性和不可预知性。同时,随着生活水平的提高,人们更加希望享受到高层次、高质量的医疗服务,这种现象可能会造成医疗费用的过快增长。

(三) 医疗保险是风险转移和经济补偿的保险

医疗保险同其他类型的保险一样,是以合同的方式预先向受疾病威胁的人群收取医疗保险费,并以此建立医疗保险基金。当被保险人因患病去医疗机构就诊而产生医疗费用后,医疗保险机构会给予被保险人一定的经济补偿。因此,医疗保险具有风险转移和经济补偿两大特征,即把个体身上由疾病风险所致的经济损失分摊给所有受同样风险威胁的成员,用集中起来的医疗保险基金来补偿个体由疾病所带来的经济损失。

(四) 医疗保险的实施涉及三方当事人

医疗保险实施涉及的三方当事人是社会保险经办机构、被保险人和医疗服务供给方。在社会保险的其他项目中,各项目的实施主要涉及社会保险经办机构和被保险人两个当事人。即使社会保险经办机构委托第三方(如银行、基金管理公司)理财,这些机构也只能按规定投资运营,不会直接影响社会保险的给付标准。医疗保险则不同,其给付的实施必须有医疗方或医药方的共同参与。医疗机构提供的是技术性很强的服务,这仅依靠社会保险经办机构是无法提供的。因此,必须设立各种医疗机构和医药供应点,对需要医疗服务的劳动者(或公民)提供相应的医疗服务,同时医疗机构或医药供应点提供的服务直接影响医疗保险费用支出的多少。

(五) 医疗保险与其他社会保险项目具有交叉性

医疗保险与其他保险项目是相互交叉的,养老保险、工伤保险、生育保险和失业保险等都需要医疗保险的支撑。例如,失业者除了需要获得失业期间的收入补偿外,还需要得到医疗卫生服务;退休人员除了需要获得定期的养老金给付外,还需要医疗服务和老年保健服务;生育保险、工伤保险是以医疗服务为基础的,其自身就包括医疗服务的内容。

第二节 医疗保险系统

一、医疗保险系统的主体

医疗保险系统是围绕医疗保险的需求和供给、医疗费用的筹集和管理以及支付的过程而产生的各方相互作用、相互依存、维持医疗保险运行的有机整体。现代医疗保险系统由被保险人、医疗保险机构、医疗服务供给方和政府构成,其构成的基本形式如图6-1所示。

(1) 被保险人。被保险人是医疗保险系统中保险方的参保人,也称投保人,其同时是医疗保险制度的受益人。被保险人的医疗保险具有以下消费特点:①服务地点受到限制;②服务范围、服务标准有明确规定;③第三方付费;④需要医疗保险政策的引导。

(2) 医疗保险机构。医疗保险机构是医疗保险资金的控制者,也是医疗保险活动的监督和管理者,在医疗保险系统中处于主导地位。医疗保险机构具有参与制定有关医疗

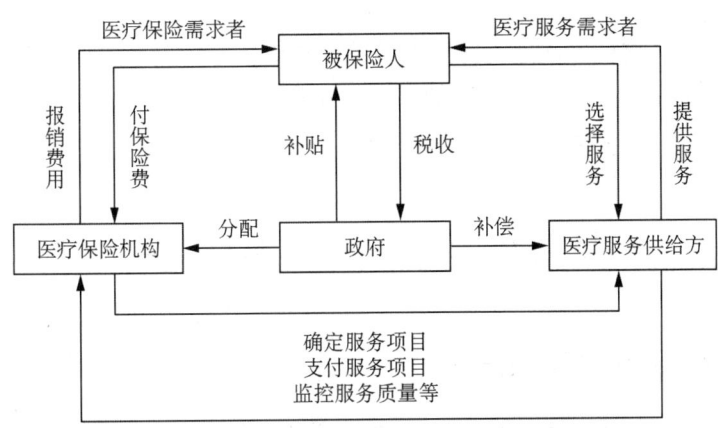

图 6-1 现代医疗保险系统构成的基本形式

保险的法规、政策和计划的职能,筹集医疗保险资金的职能,保证医疗服务提供的职能,支付被保险人医疗费用的职能,对医疗服务供给方和被保险人进行监督和控制的职能及对医疗保险基金进行管理的职能。

(3)医疗服务供给方。医疗服务供给方有狭义和广义之分。狭义的医疗服务供给方是指保险公司需要支付其服务费用的各类与治疗疾病有关的医疗、护理、药剂等服务提供者,包括个人和机构。广义的医疗服务供给方是按照健康保险概念来解释的,其除了上述人员和机构,还包括提供各种卫生保健服务的卫生部门人员和机构,如防疫、妇幼、健康教育等部门的人员和机构。医疗供给者既具有公益性,又具有商品性。

(4)政府。在医疗保险系统中,政府有责任对保险供方、保险需方和医疗服务供给方进行管理和控制。无论是医疗保险机构还是被保险人,都存在各自不同的利益。由于医疗服务的专业性很强,医疗保险系统中存在信息不对称等问题,容易产生道德风险和逆向选择,因此需要政府参与管理和监督。[①]

二、医疗保险系统各主体的关系

医疗保险系统中的各个主体存在以下关系。

(1)被保险人与医疗保险机构之间。被保险人与医疗保险机构之间是一种医疗保险服务需求与供给的关系。两者的联系主要表现为收取保险费、组织医疗服务、给付医疗费用等。影响这一关系的主要因素包括被保险方的参保方式、保费高低、保险方的费用补偿方式等。

(2)被保险人与医疗服务供给方之间。被保险人与医疗服务供给方的关系主要表现为提供服务、接受服务与支付服务费用等。影响两者关系的主要因素包括被保险人选择服务的自由度、需要支付的服务费用、医疗服务供给方的服务水平等。

(3)医疗保险机构与医疗服务供给方之间。医疗保险机构为参保人确定医疗服务的范围,监督医疗服务的质量,并通过一定的支付形式向医疗服务供给方支付医疗费用。这一关系产生的影响因素主要包括医疗服务的范围、提供服务项目的多少、费用的支付方

① 张琪,江华.社会保障学[M].2版.北京:高等教育出版社,2023.

式等。

（4）政府与各方之间。政府与医疗保险系统其他三方的关系主要表现为政府对被保险人、医疗保险机构、医疗服务供给方的管理与控制。影响这一关系的主要因素包括政府管理和控制医疗保险的政策方式及程度等。①

第三节　医疗保险的偿付方式

一、医疗保险费用的分担方式

被保险人分担医疗保险费用的方式主要包括起付线方式、按比例分担方式、封顶线方式、混合支付方式四种，每种方式都有其独特的作用。

起付线方式又称扣除法，是由保险机构设定医疗保险费用偿付的最低标准，低于起付线的医疗费用需由病人自己或与其单位共同承担，而超过起付线的部分则由医疗保险机构偿付。这种方式的作用在于：一方面增强了被保险人对医疗费用的节约意识，有助于减少浪费；另一方面，通过将大量小额医疗费用排除在医疗保险偿付范围之外，降低了保险结算的工作量，从而减少管理成本，有助于医疗保险机构专注于高额费用的疾病风险保障。

按比例分担方式又称共同付费方式，是保险机构和被保险人按照一定比例共同承担医疗费用的方式。这种方法简单直观、易于操作，使被保险人可以根据自己的偿付能力适当选择医疗服务，从而调节医疗消费并控制医疗费用。由于价格需求弹性的影响，被保险人往往倾向于选择价格较低的服务，这有助于降低卫生服务的总体价格水平。

封顶线方式又称最高限额方式，即规定一个费用上限，医疗保险机构仅偿付低于此上限的费用，超出部分则由被保险人或其单位共同分担。在社会经济发展水平和各方承受能力较低的情况下，该方式可优先保障受益广泛且费用相对较低的基本医疗，剔除高额医疗费用。此外，这种方式有助于限制被保险人对高额医疗服务的过度需求和医疗服务供给方的过度供给，同时鼓励被保险人注重卫生保健，预防小病恶化为大病，从而提升整体健康水平。

混合支付方式通常是两种以上偿付方式的结合。这种综合性偿付方式能够更有效地控制医疗费用的过度增长，保证医疗保险体系的效率和公平性。

二、医疗保险费用的给付机制

医疗保险费用的给付机制是指社会医疗保险机构作为第三方，代替被保险人向医疗服务供给方给付医疗服务费用的方法。不同的方法在费用控制方面的效果不同。医疗保险机构根据医疗保障范围和待遇支付政策，采取合理的付费方式，可以有效防止不合理的医疗服务，保证医疗服务质量，实现被保险人的基本医疗保障，同时有利于实现社会化的

---

① 周绿林,李绍华.医疗保险学[M].4 版.北京:科学出版社,2023.

服务和管理。[①]

（一）按服务项目付费

按服务项目付费是指患者在接受医疗服务时，按服务项目的价格计算费用，然后由医疗保险机构向医疗服务供给方偿付费用，所偿付费用的数额取决于各服务项目的价格和实际的服务量。该方式属于典型的后付制类型，是医疗保险中最传统、最广泛的一种费用偿付方式。

按服务项目付费的优点主要包括：被保险人对医疗服务的选择性较大，对服务的各种要求容易得到满足。由于医疗服务供给方和医务人员的收入与医疗服务的实际数量有着直接联系，按服务项目付费有利于调动医疗服务供给方和医务人员的工作积极性。该方式按实际发生的服务项目和项目价格标准计算并偿付医疗费用，操作比较简单，所需要的配套措施较少。故其适用范围相当广泛。

但按服务项目付费也存在很多缺陷。按服务项目付费属于后付制类型，其只能在事后对医疗服务的账单进行监督检查，难以在事前对供方提供正确的费用导向，供方诱导需求的现象比较严重，因此容易产生过度医疗。此外，医疗服务项目种类繁多，较难制定合理的服务价格，为了实现对医疗保险的有效管理，社会医疗保障机构必须对医疗服务逐项进行审核，管理成本相对较高。因此，在社会医疗保险的实际操作中，需要对医疗服务供需双方实行严格的审核制度，规范双方的行为，以遏制医疗费用的过快增长，同时对医疗服务价格进行适时修订、调整，对医疗服务需方实行费用分担，减少需方对医疗服务的不合理需求。在监督和管理层面，应采用现代信息技术和管理手段，提高工作效率，加强对社会医疗保险的监督。

（二）按人头付费

按人头付费是指由医疗保险机构根据医院或医生服务的被保险者人数，定期向医院或医生支付一笔固定的费用。在此期间，医方负责提供合同规定的一切医疗服务，不再另外收费。按人头支付属于预付制的一种。

该种偿付方式对医疗机构的服务和费用均进行高度控制，促使医院开展预防工作，以减轻其将来的工作量，降低医疗费用支出。该方式对医疗服务供给方实行按人头付费且每一人头的支付标准固定，因此，其有利于医疗服务供给方强化内部管理，增强医院的费用意识和经济责任，从而控制医院过度提供医疗服务的行为。此外，按人头付费方式的适用范围比较广泛，只要确定每一人头的支付标准，无论医院的服务对象是否为医疗保险的对象，都可以实施此种方式，其管理成本相对较低。

但是，在实施按人头付费的情况下，医疗服务供给方出于自身利益的考虑，可能减少必要的服务提供，降低服务质量或拒绝重症患者等，进而导致医疗保险需求方就医等待、医疗服务供给方拒绝接收危重患者就医和减少高新医疗技术的使用等问题，这些问题可能引发医患矛盾。为保证医疗服务质量，按人头付费方式通常规定服务对象的最高人数限额，以防止医院为节省费用而对病人照顾不周，降低服务质量。

---

① 张琪，江华. 社会保障学[M]. 2版. 北京：高等教育出版社，2023.

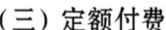

（三）定额付费

定额付费是指医疗保险机构根据历史资料及其他因素制定出平均服务单元费用标准，然后根据医疗机构的服务单元量进行给付，其总费用公式如下：[①]

$$总费用 = \sum 平均服务单元费用 \times 服务单元量$$

服务单元是指将医疗服务的过程按照一个特定的参数分为若干相同的部分，每一个部分为一个服务单元，如一个门诊人次、一个住院人次和一个住院床日。

定额付费的突出优点是操作简便，管理成本低。对同一家医院来说，按这种方式偿付医疗费用，所有病人每次门诊和每日住院的费用都是相同的，无论病人实际花费的医疗费用是多少，都按标准偿付。定额付费能够促使医院降低服务成本，减少过度用药和过度利用高新医疗技术的现象，对医疗费用的控制效果较好。定额付费的费用支付标准固定，延长住院时间意味着医疗服务供给方收入的减少，因此，定额付费有利于缩短患者的住院时间。

但是定额付费可能刺激医院和医生增加门诊次数和平均住院日天数。虽然平均费用标准在某种程度上限制了医疗机构所提供的服务量，但医生或医院可以通过增加服务次数来达到增加服务量、获取更多服务收入的目的。这种状况不但会给病人带来多次就诊和延长住院日的麻烦，而且会造成医疗费用的增加。这就要求医疗保险机构在与医院制定标准时需格外慎重，并对医院制定监督制约机制。

（四）按病种付费

按病种付费又称按疾病诊断分类定额预付制。它是指根据国际疾病诊断分类标准，将住院患者的疾病按诊断类型、年龄和性别等分为若干组，每组根据疾病的轻重程度及有无合并症、并发症分为若干级，然后结合循证医学依据，通过临床路径测算出病种每个组各个分类级别的医疗费用标准，按此标准对某组某级疾病的诊疗全过程一次性向医疗机构偿付费用。在按病种付费方式下，医疗服务机构获得医疗保险机构的费用偿付是按每位病人所属的疾病分类和等级定额预付的，医院的收入与病种、诊疗规范和医护计划有关，而与该病种的实际费用无关。

按病种付费会激励医院从经济上以低于固定价格（标准价格）的费用提供服务，保留固定价格与实际成本的差额。这在客观上促使医院更加重视病人检查治疗的有效性，缩短住院时间，减少诱导性消费，从而避免不必要的支出，在一定程度上减缓和控制医疗费用上升的趋势。

该方式可能存在以下问题：医院有可能在自身利益的驱动下，为了获取更多收入，在诊断界限不明时使诊断升级，将病人重新分类到高补偿价格的按病种付费分组中，诱导病人做手术和住院，让病人出院后再住院，这样虽然会缩短住院日却会增加住院次数；由于每一病种的支付标准固定，医疗服务供给方从自身的经济利益考虑，可能会减少对患者的必要服务，降低服务成本，从而影响医疗服务质量；另外，尽管按病种付费结算方法简单，但这种支付方式要求有完善的信息系统和较高的管理水平支持，故其管理成本较高。

---

① 张琪，江华.社会保障学[M].2版.北京:高等教育出版社,2023.

（五）总额预算制

总额预算制又称总额预付制。它是指医疗保险机构根据与医院协商确定的年度预算总额进行偿付。在总额预算制下，医院预算额度一旦确定，则其收入就不会随服务量的增长而增长；一旦出现亏损，则医疗保险机构不再追加偿付，亏损部分由医院自付。年度预算总额的确定往往要考虑医院规模、服务质量、服务地区人口密度、医院设备与设施情况、上年度预算执行情况和通货膨胀率等因素。年度预算总额一般每年协商调整一次。

总额预算制的最大优点是费用结算简单，医疗服务供给方成为医疗费用支出的控制者，费用风险意识增强。医疗服务供给方将在总额内精打细算，努力以最低成本提供一定量的医疗服务，这也有利于医疗保险机构控制医疗费用总支出，降低管理成本，减小费用风险。

延伸阅读

总额预算制的缺点是预算标准难以准确确定：若预算过高，则导致医疗服务供给不合理的情况增加；若预算偏低，则影响医疗服务供给方和被保险人的经济利益。同时，在监督机制不健全的情况下，医疗服务供给方可能会不合理地减少医疗服务供给，抑制需求方的合理医疗需求，还可能阻碍医疗服务技术的更新与发展。在这种方式下，医疗保险机构应对医疗服务质量进行有效监督，以保障参保人不至于因医疗机构"偷工减料"而未享受应有的医疗待遇。

第四节　补充医疗保险

补充医疗保险作为我国医疗保险体系的重要部分，具有深刻的内涵和显著的特征。补充医疗保险的本质是单位或特定人群基于自身的经营状况、经济水平或疾病的严重程度，自愿购买的辅助性医疗保险，它是对社会基本医疗保险的有效补充。补充医疗保险建立的必要性源于基本医疗保险实施所带来的发展需求、经济发展和收入分化背景下的多层次医疗需求、医疗消费与医疗保险的特殊性，以及特殊人群（包括特殊职业和收入机制人群）的医疗需求。补充医疗保险建立的原则包括自愿性原则、针对性原则、客观性原则、衔接性原则、补充性原则、动态变动原则和多样性原则。这些原则为补充医疗保险的有效实施提供了坚实的基础。

补充医疗保险的主要形式包括大额医疗费用保险、国家公务员医疗补助、企业（行业）补充医疗保险、职工医疗互助保险和医疗救助制度。大额医疗费用保险主要针对超出基本医疗保险封顶线的费用提供补助，通常由商业保险公司提供。国家公务员医疗补助的资金源于财政，提高起付线与封顶线之间的给付比例，由基本医疗保险经办机构管理。企业（行业）补充医疗保险由企业和职工共同缴纳，用于解决企业职工基本医疗保险以外的医疗费用。职工医疗互助保险的资金源于职工个人缴纳和工会资助，为职工及其家属提供保障。医疗救助制度的对象、资金来源和待遇水平视各国经济情况而定。职工家属互助医疗与企业补充医疗保险在组织主办机构、资金渠道、保障对象和医疗保障方式等方面存在差异。职工家属互助医疗由工会组织主办，资金源于职工个人缴纳和工会资助，其在职工及家属发生疾病时给予经济帮助。而企业补充医疗保险由社保机构主办或商业保险公司经办,资金由单位为职工缴纳,其用于保障企业职工基本医疗保险以外的医疗费用。

第五节　我国医疗保险制度

一、我国医疗保险制度概述

医疗保险是国家和企业对职工在因患病(含非因工负伤)暂时丧失劳动能力时的治疗与生活给予物质帮助的一种社会保险制度。最早建立医疗保险制度的国家是德国,其后,许多国家纷纷建立适合本国国情的医疗保险制度。目前,全世界大多数国家不同程度地建立了医疗保险制度。医疗保险是社会保险的重要组成部分,也是社会保障制度中运行比较复杂的社会保障项目。

延伸阅读

医疗保险目前采取的是现收现付制。为了保证社会医疗保险的顺利运行,其基金筹资遵循"以支定收、收支平衡、略有结余"的原则。医疗保险基金的筹集由国家、企业和个人三方共同承担。各国的医疗保险制度主要分为国家医疗保险模式、社会医疗保险模式和个人储蓄医疗保险模式。其中,社会医疗保险模式为目前世界上大多数国家所采用。这种模式大都以立法的形式对医疗保险的各项内容作出规定,由雇主和雇员缴纳医疗保险费,建立社会医疗保险基金,并将其用于雇员及其家庭成员的医疗保障。苏联等社会主义国家曾大多实行国家医疗保险模式,美国则是采用个人储蓄医疗保险模式的典型国家。[1]

党的十八大以来,医疗保障事业的发展进入新阶段,全民医保改革向纵深推进。我国已建立覆盖全民的基本医疗保障制度和大病保险等补充医疗保险制度,全面实施重特大疾病医疗救助,发展多种形式的商业健康保险,构建起多层次、宽领域、全民覆盖的医疗保障体系,人人享有基本医疗保障的目标初步实现,为人民群众实现"病有所医"奠定了制度基础。

二、我国医疗保险制度的发展历程

(一) 计划经济时期的医疗保险制度(1949—1977 年)

新中国成立后,在国家财政经济没有全面恢复的情况下,我国逐步建立了与计划经济相适应的医疗保险制度,即由国家向城镇公有单位职工提供公费医疗和劳保医疗。1951 年,政务院颁布的《中华人民共和国劳动保险条例》(以下简称《劳动保险条例》)标志着我国对实行劳动保险的企业职工及其家属规定的伤病免费医疗及预防疾病医疗的劳保制度正式建立。1952 年,《中华人民共和国户口登记条例》的颁布实施,标志着以户籍制度为标准的城乡二元社会正式形成。

在农村,我国实行农村合作医疗制度。1955 年,我国农村正式出现具有医疗保险性质的合作医疗制度。当时我国农村正处于农业生产合作化高潮时期,山西、河南、河北等省的农村出现了一批由农业生产合作社举办的保健站,并先后建立了合作医疗制度。

---

① 温海红,王立剑.社会保障概论[M].西安:西安交通大学出版社,2023.

1956年,全国人大一届三次会议通过《高级农业生产合作社示范章程》,赋予集体介入农村社会成员疾病医疗的职责。随后,我国召开全国农村卫生工作会议,正式肯定了农村合作医疗制度,此后这一制度在广大农村逐步被推广。[①]

在城市,政府仅为国家公职人员和普通工人及其家属提供配套的医疗保险,即实行公费医疗制度和劳保制度。虽然公费医疗制度和劳保制度互相独立,但其资金都源于财政拨款,有国家保障和国家负责的含义。1951年,《劳动保险条例》颁布并规定了职工就医的范围和资金来源比例。[②] 公费医疗制度是根据1952年中央政府下发的《关于全国各级人民政府、党派、团体及所属事业单位的国家工作人员实行公费医疗预防的指示》确立的,其明确指出公费医疗制度的受保人群,并列出相关报销项目和实施规定。此后,城市一直实行公费医疗制度和劳保制度,为国家公职人员和普通工人及其家属提供全方位的医疗保障。

(二) 过渡时期的医疗保险制度改革(1978—2000 年)

1978年,党的十一届三中全会提出"全党工作重点转移到现代化建设上来",卫生部门也以此为契机,根据党的建设路线开始加强对卫生事业的管理。1985年,国务院批转了卫生部1984年8月起草的《关于卫生工作改革若干政策问题的报告》,其中提出"必须进行改革,放宽政策,简政放权,多方集资,开阔发展卫生事业的路子,把卫生工作搞好"。1982年,卫生部颁布《全国医院工作条例》,以行政法规的形式明确了对医院相关工作的要求。

(1) 农村合作医疗制度的改革。面对传统合作医疗遇到的问题,卫生部组织理论工作者与实际工作者开展了一些全国性的专题研究。1985—1993年,由世界银行贷款,卫生部与美国兰德公司合作,在四川简阳、眉山两县进行"中国农村健康保险制度系列研究"(卫生11项目)。该项研究建立了科学、适用的农村健康保险费测算方法,分析了不同补偿比对医疗服务的利用及费用的影响,探讨了不同补偿机制对医疗费用的影响,总结出"加强党政领导,依靠科学管理与科学测算开展健康保险是适应社会发展需要、解决农村医疗保健保障问题的一种有效方式"[③]。1988年,卫生部政策与管理研究专家委员会进行了"中国农村医疗保健制度研究"[④]。20世纪90年代初,我国进入社会主义市场经济体制阶段,"如何建立新时期农村医疗保障体制"成为迫切需要解决的问题。1993年,国务院政策研究室和卫生部在全国进行了广泛的调查研究,提出《加快农村合作医疗保健制度的改革与建设》的研究报告,开启了我国农村医疗保障制度的改革之路。

(2) 城镇地区公费医疗制度和劳保制度的改革。随着经济发展和改革开放的深入,医疗机构顺应形势,表现出其市场化、商品化取向,这既为其带来一定的活力,也暴露出在"单位保障"的框架下,公费医疗制度和劳保制度的根本性缺陷。因此,从20世纪80年代初期开始,部分企业和单位开始了自发控制医疗费用的变革。为摆脱难以承受的费用负担,一些单位将医疗费定额发给职工个人,实行"节约归己,超支自理"的方案,另有一些单

① 张琪,江华.社会保障学[M].2 版.北京:高等教育出版社,2023.
② 姚力.新中国城镇职工医疗保障制度的历史考察[J].党的文献,2010(3):94-99.
③ 中国农村健康保险研究组.中国健康保险试验项目技术报告[J].中国农村卫生事业管理,1994(3):17-49.
④ 中国农村医疗保健制度研究课题组.中国农村医疗保健制度研究[M].上海:科学技术出版社,1991.

位采取了医疗费用与职工利益挂钩的办法。1985 年以后,地方政府开始直接介入医疗制度的改革,通过社会统筹方式追求使用效率。由单个企业承担的疾病风险转为由参加统筹的单位共同承担,这保证了职工在患病时的及时治疗,减轻了企业在经济上和事务上的负担,也为我国医疗保险制度的全面改革积累了经验。随着经济体制改革的步伐明显加快,我国提出要建立社会统筹和个人账户相结合的社会医疗保险制度,从而拉开了对职工医疗保险制度进行全局性和根本性改革的序幕。

(三) 新型城乡基本医疗保险制度的融合探索(2001—2011 年)

2001 年,我国正式宣布加入世界贸易组织(WTO),经济发展进入新阶段。经济的高速发展对公共服务供给提出了更高要求,同时对城乡、区域与群体间的公共服务均等化问题提出了挑战。2002 年,党的十六大首次提出"统筹城乡经济社会发展"的战略思路,这意味着我国从城乡二元发展体制向城乡一元统筹发展体制的实质性转变。[1] 2012 年,新型农村合作医疗制度的受保对象占农村人口总数的 98.3%[2],在一定程度上缓和了城乡基本医疗保险服务供给差距过大的局面。

同时,国家也在不断进行城乡基本医疗保险制度一体化的改革。2006 年,国务院下发《关于解决农民工问题的若干意见》,首次将符合条件的农民工纳入城镇职工医疗保险体系,这在城乡基本医疗保险制度融合方面迈出了关键一步。同年 3 月,国家"十一五"规划纲要首次从国家层面提出"基本公共服务均等化"这一概念。[3] 2009 年,国务院印发的《医药卫生体制改革近期重点实施方案(2009—2011 年)》加速推动了城乡医疗卫生公共服务均等化的进程。2012 年,国务院发布的《"十二五"期间深化医药卫生体制改革规划暨实施方案》指出"截至 2011 年,全国参保城乡居民已达 13 亿人次,覆盖率稳固于 95%以上"。这意味着我国已经初步完成从制度覆盖到真正覆盖全体城乡居民的基本医疗保险制度改革。

(四) 整合医疗保险制度,进一步提升保障能力(2012 年至今)

党的十八大以来,我国医疗保险制度改革持续推进,逐步实现从制度全面普及到对全体人民普遍覆盖的转变。2016 年 1 月,国务院发布《关于整合城乡居民基本医疗保险制度的意见》,提出"从完善政策入手,推进城镇居民医保和新农合制度整合,逐步在全国范围建立起统一的城乡居民基本医保制度"。该文件是落实党的十八届三中全会"整合城乡居民基本医疗保险制度"和十八届五中全会"整合城乡居民医保政策和经办管理"的具体部署。

党的十九大进一步提出要"完善统一的城乡居民基本医疗保险制度(以下简称"城乡居民医保")和大病保险制度"。为着力解决医疗保障发展不平衡、不充分的问题,2020 年 2 月,中共中央、国务院印发了《关于深化医疗保障制度改革的意见》(以下简称《意见》)。《意见》以习近平新时代中国特色社会主义思想为指导,坚持以人民健康为中心,明确了"1+4+2"的改革体系,这是党的十九届四中全会后首批出台的重大改革方案之一,是对

① 刘保中,丘晔. 新中国成立 70 年我国城乡结构的历史演变与现实挑战[J]. 长白学刊,2019(5):39-47.
② 国家统计局. 中国统计年鉴[EB/OL]. [2024-09-25]. http://www.stats.gov.cn/tjsj/ndsj.
③ 杨波. 论基本公共服务均等化的演进特征与变迁逻辑——基于 2006—2018 年政策文本分析[J]. 西南民族大学学报(人文社科版),2019,40(5):196-202.

新时代医疗保障制度的重要顶层设计。其中"1"是指明确一个目标,即力争到2030年,全面建成以基本医疗保险为主体,医疗救助为托底,补充医疗保险、商业健康保险、慈善捐赠、医疗互助共同发展的多层次医疗保障制度体系;"4"是指建立四个机制,即公平适度的待遇保障机制、稳健可持续的筹资运行机制、管用高效的医保支付机制、严密有力的基金监管机制;"2"是指加强两个支撑,即推进医药服务供给侧结构性改革、优化医保公共管理服务。"1+4+2"的改革体系搭建了未来医疗保障制度改革的四梁八柱,有利于推动医疗保险制度更加成熟定型。

第六节　生育保险概述

一、生育保险的概念

生育保险是通过国家立法,在女性劳动者因生育暂时中断劳动时由国家和社会及时给予必要的经济补偿和医疗保健的一项社会保险制度。生育保险最早建立于德国,目前有100多个国家实行这种社会保险制度。生育保险的宗旨在于通过提供生育津贴、医疗服务及生育假期等维持、恢复和保障生育妇女身体健康,并使婴儿得到精心的照顾和哺育。生育保险具有双重性,既保障了女性劳动者自身的简单再生产,又保障了整个社会劳动力的扩大再生产。

生育保险提供的生活保障和物质帮助,通常由现金补助和实物供给两部分组成。现金补助主要是指及时给予生育妇女的生育津贴。有些国家还包括一次性现金补助或家庭津贴。实物供给主要是指提供必要的医疗保健、医疗服务及孕妇和婴儿需要的生活用品等。

二、生育保险的主要特征

(一) 保险对象的特定性

生育保险的对象一般为已婚女性劳动者。因为生育会对女性劳动者造成直接的经济损失和身体健康损失,所以生育保险的直接补偿对象是女职工本人。随着社会和经济的发展,某些国家和地区也给予男职工一定的带薪假期,以便于男职工照顾生育后的妻子。

(二) 各国的待遇享受条件不一致

生育保险待遇包括生育津贴、医疗服务及生育假期等。其目的不仅是补偿女性劳动者在生育期间的收入损失,还包括生育妇女在医疗服务方面的休养与营养补充,这对妇女和儿童的身体健康具有双重维护作用。一些国家对生育保险享受者有参保记录、工作年限、本国公民身份等方面的要求。我国生育保险要求享受对象必须符合法定结婚年龄,按规定办理了合法手续,并符合国家生育政策等。

(三) 无论妊娠结果如何,均可按照规定享受待遇

无论胎儿存活与否,包括流产、引产及产妇和胎儿发生意外等情况,产妇均可享受生育保险待遇。

（四）医疗服务以预防保健为主、必要的短期医疗为辅

生育期间的医疗服务以保健、咨询、检查等预防服务为主，与医疗保险所提供的医疗服务以治疗为主有所不同。生育期间的医疗服务侧重于指导孕妇处理好工作与休养、保健、锻炼之间的关系，使她们能够顺利地度过生育期。产前检查及分娩时的接生和助产，则是通过医疗手段帮助产妇顺利生产。分娩属于自然现象，正常情况下不需要进行特殊治疗。

（五）产假有固定要求

产假根据生育期安排分为产前假和产后假。产前假不能提前或推迟使用。

我国女职工正常生育的基础产假由原来的 90 天延长至 98 天。[①] 女职工妊娠不满 16 周（含）流产的，享受 15 天产假；妊娠 16 周以上流产的，享受 42 天产假。女职工在产假期间均可按规定享受生育津贴。根据不同地区的政策，产假时间并不一致。

（六）生育保险待遇有一定的福利色彩

生育期间的经济补偿高于养老、医疗等保险。在我国，生育保险费不是由职工个人负担，而是由参保单位按照其工资总额的一定比例缴纳。

第七节　生育保险的保障范围及资格条件

一、生育保险的保障范围

在西方一些福利国家，生育保险覆盖所有妇女；而在有些国家，生育保险不仅包括女性劳动者，而且将男性公民纳入生育保险的覆盖范围。生育保险保障范围的大小，主要与以下两个因素有关。

一是经济发展水平。只有经济发展到一定水平，女性就业比较普遍，才会产生生育保险。一国经济发展水平越高，生育保险保障范围就越大；反之，保障范围就越小。

二是人口增长率。人口增长率较低的国家往往提供优厚的生育保险待遇，以鼓励妇女生育，故其生育保险的覆盖范围较大，保障的项目较多；相反，高人口增长率的国家则一般通过严格控制生育保险保障范围来限制生育。

二、享受生育保险待遇的资格条件

生育保险除了在部分发达国家覆盖所有妇女，其在大多数国家均仅面向女性劳动者。当然，按照社会保险制度所固有的特性，并不是每个女性劳动者都有享受生育保险的权利，她们还必须为此尽到应有的社会义务。世界各国享受生育保险的资格条件大致可分为以下三种。

生育保险规定被保险人在享受生育保险补助金时，必须已经提前足额缴纳保险费，且

---

① 中华人民共和国国务院. 女职工劳动保护特别规定（国务院令第 619 号）[EB/OL]. (2012-05-07)[2024-09-25]. http//www.gov.cn/zhengce/zhengceku/2012-05/07/content_6584.htm.

投保时间达到规定的最低期限。规定的投保期限一般为产前最近的 6 个月,生育后即终止。有的国家规定可在一段期限之内进行产前投保,但生育保险补助的多少由实际投保时间的长短决定。有些国家还在规定投保期限的同时,要求女性参加工作达到一定时间。

生育保险规定由企业按照一定的比例缴纳生育保险基金,生育保险基金在一定的范围内实行社会统筹,并按照企业的实际需要及一定的标准,给付生育津贴。

生育保险不规定具体的投保条件,凡符合国家公民资格和财产调查手续的妇女,一律可以享受生育保险待遇。

从生育保险的享受条件看,生育保险基金的来源包括个人、企业和国家三种渠道。各国因各自人口政策、经济发展水平等存在差异,分担生育保险的方式也各有特点。[1]

第八节　生育保险待遇的给付

生育保险待遇的给付属于短期性给付,主要包括生育假期、生育津贴、医疗服务、子女补助费、生育期间的特殊劳动保护、生育女职工的职业保障六个方面。其中生育假期、生育津贴及医疗服务是最重要的保险项目。

一、生育假期

生育假期是指为妇女怀孕、生育、分娩所提供的休假。生育假期不仅包括生育休假、怀孕假期和产后照顾婴儿的假期,而且还包括产后节育妇女休息的假期。生育假期的主要作用是使女职工在生育期间能够适当休息,保障产妇身体健康,使产妇逐步恢复工作及生活的能力,并使婴儿得到母亲的精心照顾和哺育。

女职工生育假期不宜过长或过短。生育假期过长,会给用人单位带来经济困难;生育假期过短,则不利于产妇和新生儿的健康。

二、生育津贴

生育津贴是指按国家法律法规规定,对职业妇女在因生育而离开工作岗位期间所给予的生活费用。女职工生育假期期间的生育津贴按照本企业上年度职工月平均工资计发。对于尚未参加生育保险社会统筹的单位,女职工在生育产假期间由单位照发工资。

很多国家通常会在每个子女出生时一次性发放生育津贴。生育津贴一般是定额的。除生育津贴外,有些国家会给女职工发放生育补助金。生育补助金的发放标准有三种:一是定额制,即不论被保险人情况如何,均发放固定数额的补助金;二是比例制,即按照被保险的产前工资的一定比例发放生育补助金,有的国家按照产前工资全额发放,有的则按照疾病补助金的标准发放。三是定额制与比例制的混合制。

---

① 张琪,江华.社会保障学[M].2 版.北京:高等教育出版社,2023.

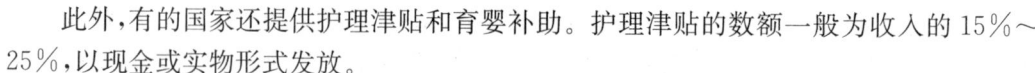
此外,有的国家还提供护理津贴和育婴补助。护理津贴的数额一般为收入的15%～25%,以现金或实物形式发放。

三、医疗服务

医疗服务是指为妇女生育所提供的医疗帮助,服务项目主要包括检查费、接生费、手术费、住院费及与生育直接相关的其他医疗费用。女职工生育的检查费、接生费、手术费、住院费和药费由生育保险基金支付,超出规定的医疗服务费和药费(含自费药品和营养药品的药费)由职工个人负担。女职工生育出院后,因生育引起疾病的医疗费由生育保险基金支付,其他疾病的医疗费按医疗保险待遇规定处理。女职工产假期满后,因病需要休息治疗的,可享受有关病假待遇和医疗保险待遇。例如,《女职工劳动保护特别规定》规定,怀孕妇女在劳动时间进行产前检查时,应按出勤对待。此外,女职工若因实施节育手术而引起并发症,经计划生育主管部门和劳动鉴定委员会鉴定,其医疗费用全部予以报销,工资按照生育保险的有关规定发放。

四、子女补助费

许多国家除了为生育妇女提供生育津贴,往往还给予新出生的婴儿一定金额的补助。例如,我国的独生子女费是指国家给予只生育一个子女家庭的补偿。各类生育保险补助,从一定程度上讲,带有一定的社会福利性质。由于子女补助费往往同生育保险给付交织在一起,故其常被视为生育保险待遇之一。子女补助分为一次性补助和固定补助。其中,一次性补助是指国家对每个符合人口政策要求出生的子女一次性发放补助;固定补助则一般会延续到子女成年。

五、生育期间的特殊劳动保护

女职工生育期间的特殊劳动保护是指女职工孕期由于生理变化而在工作中可能遇到特殊困难,为保证女职工的基本收入和母子生命安全而制定的一项特殊政策,其包括收入保护和健康保护两部分。收入保护的主要措施是国家通过立法保护女职工怀孕期间的基本工资不会降低。健康保护的主要措施包括:不得安排怀孕女职工从事高强度劳动和孕期禁忌的劳动,也不得在正常工作日以外延长其劳动时间;对不能胜任原工作岗位的孕期女职工,应当减轻其劳动量或安排其他工作;对怀孕7个月以上的女职工,不应延长其劳动时间和安排夜班劳动,并应在工作时间内为其安排一定的休息时间;允许怀孕女职工在劳动时间进行产前检查,检查时间计作出勤时间。

六、生育女职工的职业保障

延伸阅读

在生育女职工职业保障方面,国家制定了一系列保障女职工不因怀孕、分娩、哺乳而失业的规定。任何单位不得在女职工孕期、产期、哺乳期解除其劳动关系。对于劳动合同期满而哺乳期未满的女职工,其劳动关系顺延至哺乳期满。此外,国家还通过民政救济对无生活来源的孕妇、产妇进行生育救助。母婴健康平安保险也对生育保险起到了辅助作用。

第九节　我国生育保险制度

一、生育保险制度的变迁

新中国成立初始,国家就着手将有关女职工权益的维护以立法的形式加以确定。1951 年发布的《劳动保险条例》规定了女工人与女职工的产假和费用补助等问题,机关事业单位女职工的生育待遇依照 1952 年发布的《关于各级人民政府、党派、团体及所属事业单位的国家工作人员实行公费医疗预防的指示》和 1955 年发布的《关于女工作人员生育假期规定的通知》执行。

1994 年 12 月,劳动部颁发了《企业职工生育保险试行办法》。这些政策不仅在当时发挥了维护妇女权益、促进经济生产顺利进行的作用,也为之后生育保险制度的改革和完善奠定了基础。

2009 年,为贯彻落实党的十七大提出的加快建立统筹城乡社会保障制度的要求,解决城镇居民生育保障问题,人社部决定开展城镇居民生育保障试点工作,并于 2011 年实施《中华人民共和国社会保险法》对生育保险进行了法律规范。

为适应社会经济发展的新形势、新要求,党的十八届五中全会和国家"十三五"规划纲要提出"将生育保险和基本医疗保险合并实施"。国务院办公厅于 2017 年 1 月印发了《生育保险和职工基本医疗保险合并实施试点方案》,遵循"保留险种、保障待遇、统一管理、降低成本"的总体思路,组织 12 个城市开展生育保险和职工基本医疗保险(以下简称"两项保险")合并实施试点。

在总结试点经验的基础上,2019 年 3 月 6 日,国务院办公厅印发《关于全面推进生育保险和职工基本医疗保险合并实施的意见》,通过整合两项保险基金及管理资源,强化基金共济能力,提升管理综合效能,降低管理运行成本,建立适应我国经济发展水平、优化保险管理资源、实现两项保险长期稳定可持续发展的制度体系和运行机制。

延伸阅读

二、生育保险与医疗保险的合并

我国坚持以人民为中心,牢固树立新发展理念,遵循"保留险种、保障待遇、统一管理、降低成本"的总体思路,推进两项保险合并实施,实现参保同步登记、基金合并运行、征缴管理一致、监督管理统一、经办服务一体化。

两险合并的试点包括下列内容。

(1) 统一参保登记。参加职工基本医疗保险的在职职工同步参加生育保险。两险合并在实施过程中要完善参保范围,结合全民参保登记计划摸清底数,推动实现应保尽保。

(2) 统一基金征缴和管理。生育保险基金并入职工基本医疗保险基金,统一征缴,统筹层次一致。按照用人单位参加生育保险和职工基本医疗保险的缴费比例之和确定新的用人单位职工基本医疗保险费率,个人不缴纳生育保险费。同时,根据职工基本医疗保险基金支出情况和生育待遇的需求,按照收支平衡的原则,建立费率确定和调整机制。职工基本医疗保险基金严格执行社会保险基金财务制度,不再单列生育保险基金收入,在职工

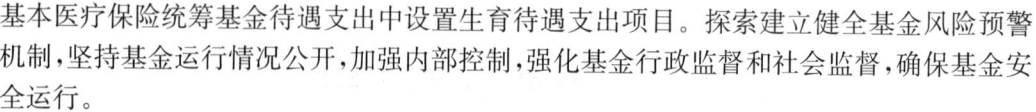

基本医疗保险统筹基金待遇支出中设置生育待遇支出项目。探索建立健全基金风险预警机制,坚持基金运行情况公开,加强内部控制,强化基金行政监督和社会监督,确保基金安全运行。

（3）统一医疗服务管理。两项保险合并实施后实行统一定点医疗服务管理。医疗保险经办机构在与定点医疗机构签订相关医疗服务协议时,要将生育医疗服务有关要求和指标增加到协议内容中,并充分利用协议管理,强化对生育医疗服务的监控。执行基本医疗保险、工伤保险、生育保险药品目录,以及基本医疗保险诊疗项目和医疗服务设施范围。促进生育医疗服务行为规范,将生育医疗费用纳入医保支付方式改革范围,推动住院分娩等医疗费用按病种、产前检查按人头等方式付费。生育医疗费用原则上实行医疗保险经办机构与定点医疗机构直接结算。充分利用医保智能监控系统,强化监控和审核,控制生育医疗费用的不合理增长。

（4）统一经办和信息服务。两项保险合并实施后,要统一经办管理,规范经办流程。经办管理统一由基本医疗保险经办机构负责,经费列入同级财政预算。充分利用医疗保险信息系统平台,实行信息系统一体化运行。原有生育保险医疗费用结算平台可暂时保留,待条件成熟后并入医疗保险结算平台。完善统计信息系统,确保及时、全面、准确反映生育保险基金运行、待遇享受人员、待遇支付等方面的情况。

（5）确保职工生育期间的生育保险待遇不变。生育保险待遇包括《中华人民共和国社会保险法》规定的生育医疗费用和生育津贴,所需资金从职工基本医疗保险基金中支付。生育津贴支付期限按照《女职工劳动保护特别规定》等法律法规规定的产假期限执行。

（6）确保制度可持续。各地要通过整合两项保险基金,增强基金统筹共济能力;研判当前和今后人口形势对生育保险支出的影响,增强风险防范意识和制度保障能力;按照"尽力而为、量力而行"的原则,坚持从实际出发,从保障基本权益做起,合理引导预期;跟踪分析合并实施后基金运行情况和支出结构,完善生育保险监测指标;根据生育保险支出需求,建立费率动态调整机制,防范风险转嫁,实现制度可持续发展。

 案例与评析

一、案例与材料

某科技公司最近找到当地医疗保险经办机构,要求减免公司一至两个月的医疗保险费。其理由是:公司职工缴费基数普遍较高,为社会所作贡献很大;公司没有退休人员,且一年内没有职工生病。

二、问题与分析

请说明材料中该公司的要求是否合理,并陈述原因。

根据社会医疗保险原理和医疗保险基本政策,该公司的要求不合理,违背了医疗保险的基本原理和相关规定。

该公司要求不合理的原因如下:第一,医疗保险具有强制性,为了防止出现逆向选择的风险,保证不同收入和不同健康状况的人员能够在同等条件下参加保险,各国的社会医疗保险制度都是通过法律强制实施的,而并非个人的自由选择。根据大数法则,参加医疗保险的人越多,医疗保险基金越具有足够抵抗风险和互济的能力,因此,医疗保险发展的理想状态其实是覆盖全民的医疗保险。医疗保险是社会保险制度中的一种,社会保险是以国家法律保证其强制实施的。社会保险的强制性是其区别于商业保险自愿性的重要标志之一。在国家法律法规指定的范围内,每一个社会成员或劳动者都必须根据法律规定缴纳社会保险费。社会保险的强制性既保证了社会保险基金具有可靠的来源,也保证了被保险人获得社会帮助的权利,并使这种权利具有可靠的物质基础。总之,无论如何,该科技公司都需要缴纳医疗保险费用。第二,医疗保险的待遇支付形式为非定额的费用补偿,其与缴费多寡无关而与医疗费用直接相关,即患者获得的费用补偿不取决于自身缴纳的医疗保险费,而取决于病情、疾病发生的频率及实际需要。因此,医疗保险的待遇不同于养老、失业保险所实行的标准定额支付,而是依据每个患者疾病的实际情况来确定补偿。第三,补偿期短但受益时间长。由于疾病的发生具有随机和不可预测性,医疗保险提供的补偿也具有不确定性,而生一次病的时间通常不会太长,故其每次的补偿期也较短。不过,由于人在一生中无法避免疾病,医疗保险便会伴随参保人员的一生,这一点显然与其他社会保险具有很大区别。例如,养老保险在劳动者退休后才能享受,失业保险只在失业期间享受,工伤保险只在工伤事件发生后才能享受,生育保险是一次性保险。从这个意义上讲,医疗保险不仅惠及所有参加保险的人员,而且自其参加保险之日起将伴随一生,是参险人员受益时间最长的社会保障项目。第四,中国城镇职工基本医疗保险制度明确强制性参保的人员范围,即城镇所有的用人单位及其职工和退休人员都必须参加基本医疗保险,同时其确立了新的医疗保险筹资机制,明确医疗保险费由用人单位(或雇主)和职工共同负担。其中,用人单位(或雇主)缴费水平按照当地工资总额的6%左右确定,个人缴费从本人工资的2%起步。各统筹地区的具体缴费标准由当地政府确定,同时允许筹资标准随经济发展作适当调整。综合而言,该科技公司的要求是不合理的。

(根据相关资料整理所得。)

本章小结

医疗保险是指由国家立法,通过强制性社会保险原则和方法筹集医疗资金,保障劳动者(或公民)平等地获得适当的医疗服务的一种制度。医疗保险是社会保障的支柱项目之一,在社会保障体系中占有重要地位。

医疗保险系统是由被保险人、医疗保险机构、医疗服务供给方和政府构成的复杂系统。

医疗保险费用的分担方式是指在医疗保险费用支付过程中,被保险方参与分担一部分医疗费用的支付方式。其意义在于让被保险方树立费用意识,控制自己的医疗需求行为,从而达到合理使用医疗服务和控制医疗费用的目的。常见的费用分担方式包括起付线方式、按比例分担方式、封顶线方式和混合支付方式。

医疗保险费用的给付机制是指医疗保险机构作为第三方,代替被保险人向医疗服务

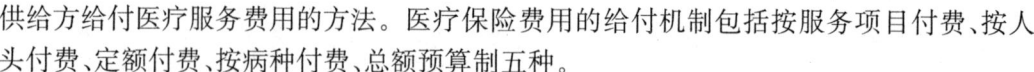

供给方给付医疗服务费用的方法。医疗保险费用的给付机制包括按服务项目付费、按人头付费、定额付费、按病种付费、总额预算制五种。

随着社会的发展和进步,我国医疗保险制度经过不断改革和完善,逐步走向成熟。

生育保险是指国家通过法律规定,为怀孕及生育期间的女性劳动者提供健康、经济和职业保障的一项社会保险制度。

生育社会保障包括生育健康保障、生育经济保障和生育就业保障。生育保障制度的核心是生育保险制度。生育健康保障的主要目的是保障女性在怀孕生育期间的健康;生育经济保障的主要目的是补偿女性在生育休假期间的收入损失和在抚育婴儿期间的消费和服务支出;生育就业保障的目的是保证女性在生育前后的公平就业。

生育保险的意义在于:保障母婴健康;保护女性劳动力;保证家庭正常生活水平;实现生育社会补偿,保证性别公正;保障妇女公平就业的权利;配合国家人口政策的实施。生育保险的内容一般包括覆盖范围、资金来源、支付条件、保险待遇的内容和水平等。

 练习与思考题

1. 简述医疗保险的概念。
2. 简述医疗保险系统的构成,以及各个主体之间的关系。
3. 简述医疗保险的偿付方式。
4. 简述我国医疗保险制度的发展历程。
5. 简述生育保险的主要特征。
6. 简述享受生育保险待遇资格条件的三种类型。

第七章
工伤保险

导读

不分企业性质、不分行业,阶段性
降低失业保险、工伤保险费率政策延长至 2024 年年底

人力资源和社会保障部、财政部、国家税务总局发布通知,自 2023 年 5 月 1 日起,继续实施阶段性降低失业保险和工伤保险费率政策,期限延长至 2024 年年底。

近年来,国家先后实施了阶段性降低失业保险、工伤保险费率的政策,为企业减负。自 2015 年起,失业保险费率"三降五延",总费率由 3‰降至 1‰;自 2018 年起,工伤保险开始降费,费率按照可支付月数的情况降低一定比例。此次,三部门发布《关于阶段性降低失业保险、工伤保险费率有关问题的通知》,两个险种的费率政策均延续实施,并且由原来的延续 12 个月延长为延续 20 个月。此举将进一步减轻企业负担,增强企业活力,促进就业稳定。

该通知提出,自 2023 年 5 月 1 日起,继续实施阶段性降低失业保险费率至 1‰的政策,实施期限延长至 2024 年年底。在省(区、市)行政区域内,单位及个人的费率应当统一,个人费率不得超过单位费率。

人力资源和社会保障部失业保险司司长桂桢在新闻发布会上介绍,阶段性降低失业保险、工伤保险费率政策在经办执行中,保障经办主体普遍受益。各地通过将征缴比例内嵌到信息系统,基本上实现降低费率政策"直兑直达",企业无需申请,零成本享受政策。此次延续实施降低费率政策预计年均减负约 1 800 亿元。政策对象不分企业性质、不分行业,包括中小微企业、个体工商户在内的各类经营主体将普遍受益。

(资料来源:宋子节,温璐.人社部:1—9 月全国城镇新增就业 1 022 万人[EB/OL].(2023-10-26)[2024-09-25].http://society.people.cn/n1/2023/1026/c1008-40104046.html.)

本章知识结构框架

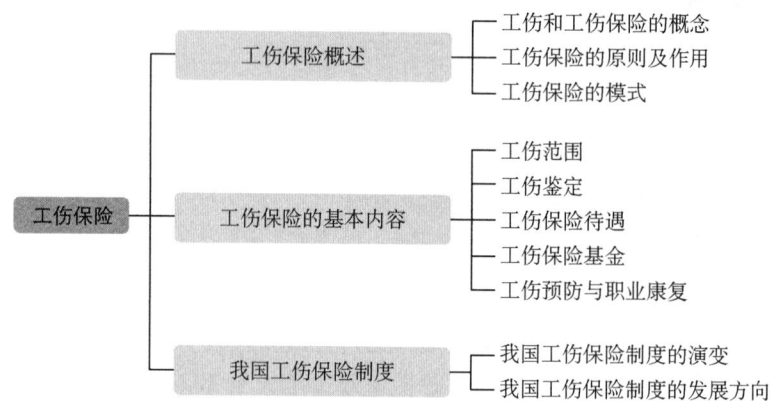

 本章学习目标与要求

通过本章的学习,学习者应掌握工伤的概念和工伤保险的概念、特点、原则及作用等基础知识,掌握工伤保险的模式、工伤范围和鉴定、工伤保险待遇、工伤保险基金等基本内容,熟悉工伤预防与职业康复的相关知识,了解我国工伤保险制度的发展历程和未来的发展方向。

 本章学习重点

- 工伤与工伤保险的相关概念
- 工伤保险的基本内容
- 我国工伤保险制度

第一节　工伤保险概述

一、工伤和工伤保险的概念

(一) 工伤的概念

工伤亦称"公伤"或"因工负伤",是指职工在生产劳动或工作中负伤。国务院颁发的《工伤保险条例》(以下简称《条例》)第十四条规定,职工有下列情形之一的,应当认定为工伤:在工作时间和工作场所内,因工作原因受到事故伤害的;工作时间前后在工作场所内,因从事与工作有关的预备性或收尾性工作受到事故伤害的;在工作时间和工作场所内,因履行工作职责受到暴力等意外伤害的;患职业病的;因工外出期间,由于工作原因受到伤害或发生事故下落不明的;在上下班途中,受到非本人主要责任的交通事故或城市轨道交通、客运轮渡、火车事故伤害的;法律、行政法规规定应当认定为工伤的其他情形。[①]《条例》第十五条规定,职工有下列情形之一的,视同工伤:在工作时间和工作岗位,突发疾病死亡或在 48 小时之内经抢救无效死亡的;在抢险救灾等维护国家利益、公共利益活动中受到伤害的;职工原在军队服役,因战、因公负伤致残,已取得革命伤残军人证,到用人单位后旧伤复发的。《条例》第十六条规定,职工有下列情形之一的,不得认定为工伤或视同工伤:因犯罪或违反治安管理伤亡的;醉酒导致伤亡的;自残或自杀的。

(二)工伤保险的概念

工伤保险是指劳动者在生产经营活动中或在规定的某些特殊情况下,遭受意外伤害或患职业病导致其暂时或永久丧失劳动能力以及死亡时,劳动者或其遗属能够从国家、社会得到必要补偿的一种社会保障制度。[②] 这种补偿既包括劳动者因受到伤害而产生的医疗费、康复费,也包括其生活保障所需的帮助。

(三)工伤保险的特点

工伤保险属于社会保险的一种,但与其他社会保险又有所不同,主要表现为具有绝对的强制性。工伤保险的强制性是为了保障劳动者的权益,确保他们在工作中受伤或患病时能够得到相应的经济补偿和医疗救助。同时,雇主承担风险责任,减少工伤事故的发生。工伤保险的特点包括以下两个方面。

一是待遇较为优厚。工伤保险的待遇相对较高,这是为了更好地保障受伤劳动者及其家庭的权益。在工作中受伤或患病可能会给劳动者及其家庭带来严重的经济困难,因此工伤保险的待遇相对较高。工伤保险包括多种项目,旨在覆盖不同情况下的劳动者需求,如工伤医疗待遇、伤残补助金、伤残津贴、抚恤金和丧葬费等。这些项目的设置有助于全面保障受伤劳动者及其家庭的生活和经济安全,体现了社会保障制度对劳动者权益的关注和保障。

二是给付条件宽泛。根据工伤保险的相关规定,劳动者只要具有认定的劳动关系,并且因工作受到损伤或患病,就可以享受相应的工伤待遇。这一规定旨在确保所有受伤的劳动者无论其受伤程度如何,都能够得到应有的保障和补偿,都有权获得必要的帮助和支持。

二、工伤保险的原则及作用

(一)工伤保险的原则

人力资源和社会保障部颁发的《中华人民共和国社会保险法释义》提到,工伤保险经过一个多世纪的发展与完善,已形成一些包括我国在内的世界上大多数国家普遍认可的基本原则,其主要包括:

(1)工伤保险的法定原则。国家通过立法的形式强制雇主对雇员所遭受的工伤事故和职业病负责,所有雇主都应当为雇员购买工伤保险,并缴纳工伤保险费。目前,凡是实

---

① 《工伤保险条例》(2010 年 12 月 20 日修订)。
② 《工伤保险条例》(2010 年 12 月 20 日修订)。

行了工伤保险制度的国家,都以颁布法律的形式确立这项制度。

(2)职工个人不缴费的原则。工伤保险费由用人单位缴纳,职工个人不缴纳任何费用。在用人单位守法缴费的情况下,发生工伤事故后的补偿由工伤保险基金承担,这是工伤保险与养老、医疗、失业保险的主要区别。国际上最早的工伤保险制度是从雇主无过错赔偿责任制度演化而来的。在雇主无过错赔偿的工伤补偿制度中,若雇员在工作过程中受到伤害,雇主无论是否有过错,都应对雇员进行补偿,雇员不承担责任。

(3)实行行业差别费率和企业浮动费率的原则。工伤保险的重要功能之一是促进工伤预防、减少工伤事故,这主要通过行业差别费率和企业浮动费率来实现。工伤保险的实际费率与行业或职业的风险程度和企业上一缴费周期实际发生的事故率相关。为了使用人单位的缴费与其所属行业的风险程度挂钩,应根据不同行业的工伤保险费、工伤发生率等情况,确定不同类别行业的费率,并在同一行业内设定不同的费率档次。对于风险程度较高的行业,其费率相应较高,反之则相应较低。

(4)工伤补偿与工伤预防、工伤康复相结合的原则。工伤保险的首要任务是工伤补偿,但这不是唯一的任务。社会保险的根本任务是保障职工生活,确保职工健康,促进社会安定和生产力发展。从这个根本任务出发,工伤保险应当与工伤预防和工伤康复相结合。

(5)一次性补偿和长期补偿相结合的原则。对部分丧失或完全丧失劳动能力的工伤职工及因工死亡的职工,其工伤保险待遇补偿实行一次性补偿和长期补偿相结合的办法。即对1~6级因工伤残职工以及因工死亡职工的遗属,工伤保险基金一般在支付一次性补偿的同时,还按月支付长期待遇。

(二)工伤保险的作用

工伤保险是一种社会保险制度,旨在为劳动者提供在工作过程中发生工伤或职业病时的保障和补偿。它具有以下几个主要作用。

(1)保障劳动者权益。工伤保险是为了保障劳动者在工作过程中遭受工伤或职业病时的基本权益而设立的。它提供了多种形式的经济补偿,包括医疗费用、康复费用、伤残津贴、丧失劳动能力补偿金、收入补偿等,可以帮助受伤员工得到及时的医疗救治,帮助他们度过康复期间或失去劳动能力后的经济困难时期。同时工伤保险为员工提供了一定的经济保障,确保他们能够维持基本生活需求。这些措施有助于减轻受伤员工及其家庭在员工发生工伤事故或罹患职业病时的经济压力,维护其基本生活权益。

(2)落实工作安全和预防措施。工伤保险的存在促使雇主和劳动者更加注重落实工作安全和预防措施。对雇主而言,工伤保险的实施使其更有动力加强安全管理,提供安全设施和培训,以减少工伤事故的发生。雇主应意识到,预防工伤事故不仅可以保护劳动者的健康和权益、降低企业经济成本、提升企业形象和竞争力,还可以减少生产中断和人力资源损失的情况。对劳动者而言,工伤保险可为其提供一种保障机制,使其在工作过程中更加注重安全操作,遵守工作规章制度,从而减少工伤事故的发生。劳动者应意识到,只有自己遵守安全规定,才能更好地保护自己的健康和权益。

(3)分担化解经济风险。工伤保险通过分摊工伤风险,减轻了劳动者在工伤事故发生时的经济负担。通过建立工伤保险基金和缴费机制,劳动者可以在工伤发生时获得相应的经济补偿,从而减轻他们的经济压力。这有助于保障劳动者的基本生活,确保他们能够继续生活和工作下去。工伤保险的经济补偿不仅为劳动者支付医疗费用和康复治疗费用,还可以提供一定的失业补助和伤残津贴。这些经济支持可以帮助劳动者渡过难关,维持其基本生活需求。此外,工伤保险还为劳动者提供了职业康复和职业转换的支持,帮助他们重新融入社会和就业市场。

（4）促进社会稳定发展。工伤保险为劳动者提供了一种安全网,当劳动者在工作中发生事故或患病时,其能够得到相应的医疗和经济补偿。这种制度化的方式有效降低了发生劳动纠纷的可能性,避免了劳动者与雇主之间的冲突。同时,工伤保险维护了劳动者的社会地位和尊严,能够减少社会不满情绪的积累。劳动者在工作中不仅受到保护和关爱,还能够感受到社会对他们的关心和支持,这增强了他们的归属感和满意度,从而有利于维护社会的稳定和谐。

三、工伤保险的模式

不同国家和地区可能会采取不同的工伤保险模式,以适应其自身的经济社会发展。工伤保险的常见模式一般包括以下几种。

（一）国家统一模式

国家统一模式是指政府通过国家机构负责管理和实施工伤保险制度。在这种模式下,劳动者和雇主都需要缴纳工伤保险费用,缴纳的费用由国家机构负责统一管理和分配。国家统一模式通常适用于中央集权的国家,其优势在于能够统一管理和分配资源,确保工伤保险制度的公平性。

（二）社会保险基金模式

社会保险基金模式是一种常见的工伤保险模式,它将工伤保险纳入社会保险体系,与其他社会保险（如医疗保险、养老保险）相结合。在这种模式下,劳动者和雇主根据工资比例缴纳工伤保险费用,这些费用被纳入社会保险基金,用于支付工伤保险金。社会保险基金模式通常适用于欧洲国家及其他一些发达国家,其优势在于能够整合各种社会保险资源,提高社会保障的综合性和可持续性。

延伸阅读

（三）雇主责任保险模式

在雇主责任保险模式下,雇主需要购买工伤保险,保险公司负责向受伤劳动者提供工伤保险金。劳动者和雇主之间的工伤保险关系由保险合同缔结,雇主根据劳动风险和公司规模来决定保险费用。雇主责任保险模式通常适用于美国及其他一些国家,其优势在于能够让雇主根据自身情况来决定保险费用,并且能够通过保险公司来管理和分担工伤风险。

（四）行业互助基金模式

行业互助基金模式是指同一行业的雇主和劳动者组成互助基金,共同承担工伤保险责任。行业互助基金由行业协会或工会管理,用于支付工伤保险金和相关费用。行业互助基金模式通常适用于一些发展中国家,其优势在于能够让同一行业的雇主和劳动者共同承担工伤保险责任,通过集体的方式来分担风险。同时,由行业协会或工会管理能够更好地协调和管理工伤保险事务。

第二节　工伤保险的基本内容

工伤保险的基本内容包括工伤范围、工伤鉴定、工伤保险待遇、工伤保险基金、工伤预防和职业康复等。

一、工伤范围

工伤保险建立初期,工伤范围只包括工业生产中的意外事故,后来补充了由工作原因造成的职业病等内容,许多国家还把一些非工作原因的事故纳入职业伤害的范围,如上下班途中发生的意外事故。现在,许多国家又进一步扩大了工伤保险的范围,如红十字救援和其他救援人员、消防灭火人员、协助警察工作人员(包括临时警察)、从事工会活动人员和就业培训人员,以及在工作中出现意外事故和为保卫国家安全而负伤致残的人员,均在工伤范围之内。[①]

从广义上说,职业病是指劳动者在劳动过程中及其他职业活动中,因接触职业性有毒有害物质和在不良气候、恶劣卫生条件下工作而引发的疾病。简而言之,职业病是劳动者在生产劳动过程中由职业性有害因素所引起的疾病。但从狭义上说,国家主管部门明文规定的疾病才能被称为职业病,即法定职业病。工伤保险范畴内的职业病是国家认定的法定职业病。

二、工伤鉴定

工伤鉴定是一项技术性很强的工作,也是工伤保险的一个重要环节。劳动者遭遇工伤事故或职业病后,需要有相应的技术鉴定,以确定是否属于工伤事件及受伤害的严重程度,这是决定劳动者遭受伤害后能否享受工伤待遇以及享受哪一等级待遇的直接依据。因此,工伤鉴定是落实工伤保险待遇的基础和前提条件。

工伤鉴定是指劳动者因工伤事故或职业病致残后,由国家法律规定的工伤鉴定机构对其丧失劳动能力的程度进行鉴定,以确定伤残等级的法定检验与评价。在国际上,对工伤的鉴定通常有以下两种办法。

(1) 劳动能力鉴定。这种鉴定办法以同年龄、同性别的健康人群的平均劳动能力为对照标准,评价劳动者伤残后具有的劳动能力大小。它的优点是客观性和可比性较强;缺点是评价指标多,操作复杂。国际劳工组织一般把工伤造成的劳动能力丧失分为以下四类:一是永久完全丧失劳动能力,二是永久部分丧失劳动能力,三是暂时完全丧失劳动能力,四是暂时部分丧失劳动能力。我国一般把工伤造成的劳动能力丧失分为以下三类:一是完全丧失劳动能力,二是大部分丧失劳动能力,三是部分丧失劳动能力。在进行丧失劳动能力鉴定时,大多数国家对工伤造成的劳动能力丧失从以下两个方面进行鉴定:一是人身能力丧失,二是工作能力丧失。人身能力丧失是指工伤使个人人身适应性受到的损害。

[①]　郑功成.社会保障概论[M].上海:复旦大学出版社,2019.

人身适应性损害是参照同年龄、同性别的正常健康人群的状况来进行鉴定的。在对人身能力进行鉴定时,一般只考虑其损害的程度,而不考虑其受到损害后所可能带来的经济或职业后果。工作能力丧失是指工伤使个人继续从事工作的能力受到的伤害。丧失工作能力的鉴定不是以具体的职业为依据进行衡量,而是以个人继续从事原工作或获取新工作并赚取收入的机会为依据进行衡量,这种机会是在考虑了个人受到伤害的严重性、伤害的特征、受伤前工作的情况、年龄以及康复前景等因素后,仍然可以为个人所获取的。

(2)致残程度鉴定。这种鉴定办法是按照器官损伤、功能障碍、医疗依赖三个方面将工伤、职业病伤残程度分为相应等级。它并不直接评价劳动者劳动能力的丧失程度,而是通过致残程度的相对严重性来间接反映劳动能力的损害程度。它的优点是不直接测试劳动者伤残后的劳动能力,操作较为简单;缺点是不能准确反映劳动者劳动能力的损失程度。

我国目前对工伤鉴定采取的是劳动能力鉴定法,从劳动功能障碍程度和生活自理障碍程度两个方面,对劳动者因工致残后的劳动能力进行等级鉴定。其中,劳动功能障碍分为十个伤残等级,最重的为一级,最轻的为十级;生活自理障碍分为三个等级,即生活完全不能自理、生活大部分不能自理和生活部分不能自理。

三、工伤保险待遇

与其他社会保障项目相比,工伤保险待遇更为优厚。尽管各国的工伤保险待遇不尽相同,但归纳起来,大致包括以下三种。

(1)医疗待遇。医疗待遇是指劳动者因工伤发生的合理的医疗费用,主要包括挂号费、住院费、医疗费、药费、就医路费等,一般由国家或雇主负责支付,而不由劳动者本人负担。多数国家工伤保险的医疗待遇远远优于普通医疗保险待遇,包括康复及交通费用。例如,美国的工伤医疗待遇规定,工伤人员可以报销医疗费、住院费,获得医疗期间的收入补偿及医疗交通补贴。某些国家的工伤医疗待遇等同于医疗保险或由医疗保险费用支付。例如,德国的工伤医疗待遇规定,劳动者因工伤发生的全部医疗保健、职业性康复和医疗器械的费用一般由疾病基金资助;因严重伤害发生的费用由事故基金资助。对于实行工伤雇主责任保险模式的国家,医疗待遇由雇主支付。

(2)伤残待遇。伤残待遇是指劳动者因工伤丧失劳动能力时,由工伤保险经办机构所给予的现金津贴。伤残待遇一般包括暂时伤残待遇、永久伤残待遇两种类型。

其一,暂时伤残待遇。暂时伤残待遇又称工伤津贴,是对因工伤暂时丧失劳动能力的劳动者给予的一种经济补偿。暂时丧失劳动能力是指劳动者因工伤处于医疗救治期间,尚未进行丧失劳动能力的鉴定,在此期间被视为暂时丧失劳动能力。劳动者在医疗救治结束后,经过工伤鉴定,丧失劳动能力的,被视为部分永久丧失劳动能力或完全永久丧失劳动能力[①]。目前,世界各国大多按发生工伤事故前若干时间内本人平均工资的一定比例发放工伤津贴。一般来说,大多数国家的比例为本人平均工资的 60%、66% 和 75%。但不少国家规定有 3～15 天的等待期,在此期间由雇主支付全额工薪。暂时伤残待遇是一种短期待遇,支付期限一般为 26～52 周。

---

① 郑功成.社会保障概论[M].上海:复旦大学出版社,2019.

其二,永久伤残待遇①。大多数国家对于永久伤残待遇都是定期支付的,故亦称年金。各国大多将永久伤残待遇分为完全永久伤残待遇和部分永久伤残待遇两类。两者通常根据本国规定的评残标准划分,按等级不同归为不同类别,从而为劳动者提供不同的伤残待遇。

完全永久伤残待遇是对经工伤鉴定为完全永久丧失劳动能力的劳动者支付的待遇,为伤残抚恤金或伤残年金,属工伤长期待遇,只有实行工伤社会保险制度的国家才予以发放。完全永久伤残待遇一般规定了最高限额和最低限额,多数国家支付的标准为本人工资的 66%～75%,需要护理的一般都规定加发护理费。实行雇主责任制的国家一般给予一次性抚恤待遇,最高限额为 4 年的工资收入。

部分永久伤残待遇是对经工伤鉴定为部分永久丧失劳动能力的劳动者支付的待遇。一般而言,完全伤残支付的待遇为 100%,部分伤残的待遇按比例递减。支付方式视伤残程度而定,对伤残程度达到一定界限的人实行定期支付,对轻度伤残者一般发给一次性抚恤金。大多数国家以丧失 20% 的劳动能力为界限,20% 以上的为定期支付,20% 以下的为一次性支付。

(3)死亡待遇。死亡待遇是指劳动者因工伤死亡后,支付给劳动者遗属的经济补偿,一般包括丧葬补助和遗属抚恤金两种类型。

其一,丧葬补助。各国的丧葬补助发放标准差异较大,有些国家会一次性支付固定金额作为丧葬补助,有些国家则采取其他策略,这种差异反映出各国在社会保障体系中的政策取向和价值观②。我国丧葬补助的发放标准分为两个层面:一是遗体处理费用补助,二是丧事办理费用补助。遗体处理费用补助主要包括火化、冷藏、运输等基本费用,旨在保障逝者家属能够妥善处理逝者的遗体。丧事办理费用补助则包括遗体告别仪式、丧事用品购置等费用,以减轻逝者家属在丧事办理过程中的经济负担。

其二,遗属抚恤金(又称遗属津贴)。对于实行工伤社会保险制度的国家,遗属抚恤金包括定期抚恤金和一次性抚恤金两部分③。遗属抚恤金除了支付给死者配偶和未成年子女,还可以向死者的父母支付,有些国家还可以支付给死者未成年的兄弟姐妹。在许多国家,因工伤死亡的遗属抚恤金要比非因工伤死亡的遗属抚恤金待遇高。定期抚恤金按照死者生前供养人口、年工资收入等情况给付,标准一般为死者生前工资收入的一定比例。国际劳工组织发布的《工伤补偿公约》规定,一个标准家庭(夫妻加两个子女)遗属抚恤金的最低标准为死者生前工资收入的 60%。实行雇主责任制的国家给予一次性抚恤待遇,一般不少于死者生前 3 年的工资收入。

四、工伤保险基金

工伤保险基金是指社会保险经办机构或税务机构通过各种方式征集的、用于工伤保险事业开支的专项基金。

(一)工伤保险基金的特点

工伤保险基金具有以下特点。

---

① 郑功成. 社会保障概论[M]. 上海:复旦大学出版社,2019.
② 郑功成. 社会保障概论[M]. 上海:复旦大学出版社,2019.
③ 郑功成. 社会保障概论[M]. 上海:复旦大学出版社,2019.

（1）法制性。工伤保险费是国家以法律规定的形式，向规定范围内的用人单位征收的一种社会保险费。具有缴费义务的单位必须按照法律规定履行缴费义务。

（2）共济性。共济性即工伤保险基金通过集体缴费和风险共担的方式，为工伤保险参保人员提供相应的福利和赔偿。工伤保险基金是由用人单位和劳动者共同缴纳的，用人单位按照一定比例从工资总额中扣除，劳动者也需要从自己的工资中缴纳一部分。当参保人员发生工伤或职业病时，基金应根据相关规定提供相应的医疗费用、康复费用、伤残津贴和丧葬补助等福利和赔偿。

（3）固定性。固定性即国家根据社会保险事业的需要，事先规定工伤保险费的缴费对象、缴费基数和费率的基本标准。在征收时，国家不因缴费义务人的具体情况而进行随意调整。固定性还体现在工伤保险基金的使用上：工伤保险基金实行专款专用，任何人不得挪用。

（二）工伤保险基金的构成

工伤保险基金由用人单位缴纳的工伤保险费、工伤保险费滞纳金、工伤保险基金的利息、社会捐助、依法纳入工伤保险基金的其他资金等构成。其中，工伤保险费是工伤保险基金的主要来源。因此，凡是纳入工伤保险范围的用人单位，应按照规定及时足额缴纳工伤保险费，以保证基金的支付能力，切实保障工伤职工及时获得医疗救治和经济补偿。工伤保险基金按照规定存入银行或购买国债，取得的利息并入工伤保险基金，这是防止基金贬值的一项重要措施。

（三）工伤保险基金的筹集

社会保险制度下的工伤保险基金筹集主要有以下两种办法。[①]

（1）社会统筹。社会统筹是指由政府立法规定企业必须参加工伤社会保险，按时、足额地向社会保险管理机构缴纳工伤保险统筹费用，并由工伤保险机构负责进行工伤待遇的给付方法。企业应缴的统筹费用全部由企业或雇主负担，个人无须缴费。基金实行社会统筹时，一般采取"现收现付"的方式，即根据大数定理，在一定的统筹范围内，预测行业或地区综合性的工伤保险费用需求，在所有参加保险的企业之间实行合理分担，费用横向平衡调剂，当年提取、当年支付完毕。这种方式符合社会保险的本质要求，是当今工伤社会保险费用筹集的发展方向。

延伸阅读

（2）企业自行支付。这种方法与雇主责任制的不同之处在于给付项目和标准由政府统一规定，企业无权更改，也不能向商业保险公司"再投保"。其所需开支费用由企业全部负担，计入成本，个人不缴费。这种方式下的费用筹集从严格意义上说并不属于"基金"的范畴，只是由企业实行"实报实销"，在产品成本中予以消化。这是一种较低层次的社会保险方式。

五、工伤预防与职业康复

（一）工伤预防

1. 工伤预防的定义

工伤预防是指事先防范工伤事故和职业病的发生，减少工伤事故和职业病的隐患，为

---

① 张琪，江华.社会保障学［M］.2版.北京：高等教育出版社，2023.

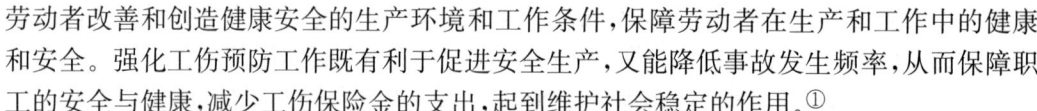

劳动者改善和创造健康安全的生产环境和工作条件,保障劳动者在生产和工作中的健康和安全。强化工伤预防工作既有利于促进安全生产,又能降低事故发生频率,从而保障职工的安全与健康,减少工伤保险金的支出,起到维护社会稳定的作用。①

2. 工伤预防的作用

工伤预防在保护劳动者健康和安全方面发挥着重要作用,具体包括以下几个方面:

(1) 保障劳动者的健康和安全。建立健全安全管理制度、提供必要的安全培训、定期进行安全检查和隐患排查、配备必要的安全设备和防护用品等预防措施,可以减少工作场所内事故和职业病的发生,降低劳动者受伤或患病的风险。

(2) 提高劳动生产力。工伤事故和职业病往往导致劳动者受伤或失去劳动能力,这不仅会对个人造成身体和心理上的伤害,影响其工作能力和生活质量,而且会导致企业的生产中断和人员调整,增加企业的时间成本和人力成本。工伤预防措施可以减少工伤事故和职业病的发生,从而提高劳动生产力。

(3) 降低医疗费用和社会保障支出。工伤预防可减少工作场所的安全风险,降低工伤事故的发生率,进而减少因工伤而产生的医疗费用。工伤预防措施还可以提升劳动者的健康水平,有效预防职业病的发生,减少因职业病而产生的医疗费用和社会保障支出。

(4) 促进企业发展。企业可通过采取一系列工伤预防措施,加强对劳动者的关心和关注,彰显企业的社会责任感,从而提升企业的声誉和形象。劳动者也会感受到企业对他们的重视,从而增强对企业的认同感和忠诚度。这有助于企业吸引和保留优秀的劳动者,提高劳动者的工作满意度和积极性,进而提升企业的竞争力。

3. 工伤预防和工伤保险的区别与联系

(1) 工伤预防和工伤保险的区别。工伤预防通过采取一系列的措施和策略,预防和减少工作场所中发生的事故和职业病,保护劳动者的身体健康和安全。它主要侧重于从源头上消除和控制工伤风险,包括改善工作环境、提供安全培训、制定安全规章制度等方面。工伤预防的目标是减少工伤事故的发生,保障劳动者的安全和健康。而工伤保险是一种社会保险制度,旨在为因工作原因发生工伤或职业病的劳动者提供经济补偿和医疗保障。劳动者在工作期间发生工伤时,可以享受工伤保险提供的医疗费用、康复费用、伤残津贴和生活补助等福利待遇。工伤保险的目标是保障劳动者在工作过程中的权益,提供经济支持和医疗保障,帮助劳动者恢复工作能力,维持生活质量。

(2) 工伤预防和工伤保险的联系。工伤预防和工伤保险都关注劳动者的安全和健康。工伤预防的有效实施可以减少工伤事故的发生,从而降低工伤保险的赔付成本。而工伤保险的存在也为工伤预防提供了经济支持和激励,鼓励雇主和劳动者共同关注工作场所的安全和健康问题。

(二) 职业康复

1. 职业康复的定义

职业康复是指综合使用药物、器具、疗养、护理、就业咨询、职业能力测定、就业前的职业教育与训练、就业安置等多种手段,帮助因工伤残者基本恢复正常的工作能力、生活能

---

① 张琪,江华.社会保障学[M].2版.北京:高等教育出版社,2023.

力和心理状态的一项工作。职业康复作为现代工伤保险制度的重要任务之一,其目的是使因工伤残的劳动者尽可能重新恢复就业的能力。通过职业康复,劳动者不仅能够增强自身的生活适应能力,而且可能获得更多的就业机会。[1]

2. 职业康复的作用

职业康复的作用主要体现在以下几个方面:

(1) 提高个体的生活质量。对于残疾人而言,通过职业康复,他们可以充分发挥自己的能力,实现自给自足,减少对家庭和社会的依赖。这不仅有利于他们的心理健康,还能使他们更好地融入社会,享受平等的待遇。对于失业者和心理障碍者来说,职业康复可以帮助他们重新找到适合自己的工作,摆脱失业的困境,提高生活质量。

(2) 促进社会的和谐稳定。通过为弱势群体提供职业培训、就业指导等服务,职业康复有助于减轻社会矛盾,促进实现社会公平正义。同时,残疾人员、失业者等群体在社会中的融入,有利于形成全社会共同关心、关爱弱势群体的良好氛围,增强社会凝聚力。此外,职业康复还有助于充分利用人力资源,提高社会生产力,推动社会经济的发展。

(3) 实现社会的包容性发展。为不同群体提供职业康复服务可以帮助其充分发挥潜能,实现个人价值,从而实现社会的包容性发展。这种包容性发展不仅体现为对弱势群体的关爱和支持,还包括对所有人的平等对待。在这样的环境中,社会成员能够共同进步,实现全面发展。

3. 职业康复和工伤保险的区别和联系

(1) 职业康复和工伤保险的区别。职业康复通过一系列的康复措施和服务,帮助工伤或职业病患者恢复工作能力,重新融入职业生活。它包括医疗康复、职业培训、职业适应辅助等方面的支持,旨在提供综合性的康复服务,使患者能够恢复职业能力,重新参与工作并实现自我发展,提高其生活质量和社会参与度。职业康复和工伤保险的区别在于:职业康复更加注重康复过程中的医疗、康复和职业适应等方面的服务,以帮助患者重新融入职业生活;而工伤保险主要提供经济补偿和医疗保障,以应对工伤患者在康复期间的经济困难。

(2) 职业康复和工伤保险的联系。职工康复和工伤保险都关注工伤患者的康复情况,旨在助力其重返工作岗位。工伤保险提供经济支持和医疗保障,为职业康复提供必要的资源和条件;职业康复则通过康复措施和服务,帮助工伤患者恢复工作能力,从而减少其对工伤保险的依赖。

第三节　我国工伤保险制度

一、我国工伤保险制度的演变

随着我国经济社会的发展,工伤保险制度经历了逐步发展和改革的过程。工伤保险

---

[1]　张琪,江华.社会保障学[M].2版.北京:高等教育出版社,2023.

制度的演变大致可分为首创与探索时期、改革的探索时期、改革的重大发展时期及改革的重大成就时期。

（一）首创与探索时期（1949—1977 年）

1951 年 2 月，《中华人民共和国劳动保险条例》（以下简称《劳动保险条例》，于 1953 年 1 月重新修订）颁布。这部劳动保险综合法规对各项劳动保险待遇作了明确规定，并将工伤保险列在各项保险项目之首。该条例对工伤保险的制度构成作了原则性规定，例如，在保险费的征缴方面确立了雇主责任原则；在工伤保险待遇给付方式方面确立了劳动保险基金与雇主分担责任的原则；在工伤待遇方面，将其分为医疗和康复待遇、伤残待遇和死亡待遇三个部分，并确立了收入保障与就业保障相结合的原则。根据《劳动保险条例》的规定，当时工伤保险的实施范围主要是国营、公私合营、私营及合作社经营的厂、矿，以及铁路、运输、邮电、工矿、交通事业和国营建筑公司等；实施对象包括上述企业的职工、学徒工、临时工和试用人员。《劳动保险条例》是在我国国民经济恢复时期和社会主义改造时期制定的一部保护劳动者权益的行政法规。自颁布该条例并实施工伤保险制度以来，其对保障企业工伤职工权益、促进社会安定和经济发展发挥了积极作用。但是这一制度也存在诸多不足或较大缺陷，如工伤认定范围过窄且不规范、待遇标准偏低且不符合基本保障和补偿的要求、伤残等级鉴定缺乏统一标准且鉴定机构不健全、未将工伤补偿与工伤预防和职业康复有机结合等。

1953 年 1 月，《中华人民共和国劳动保险条例实施细则》颁布，其中对工伤保险等问题作了较为详细的规定。同期我国还颁布了全国总工会制定的有关管理章程、卫生部制定的职业病名单和管理规定等一系列配套规章。此后，国务院及劳动部、卫生部等主管部门又多次就我国工伤保险的实施作了补充规定。1957 年 2 月，卫生部颁布了《职业病范围和职业病患者处理办法的规定》，将危害职工健康比较严重的 14 种职业病纳入工伤范围，使相关患者享受因工伤残和死亡的相关待遇。

1969 年 2 月，财政部发出《关于国营企业财务工作中几项制度的改革意见（草案）》，要求"国营企业一律停止提取劳动保险金，企业的退休职工、长期病号工资和其他劳保开支在营业外列支"。其结果是，包括工伤保险在内的社会保险行为及其责任变为企业行为和责任。

此后，虽然《劳动保险条例》的有关规定仍然是企业处理工伤问题的法律依据，但由于劳动保险基金被取消，工伤保险费用在企业之间的少量调剂也不复存在，这使得我国的工伤保险机制丧失了其应有的社会性和互济性功能，从某种意义上讲，社会共济制度变为雇主责任制度。此时工伤者的医疗待遇、经济补偿待遇和工资待遇全部由企业负担，企业的工伤风险难以分散，其风险抵御能力十分薄弱。

（二）改革的探索时期（1978—2000 年）

改革开放以来，尤其是在经济结构向市场经济体制转型的过程中，经济体制、劳动工资、用人制度、生活费水平等发生了巨大的变化。工伤补偿制度覆盖范围窄、缺乏社会互济和分散风险功能、工伤认定标准模糊、缺乏降低工伤事故发生率的有效手段、不利于劳动力合理流动等弊端日益显露，建立社会化的工伤保险制度已势在必行。

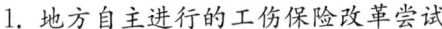

1. 地方自主进行的工伤保险改革尝试

80年代末,劳动部在研究劳动、工资和社会保险三大制度改革总体思路的过程中,逐步明确了工伤保险制度改革应坚持"实现工伤保险与工伤预防、职业康复的有机结合,实行工伤保险费用社会统筹,更好地保障职工权益,促进职业安全卫生和社会安定"的指导思想和主要原则,并提出了改革的目标,即扩大工伤保险覆盖面和保险范围,调整工伤保险待遇,制定评残标准和健全劳动鉴定制度,采取差别费率和浮动费率的方式建立工伤保险基金,对工伤保险事业实行社会化管理。与此同时,我国部分地区自主开始对工伤保险改革进行尝试。改革较早的地区有海南省海口市、辽宁省丹东市、深圳特区、福建省三明市将乐县等。这些地区的劳动部门在当地政府的领导下,积极探索、制定改革方案,并经当地政府批准后发布试行。但由于缺乏立法措施、没有统一的评残等级标准,改革一直处于缓慢发展状态。

直至90年代初期,劳动部开始着手制定《企业职工工伤保险条例(草案)》和工伤评残标准,其对各地的工伤保险制度改革起到了一定的推动作用。海南省人民代表大会于1993年12月审议通过《海南经济特区城镇从业人员工伤保险条例》,并于1994年1月开始在全省推行工伤保险。1993年,全国有500个市县开展了工伤保险制度改革,参加工伤保险的职工有1 103.5万人。至1996年,1 326个市县的3 102.6万名职工参保。4年间,参保人数增加了181%。随着各地工伤保险制度改革的不断发展,工伤保险制度及其相关标准日趋成熟,伤残职工和因工死亡职工的家属权益基本得到了保障。但是,这一时期的工伤保险制度改革仍存在三个突出问题:一是基金统筹层次偏低,工伤保险费实行市县(区)级统筹,相互之间不能调剂,抗风险能力相对较弱;二是工伤保险制度因缺乏立法保证,不具备强制约束力,其覆盖面主要集中在国有和集体企业,故大部分外资及私营企业不愿参加;三是工伤保险促进安全生产管理的功能没有得到充分发挥,差别费率和浮动费率机制并未真正实现。

2. 《企业职工工伤保险试行办法》的实施

进入90年代,我国逐步确立了建立社会主义市场经济体制的改革目标。经过前10年的改革,我国经济结构和社会结构已经发生重大改变。随着经济和社会形势的发展变化,建立与完善劳动和社会保障立法的迫切任务便提上了议事日程。中华人民共和国第七届全国人大四次会议批准《国民经济和社会发展十年规划和第八个五年计划纲要》,提出"要努力改革工伤保险制度"的任务。1993年,党的十四届三中全会通过《中共中央关于建立社会主义市场经济体制若干问题的决定》,提出社会保障制度改革的总体思路和框架,其中包括"普遍建立企业工伤保险制度"的目标。1994年,《中华人民共和国劳动法》颁布,其把工伤保险制度作为五项社会保险之一规定下来,适用于我国境内的企业、个体经济组织和与之形成劳动关系的劳动者。这些都是工伤保险制度改革的法律依据和政策依据。1996年8月,在总结各地试点经验的基础上,劳动部发布《企业职工工伤保险试行办法》。同年3月,国家技术监督局颁布《职工工伤与职业病致残程度鉴定》(GB/T 16180—1996),这标志着国家开始对多年沿用的工伤保险制度开始进行全面改革。

《企业职工工伤保险试行办法》在我国首次把工伤预防、工伤康复和工伤补偿三项工伤保险的任务结合起来,明确了我国工伤保险制度的主要任务:其一,实行社会统筹,变企业保险为社会保险,分散工伤事故风险,使企业处于平等竞争的地位。其二,扩大实施范围,突破"全民执行、集体参照"的局限,把工伤保险覆盖面扩大到各类企业及全体职工。其三,规范待遇项目和标准,使工伤处理有了依据,从而维护有关各方的权益,减少工伤争议。其四,坚持工伤保险与安全生产相结合的原则,建立工伤预防机制,其中最重要的手段是实行行业差别费率和企业浮动费率。这些工伤保险改革的重要突破为工伤保险事业的发展注入了新的活力。

(三)改革的重大发展时期(2001—2011年)

进入21世纪以来,为保障劳动者的权益,我国加快职业伤害保障方面的立法步伐,发布了一系列重要的法律、法规和规章。其中,安全生产方面的法律法规及规章制度主要包括《中华人民共和国安全生产法》(2002年)、《国务院关于特大安全事故行政责任追究的规定》(2001年)、《危险化学品安全管理条例》(2002年)、《使用有毒物品作业场所劳动保护条例》(2002年)以及铁路运输、民用航空等特定领域安全生产方面的条例。职业病防治方面的法律法规及规章制度主要包括《中华人民共和国职业病防治法》(2001年),以及《职业病诊断与鉴定管理办法》《职业健康监护管理办法》《职业病危害事故调查处理办法》《职业病危害因素分类目录》《第一批国家职业卫生标准》《职业病目录》等(2001—2002年)。在《职业病目录》中,我国法定职业病由原来的9类99种增加到10类115种。这标志着我国职业安全与卫生保障法律框架已初步形成。

2001年9月,劳动保障部根据国务院的立法计划,起草了《工伤保险条例(送审稿)》并呈送国务院。在国务院法制办公室的组织下,该条例送审稿先后征求了最高人民法院、中华全国总工会、国家经贸委、民政部、财政部、农业部、卫生部等30多个中央单位以及北京、上海、广东等24个省、自治区、直辖市人民政府的意见,并多次听取企业、医疗机构及专家学者的意见。经过数十次协调和讨论,《工伤保险条例(草案)》形成。2003年4月,国务院第5次常务会议讨论通过了《工伤保险条例》,并以国务院令第375号发布,条例自2004年1月1日起施行。国务院各有关部门还制定、发布了《工伤保险条例》的若干配套规章和政策文件,各地方结合当地的实际情况制定了相应的地方性法规。

2003年4月,《工伤保险条例》颁布,《工伤认定办法》《因公死亡职工供养亲属范围规定》《非法用工单位伤亡人员一次性赔偿办法》等一系列与《工伤保险条例》相配套的规章及规范性文件也相继颁布。2004年,《关于农民工参加工伤保险问题的通知》出台。2006年,《关于解决农民工问题的若干意见》《关于实施农民工"平安计划"加快推进农民工参加工伤保险工作的通知》发布,规定用3年的时间,将建筑业、矿山等高风险行业的农民工纳入工伤保险制度。2010年,《工伤保险条例》修订。2011年,《社会保险法》规定:职工因工作原因受到事故伤害或者患职业病,经工伤认定的,享受工伤保险待遇。

在我国,一个以《中华人民共和国职业病防治法》《中华人民共和国安全生产法》《工伤保险条例》为主体,以国家法律制裁的强制力为后盾,包括相关法律、法规、规章在内,事前预防、事中保护、事后补偿相辅相成的职业安全与卫生保障法律体系已经初步形成。其中,安全生产法律规范侧重于生产活动中事故伤害的事前预防和劳动保护,职业病防治法律规范侧重于生产过程中职业病特殊危害的预防和劳动保护,工伤保险法律规范针对劳动者在职业活动中遭受事故和职业病伤害的事实,为劳动者提供事后补偿。以上三个方面的法律规范互为补充、互相衔接、相辅相成,共同构成我国劳动法律体系。

(四)改革的重大成就时期(2012年至今)

自《工伤保险条例》颁布以来,我国工伤保险事业快速发展,工伤保险制度的覆盖范围逐步扩大。2015年7月,人力资源和社会保障部、财政部发布《关于调整工伤保险费率政策的通知》,明确了单位费率确定与浮动办法。各统筹地区社保经办机构根据用人单位工伤保险费、工伤发生率、职业病危害程度等因素,确定其工伤保险费率,并可依据上述因素变化情况,每1至3年确定其在所属行业不同费率档次间是否浮动。经初步测算,调整工伤保险费率后,全国一年可减轻企业负担150亿元;且工伤职工的工伤待遇水平不会受到任何影响。2019年,中国工伤保险参保人数达25 474万人,比2018年增加1 600万人,同比增长6.7%。党的十八大以来,关于农民工的社会保障问题提上日程,近年来参与社会保险的农民工人数及比例呈现逐年上升趋势。人社部数据显示,2019年,我国参加工伤保险的农民工人数达8 616万人,比2018年增加531万人,同比增长6.6%,增速呈阶梯式上升态势。各地普遍建立了工伤保险待遇调整机制,积极推动工伤保险待遇水平与经济发展水平相适应,2018年,我国享受工伤保险待遇人数达199万人,比2017年增加6万人。

2018年,我国工伤保险基金收入913亿元,同比增长6.9%,工伤保险基金支出742亿元,同比增长12.1%。2018年年末,工伤保险基金累计结存1 785亿元,同比增长11.1%。根据《工伤保险条例》第17条、《工伤认定办法》第4条的相关规定,职工发生事故伤害或按照职业病防治法规定被诊断、鉴定为职业病,其所在单位应当在自事故伤害发生之日或被诊断、鉴定为职业病之日起的30日内,向统筹地区社会保险行政部门提出工伤认定申请。

二、我国工伤保险制度的发展方向

我国工伤保险制度的覆盖范围不断扩大,基金规模持续增长。新业态经济对民生和就业的影响愈发明显,新业态劳动者的工伤保险面临着覆盖面窄、责任划分不清晰、认定和赔偿难、供给制度不明确等问题。未来一段时间,我国将加快完善多层次工伤保障体系,继续加强与医疗保险的协同管理,明确新业态从业人员职业伤害保障的具体项目内容和保障水平,推动建立新业态发展下的工伤保险长效机制,并积极探索新业态从业人员职业伤害保障制度设计的差异化。

(一)推进工伤保险制度向职业人群的广覆盖

近年来,我国持续推进工伤保险制度向职业人群的广覆盖,将各类用人单位和职工纳入制度保障。2021年年底,全国工伤保险参保人数达到2.83亿人,我国工伤保险体系成为世界上最大的工伤保障体系。扩大覆盖面,特别是将新就业形态就业人员纳入工伤保险制度,成为当前亟待解决的问题。这不仅是增进民生福祉的重要前提,也是工伤保险实现高质量可持续发展的必然要求。为此,有关部门应深入了解新就业形态就业人员的保障需求,创新保障政策,优化保障模式,建立健全数据收集和分析机制,了解新就业形态就业人员的数量、分布、工作特点以及他们面临的职业风险,从而更好地评估他们的保障需求,为政策制定提供科学依据,探索适应新就业形态的工伤保险模式。例如,对于平台经济从业者,可以考虑建立灵活的缴费机制,允许这些从业者按照实际工作时长或收入水平来缴纳保险费;明确平台企业的责任,确保这些企业为其所雇佣的劳动者提供必要的工伤保险保障;通过举办培训班、发放宣传资料等方式,加强宣传教育,帮助新就业形态就业人员了解工伤保险的重要性和参保的具体流程,提高这些就业人员对工伤保险制度的认知度和参与度。有关部门还应建立健全监管机制,确保新就业形态就业人员的工伤保险权益得到有效保障。其中主要包括加强对平台企业的监管,确保企业依法为劳动者缴纳保险费;加强对工伤保险基金的监管,防止滥用和挪用现象的发生。

(二)更好实现工伤保险的积极功能

工伤预防、工伤康复体现了工伤保险制度的优越性,是工伤保险实现高质量可持续发展的重要方向。目前我国工伤保险在实践中更加注重补偿,在预防、康复方面的发展还存在短板。"十四五"时期,应进一步侧重于加强预防和康复建设,着力构建更加完善的预防、补偿、康复"三位一体"工伤保险制度体系。工伤预防方面,我国推进落实《工伤预防五年行动计划(2021—2025年)》,树立预防优先的工作理念,研究符合行业特点和实际的预防组织模式,形成齐抓共管的大预防工作格局,从源头上减少工伤事故的发生。工伤康复方面,我国以推动完善职业康复为突破口,明确"十四五"时期的目标任务,建立先康复后评残和工伤康复早期介入的工作机制,积极扩大工伤康复受益面,帮助工伤职工尽早回归社会和工作岗位。

(三)切实提升工伤保险的管理水平

实现工伤保险省级统筹是提升工伤保险管理水平的重要任务,是工伤保险实现高质量可持续发展的必然要求。"十四五"时期,应在2020年年底工伤保险已实现省级统筹的基础上,持续巩固完善,以推进实现基金统收统支模式为目标,进一步强化系统观念,深化细化配套政策,统一规范待遇标准;进一步压实各方责任,建立责任分担机制、评价考核体系和监督管理机制,实现"基金上统,责任下沉";进一步全面推进工伤保险信息化建设,落实"去手工、一体化、省集中、智能化、优服务"的任务要求,形成业务流程一体化、服务内容多样化、监管决策智能化的工伤保险信息管理格局。

(四)构建有效的工伤预防体系

事后处置虽然可使工伤职工在经济上得到补偿,但不能从根本上减少或避免职工工伤事故的发生。因此,补偿不能代表劳动者的根本利益,应强化预防工作,做到防患于未然。工伤预防可以减少工伤事故的发生,从根本上保障职工的切身利益;还可以减少工伤保险的支出,减轻工伤保险基金的压力,从而降低企业的工伤保险费率,减轻企业经济负担。工伤保险已从原来纯粹的生活保障,逐步成为包括预防、保障、补偿、康复多个环节的一体化保障。工伤保险不仅注重事后补偿,而且注重事前预防,不仅重视员工治疗,而且注重使员工尽快康复,重新返回工作岗位。工伤保险制度指导思想从重保险给付、轻预防到重预防、重康复的调整,可能决定我国工伤保险制度的未来发展方向。

案例与评析

一、案例与材料

（一）颜某某诉广西某县人力资源和社会保障局、某市人力资源和社会保障局工伤认定及行政复议检察监督案

颜某某的丈夫梁某某生前是广西某县住建局职工。2016 年 9 月 29 日，梁某某受单位指派前往某市参加会议。当日下午会议结束乘车返回某县途中，梁某某于 21 时突然昏倒、丧失意识，其被就近送到卫生院抢救，22 时其被转入某县人民医院进行抢救。梁某某被诊断为脑干出血、呼吸停止，医院给予气管插管、呼吸机辅助呼吸等治疗。9 月 30 日 13 时 50 分，梁某某被转入某市人民医院进行抢救，但其自主呼吸丧失。医院进行持续呼吸、循环生命支持等治疗。经多日抢救，梁某某无好转可能，其家属签字放弃治疗，某市人民医院遂于 10 月 9 日 14 时 30 分拔掉呼吸机，5 分钟后梁某某死亡。2016 年 11 月 8 日，颜某某向某县人力资源和社会保障局（以下简称某县人社局）申请工伤认定，该局认为梁某某不符合《工伤保险条例》第十五条第一款第一项规定的视同工伤情形，不予认定为工伤。颜某某不服，向某市人力资源和社会保障局（以下简称某市人社局）申请行政复议，该局复议维持了某县人社局的不予认定工伤决定。颜某某不服，向某市某区人民法院提起行政诉讼。某区人民法院一审认定梁某某属于视同工伤情形，判决撤销某市人社局行政复议决定、某县人社局不予认定工伤决定，责令某县人社局限期重作决定。某市人社局不服，上诉至某市中级人民法院。某市中级人民法院二审认定梁某某不属于视同工伤情形，判决撤销一审判决、驳回颜某某的诉讼请求。颜某某不服，向广西壮族自治区高级人民法院申请再审。被驳回后，颜某某向某市人民检察院申请监督，该院提请广西壮族自治区人民检察院抗诉。

（二）焦某某诉山西甲县工伤保险管理中心、某劳务派遣有限公司不履行给付工伤保险待遇法定职责检察监督案

焦某某系某劳务派遣有限公司派遣到山西某矿山装备修造有限责任公司从事清洁服务工作的职工，在甲县工伤保险管理中心参保缴费。2017 年 4 月 18 日，焦某某在上班途中发生交通事故，经鉴定属于工伤。事故发生后，焦某某就人身损害赔偿、工伤保险待遇等事宜，先后与肇事方、用人单位、用工单位进行协商沟通，与肇事方达成了一次性 7.8 万元的赔偿意见，与用人单位、用工单位未达成一致意见。后焦某某对用人单位、用工单位向甲县人民法院提起劳动争议民事诉讼（后该民事案件经法院调解，达成了和解协议）。焦某某同时向甲县工伤保险管理中心主张工伤保险待遇，但其未能提交书面申请和相关材料，甲县工伤保险管理中心不予支付其工伤保险待遇。焦某某不服，于 2018 年 7 月 17 日向乙县人民法院（行政案件集中管辖）提起对甲县工伤保险管理中心的行政诉讼。2018 年 10 月 19 日，乙县人民法院认为，焦某某因工伤保险待遇咨询甲县工伤保险管理中心，但未提出工伤保险待遇申请和相关材料，其起诉甲县工伤保险管理中心不履行给付保险待遇的法定职责不能成立，裁定驳回起诉。焦某某上诉、申请再审，均被裁定驳回。焦某某向检察机关申请监督。

二、问题与分析

(一)上述两件工伤认定和工伤保险类典型案例的背景和考虑是什么

工伤认定和工伤保险类案件,事关劳动者权益保护,事关社会和谐稳定,但在行政认定、司法处理等环节又容易出现争议。检察机关针对此类案件依法开展法律监督和行政争议实质性化解工作,对保障劳动者遭受事故尤其是工伤事故后获得医疗救治、经济补偿和职业康复的权利,分散职工因事故造成的风险等具有重要意义。实践表明,检察机关可以通过依法提出抗诉、再审检察建议的方式维护当事人合法权益。同时,对于法院裁判并无明显不当,但申请人诉求又具有一定正当性的情况,检察机关也可以根据个案实际,通过公开听证、司法救助、释法说理及促成关联民事争议达成和解、"一揽子"化解争议等方式化解行政争议,避免程序空转、循环诉讼,切实维护劳动者的合法权益。

检察机关在工作中可关注以下几个方面:一是畅通救济渠道。严格落实"群众来信件件有回复"要求,加大依职权监督力度,积极融入矛盾纠纷多元化解机制,促进诉源治理。二是加强调查核实。充分发挥行政检察专业化办案优势,全面审查诉讼活动和行政行为,对分歧较大的案件组织公开听证,听取各方意见,确保认定事实客观、适用法律准确。三是强化权利救济。对于申请人诉求具有一定正当性,但通过法律途径难以解决,且生活困难、符合国家司法救助条件的,检察机关可及时给予司法救助。四是注重双赢多赢共赢。综合运用抗诉、检察建议、促成和解等多种手段,平等保护各方主体合法权益,做到既保障劳动者合法权益,又帮助企业合规经营,同时还促进行政机关依法行政,共同维护法治化营商环境。

(二)工伤认定和工伤保险类行政检察监督案件有哪些特点

一是法律适用要求高。工伤认定和工伤保险法律规范原则性与现实工伤事故多样性的矛盾日益凸显。显然《工伤保险条例》以列举方式规定了可以认定工伤或视同工伤的若干情形,但随着经济不断发展,劳动市场的用工形态、工作形式越发多样,非固定工时制、居家办公等越来越常见,工伤发生的情形更加复杂且千差万别,这些给工伤认定的法律适用带来了新的挑战,容易引发当事人的争议。

二是劳动者和用人单位存在利益冲突。在一些工伤认定,尤其是非典型的工伤认定行政案件中,不论行政机关作出何种结论,劳动者或用人单位常常会提起诉讼。也有个别用人单位社会责任感缺失,其在发生事故后往往首先考虑如何减少自己的经济损失,特别是未依法缴纳工伤保险的用人单位往往会否定工伤认定,以期减少赔偿,从而导致一些本来无争议的工伤认定进入行政诉讼程序。如侯某某诉四川某市人力资源和社会保障局工伤认定检察监督案,因用人单位从未安排其职工进行听力健康检查并建立健康档案,故无法重新进行职业病诊断或鉴定。

三是劳动者一方诉讼能力相对较弱。这些案件中,劳动者一方因法律知识欠缺,对工伤认定标准、程序、时限等把握不准,再加上其有时不能及时完整提供劳动关系证明及有关证据材料等,故在诉讼中容易处于不利地位。如焦某某诉山西甲县工伤保险管理中心、某劳务派遣有限公司不履行给付工伤保险待遇检察监督案,因焦某某未能及时向甲县工伤保险管理中心提交工伤保险待遇书面申请和相关材料,故甲县工伤保险管理中心不予支付其工伤保险待遇。

(根据相关材料整理所得。)

本章小结

工伤保险是工业化社会的产物,是为劳动者在工作过程中遭受的事故伤害和职业病提供救济补偿的一项制度。对用人单位而言,工伤保险也能起到分散经营风险的作用。工伤保险是与职业伤害风险直接关联的保障机制,在各国社会保险制度发展进程中通常被优先考虑。

工伤保险奉行法定原则、职工个人不缴费原则、实行行业差别费率和企业浮动费率的原则、工伤补偿与工伤预防、工伤康复相结合的原则、一次性补偿与长期补偿相结合的原则。工伤保险的基本内容包括工伤范围、工伤鉴定、工伤保险待遇、工伤保险基金、工伤预防和职业康复等。

工伤保险制度具有预防、赔偿和康复三大功能,是工伤预防、工伤补偿、职业康复的结合。工伤预防具有保障劳动者的健康和安全、提高劳动生产力、降低医疗费用和社会保障支出、促进企业发展等作用;职业康复具有提高个体的生活质量、促进社会的和谐稳定、实现社会的包容性发展等作用。

新中国成立后,我国建立了工伤保险制度。改革开放以来,经过不断调整和完善,我国颁布了《工伤保险条例》,工伤保险逐步走上规范化、法治化的道路。

练习与思考题

1. 如何理解工伤保险的原则?
2. 我国规定劳动者可享受的工伤保险待遇包括哪几个方面?
3. 关于职业康复的未来发展,你有什么想法?
4. 如何进一步完善我国的工伤保险制度?

第八章
失业保险

导读

充分发挥失业保险保生活、防失业、促就业功能作用

为贯彻落实 2022 年《政府工作报告》部署,充分发挥失业保险保生活、防失业、促就业功能作用,助力稳就业保民生,2022 年 4 月 25 日,人力资源社会保障部、财政部、国家税务总局联合下发《关于做好失业保险稳岗位提技能防失业工作的通知》(以下简称《通知》)。

《通知》指出:要继续实施失业保险稳岗返还政策,各地要大力推广通过后台数据比对精准发放的"免申即享"经办新模式,进一步畅通资金返还渠道,对没有对公账户的小微企业,可将资金直接返还至当地税务部门提供的其缴纳社会保险费的账户;要继续实施职业培训补贴政策,对领取失业保险金期间接受职业培训的失业人员,按规定发放职业培训补贴;要大力支持职业技能培训,上年度失业保险基金滚存结余备付期限在 2 年以上,并且在职业技能提升行动专账资金不足的统筹地区,在各项保生活稳岗位政策落实到位的基础上,根据本地实际情况,可提取累计结余 4% 左右的失业保险基金至职业技能提升行动专账资金中,统筹用于职业技能培训;要保障失业人员基本生活,继续实施失业保险保障扩围政策,对领取失业保险金期满仍未就业的失业人员、不符合领取失业保险金条件的参保失业人员及时发放失业补助金,对参保不满 1 年的失业农民工发放临时生活补助等。

(资料来源:中华人民共和国人力资源和社会保障部. 关于做好失业保险稳岗位提技能防失业工作的通知[EB/OL]. (2022-04-25)[2024-09-25]. http://www.mohrss.gov.cn/xxgk2020/fdzdgknr/zcfg/gfxwj/shbx/202205/t20220512_447569.html.)

本章知识结构框架

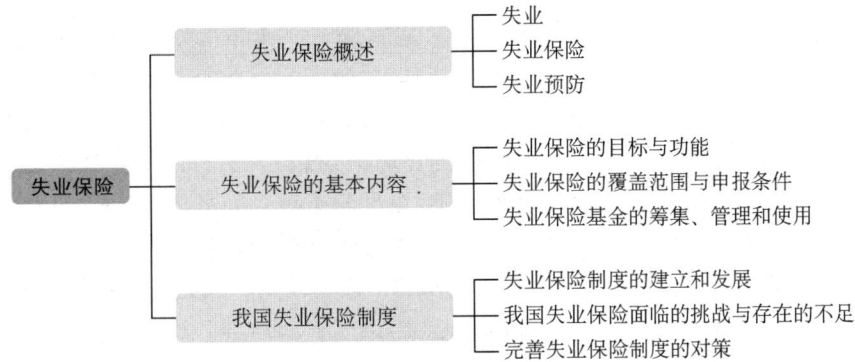

 本章学习目标与要求

通过本章的学习,学习者应熟悉失业、失业率和失业类型;掌握失业保险的概念、覆盖范围与申报条件,失业保险基金的筹集、管理与使用等基础知识;充分了解我国失业保险制度的发展及现阶段我国失业保险面临的一系列问题和挑战,并思考我国失业保险制度未来改革和完善的方向。

 本章学习重点

- 失业与失业预防的概念
- 失业保险的基本内容
- 我国失业保险制度

第一节　失业保险概述

劳动就业是每个人的权利,也是绝大多数人获得收入、维持生存的主要手段,但是在现实生活中,总是有一部分人无法就业而处于失业状态。2022 年年末,我国就业人员为7.33 亿人,其中城镇就业人员为 4.59 亿人,占全国就业人员的 62.6%。全年城镇新增就业 1 206 万人,比上年少增 63 万人,全国城镇失业率为 5.5%。如果失业者不能在短时间内找到合适的工作,这部分人口的生活就会陷入困境,长此以往便容易引发一系列社会问题。失业现象并非仅存在于我国,目前世界上所有的国家,无论是发达国家,还是发展中国家,都存在不同程度的失业问题。

延伸阅读

一、失业

(一) 失业的概念

就业与失业构成了劳动力市场的两个对立状态。就业是指处于法定劳动年龄范围内、具备工作能力且愿意工作的劳动者为了赚取薪酬或自营收益而投入的劳动活动。失业是指在国家法定劳动年龄范围内、具备劳动能力并积极寻求就业的劳动者无法找到工作的一种社会经济现象。广义上的失业包括劳动者与生产资料分离的各种状态。失业意味着劳动者无法找到满足其就业需求的岗位,也反映了社会经济体系中劳动力供需失衡的问题,其产生的原因包括产业结构调整、市场竞争加剧、技能匹配度不高等。

反映失业程度的常用指标有两个:失业率和失业持续期。失业率的计算公式如下:

$$失业率 = 失业人数 \div 社会劳动力人数 \times 100\%$$
$$= 失业人数 \div (就业人数 + 失业人数) \times 100\%$$

失业持续期是指失业者处于失业状态的持续时间,一般以周(星期)为时间单位计算。平均失业持续期和年失业率的计算公式如下:

$$平均失业持续期 = (\sum 失业者 \times 周数) \div 失业人数$$

年失业率 = 该年有失业经历的人占社会劳动力总额的比例 × (平均失业持续期周数 ÷ 52 周)

(二) 失业的类型

按不同标准,失业可进行如下分类[①]。

1. 自愿失业与非自愿失业

根据人们就业的意愿,失业可以分为自愿失业与非自愿失业。

自愿失业是指工人要求的实际工资超过其边际生产率,即工人不愿意接受现行的工作条件和收入水平而未被雇用造成的失业。因为这种失业是劳动人口主观不愿意就业造成的,所以被称为自愿失业,其无法通过经济手段和政策来消除。

非自愿失业是指有劳动能力、愿意接受现行工资水平但仍然找不到工作的现象。这种失业是客观原因造成的,因而其可以通过经济手段和政策来消除。

2. 摩擦性失业、结构性失业和周期性失业

根据失业产生的原因,失业可分为摩擦性失业、结构性失业和周期性失业。

摩擦性失业是指生产过程中难以避免的、由转换职业等原因造成的短期、局部失业。这种失业是过渡性的或短期性的。它通常起源于劳动的供给一方,因此被看作是一种求职性失业,即一方面存在职位空缺,另一方面存在与此数量对应的失业者。其原因在于劳动力市场信息不完备,厂商找到所需雇员和失业者找到合适工作都需要花费一定的时间。摩擦性失业在任何时期都会存在,并将随着经济结构变化而出现增大趋势,但从经济和社会发展的角度来看,这种失业的存在是正常的。

结构性失业是指劳动力的供给和需求不匹配所造成的失业,其特点是既有失业者,也有职位空缺。结构性失业中,失业者或没有合适技能,或居住地点不当,因此其无法填补

---

① 唐树伶.经济学基础[M].4版.北京:高等教育出版社,2023.

现有的职位空缺。结构性失业在性质上是长期的,而且其通常起源于劳动力的需求方。结构性失业是由经济变化导致的,这些经济变化引起特定市场和区域中的特定类型劳动力的需求相对低于其供给。造成特定市场中劳动力需求相对较低的原因包括以下几个方面:一是技术变化。即原有劳动者不能适应新技术的要求,或是技术进步造成劳动力需求下降。二是消费者偏好变化。即消费者对产品和劳务偏好的改变,使得某些行业扩大而另一些行业缩小,处于规模缩小行业的劳动力因此失去工作岗位。三是劳动力的不流动性。流动成本的存在制约着失业者从一个地方或一个行业流动到另一个地方或另一个行业,从而使得结构性失业长期存在。

周期性失业是指经济衰退时,因社会总需求下降造成的失业。当经济发展处于一个周期中的衰退期时,社会总需求不足,厂商的生产规模随之缩小,从而出现较为普遍的失业现象。周期性失业对于不同行业的影响是不同的,一般来说,需求的收入弹性越大的行业,受到周期性失业的影响越严重。即当人们收入下降时,产品需求大幅下降的行业,其周期性失业情况会比较严重。紧缩性缺口是指实际总需求小于充分就业的总需求时,实际总需求与充分就业总需求之间的差额,通常可用来说明周期性失业产生的原因。

除了以上几种主要失业类型,经济学中常说的失业类型还包括隐藏性失业。隐藏性失业是指表面上有工作,但实际上对产出并没有作出贡献的人,即有"职"无"工"的人。也就是说,这些工作人员的边际生产力为零。若经济活动中就业人员减少而产出水平没有下降,则说明隐藏性失业存在。美国著名经济学家阿瑟·刘易斯曾指出,发展中国家的农业部门存在严重的隐藏性失业。

(三)失业的影响

失业会产生诸多影响,其一般可分为两种:社会影响和经济影响。[①]

失业的社会影响虽然难以估计和衡量,但它最易被感受到。失业威胁着家庭这一社会和经济单元的稳定。当失业者收入大减或失去收入来源时,其家庭需求和期待无法得到满足,容易导致家庭关系受损。西方心理学研究揭示,失业所带来的心理创伤不亚于亲人离世或学业失败。此外,失业的影响也会波及家庭之外的人际关系。

失业的经济影响可以用机会成本的概念来理解。失业率攀升意味着经济社会中失去了本应由失业工人创造出的产品和劳务,这种衰退时期的损失犹如无数汽车、房屋、衣物和其他物品被付之一炬。从产出核算的角度来看,失业者的收入损失总额等于生产损失,丧失的产量成为衡量周期性失业损失的关键指标。

20 世纪 60 年代,美国经济学家阿瑟·奥肯基于美国数据,提出了经济周期中失业率变动与产出变动的经验关系,这一定律被称为奥肯定律。奥肯定律的内容是:失业率每高于自然失业率一个百分点,实际 GDP 将低于潜在 GDP 两个百分点。换一种方式说,相对于潜在 GDP,实际 GDP 每下降两个百分点,实际失业率就会比自然失业率上升一个百分点。西方学者认为,奥肯定律揭示了产品市场与劳动市场之间极为重要的关系,描述了实际 GDP 的短期变动与失业率变动的联系。根据这个定律,可以通过失业率的变动推测或估计 GDP 的变动,也可以通过 GDP 的变动来预测失业率的变动。例如,实际失业率为

---

① 唐树伶.经济学基础[M].4 版.北京:高等教育出版社,2023.

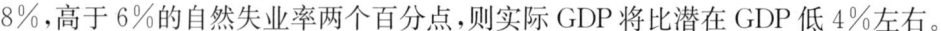

8%,高于6%的自然失业率两个百分点,则实际GDP将比潜在GDP低4%左右。

二、失业保险

(一)失业保险的概念

失业保险作为一种解除劳动者后顾之忧和化解失业所带来的不利影响的一种制度安排,是社会保险系统的重要组成部分。[①] 失业保险的保障对象是社会劳动者。当依法参与失业保险的社会劳动者因失业而失去收入来源时,失业保险机构便会根据规定向其提供物资帮助,以保障失业者及其家属的基本生活。失业保险的目标是提高劳动者抵御失业风险的能力,其采取的手段包括向失业者提供失业保险金、通过再就业培训和就业指导帮助失业者尽快实现再就业等。

(二)失业保险的特点

失业保险的特点包括以下几个方面。

一是普遍性。失业保险是为保障有工资收入的劳动者失业后的基本生活而建立的,其覆盖范围包括劳动力队伍中的大部分成员。在确定适用范围时,参保单位应不分部门和行业,不分所有制性质,其职工应不分用工形式,不分家居城镇、农村,劳动关系解除或终止后,只要职工本人符合条件,就有享受失业保险待遇的权利。我国失业保险适用范围呈逐步扩大的趋势:从国营企业的四种人扩大到国有企业的七类九种人和企业化管理的事业单位职工,再按《失业保险条例》的规定扩大到城镇所有企业事业单位及其职工。这充分体现了失业保险的普遍性原则。

二是强制性。失业保险制度是国家通过制定一系列法律法规来强制推行的。在该制度的覆盖范围内,所有单位及其员工都必须无条件参与失业保险,并严格执行缴费义务。《失业保险条例》明确规定,任何单位和个人若未能履行缴费责任,则将依法承担相应的法律责任。

三是互济性。失业保险基金的筹集主要依赖社会力量,由单位、个人及国家共同承担缴费责任。失业保险基金的缴费比例和方式保持相对稳定。筹集而来的失业保险费用,不论来源渠道和缴费单位性质,皆统一纳入失业保险基金,于统筹区域内实现统一调度,以充分发挥其互帮互助的功能。

(三)失业保险的基本原则

失业保险主要包括以下几项基本原则。

(1)普遍原则。失业保险应覆盖所有有工资收入的劳动者,不论其所在部门、行业、所有制性质、用工形式及居住地。在确定适用范围时,应逐步扩大失业保险的覆盖面,使更多劳动者享受失业保险待遇。

(2)差异原则。在制定失业保险政策时,要区分不同类型的失业人员,并有针对性地制定相应的政策和措施。例如,对于结构性失业人员,应重视开展职业培训,提升失业人员自身素质,以使其适应新的就业形势;对于摩擦性失业人员,应加强就业指导和提供信息服务,帮助其及时掌握就业市场的动态。

---

① 盖锐,杨光.社会保障学[M].北京:清华大学出版社,2019.

（3）公平原则。失业保险制度应确保所有失业人员都能享受公平的待遇,同时要考虑国家和企业的承受能力,确保失业保险金发放适度,即既满足失业人员的基本生活需求,又不会造成过重的社会负担。

（4）预防原则。失业保险制度不仅要为失业人员提供经济救助,还要注重对失业现象的预防。相关部门可通过职业培训、职业介绍等方式,提高失业人员的就业能力,推动他们尽快重新就业。

（5）可持续原则。失业保险制度应保持稳定性和适应性,根据社会经济发展状况,不断调整和完善相关政策,确保自身的长期可持续运行。

三、失业预防

（一）失业预防的概念

失业预防是指通过一系列措施和政策,预警和提前解决可能导致失业的问题,从而降低失业率、促进就业稳定的一种社会经济政策。失业预防旨在提高劳动者的就业能力、降低其失业风险、增加其就业机会,同时保障劳动者的经济安全,维护社会稳定。失业预防的措施包括:

（1）对企业解雇行为的约束。为了确保劳动者的就业权益,防止企业随意解雇员工,众多国家皆已制定相应的法律法规,对企业解雇行为进行约束。例如,解雇行为需具备正当理由,并事先通知政府相关部门、法院、工人代表或被解雇者本人;获得政府相关部门或工人代表的同意;支付一定数额的解雇费用等。

（2）失业预警制度。应建立失业预警制度,以调控失业率为基础,确保失业率保持在安全区间之内。失业预警制度涵盖失业控制目标的设定、失业监测系统的构建,以及失业控制对策的制定和执行等多个环节。失业控制对策可分为长期策略和短期策略,涉及领域广泛,如金融政策、财政政策、税收政策、物价政策、经济发展规划,以及产业、人口、教育培训等规划。这些对策可以有效应对失业问题,维护社会稳定。

（3）职业教育和职业培训。职业教育与职业培训无疑是推动就业的重要且有效的手段。职业教育和职业培训可培育适应经济发展需求的劳动力,确保经济稳步增长。职业培训业本身也是一个可吸收就业的新行业。

（二）失业预防的作用

失业问题一直是社会关注的热点议题,尤其是在当前全球经济形势严峻、国内产业结构调整的背景下,其关注度更高。失业预防作为解决失业问题的重要手段,具有以下几个方面的重要作用。

（1）促进社会和谐与稳定。失业预防有助于保障劳动者权益,其通过提供失业救济和福利,确保劳动者在就业过程中得到公平对待。同时,失业预防还有助于缩小社会贫富差距,维护社会和谐与稳定。

（2）推动社会经济发展。一方面,失业预防政策能够激发市场活力。政府通过提供优惠贷款、减税降费等手段,鼓励企业加大投资、拓展市场,从而推动企业转型升级,提高自身的市场竞争力。在这样的环境下,企业将不断创新发展,为社会创造更多就业岗位,为失业人员提供更多就业机会。另一方面,失业预防政策有助于产业结构调整和升级。

延伸阅读

政府通过引导资金、技术、人才等优势资源向高端产业、新兴产业集聚,推动传统产业改造升级,提高产业链整体竞争力。这有助于提高经济发展的质量和效益,进而为失业人员提供更多的高品质就业岗位。此外,失业预防政策还关注人才培养和职业教育。政府加大对职业技能培训、创新创业教育的投入,帮助失业人员提升自身素质,提高就业竞争力,更好地适应经济发展需求,从而推动社会经济发展。

(3)实现劳动力资源优化配置。失业预防可以通过政策引导,促使劳动力向具有高附加值的产业转移,从而提高劳动生产率,实现经济效益的提升。此外,政府还积极推动区域协调发展,加大对中西部地区和欠发达地区的支持力度,促进产业转移和劳动力流动,使资源配置更加合理。

第二节　失业保险的基本内容

一、失业保险的目标与功能

失业保险的目标可从两个层面进行理解:在个人层面,失业保险旨在为非自愿失业者提供援助,确保其基本生活需求得到满足,进而缓解他们的就业压力。这不仅给予失业者更多时间去寻找合适的职位,还可以通过职业培训来提升他们的技能,以实现重新就业。在社会经济层面,失业保险通过维持失业者的基本生计来维护社会稳定,降低收入不平等程度,并确保劳动力的有效流动。这有助于优化配置劳动力资源,进而推动经济增长。

失业保险的功能主要包括以下几个方面。

(1)保障基本生活功能。失业保险机构通过向符合条件的失业者提供失业保险金,保障失业者在失业期间的基本生活,维持劳动力的再生产;通过加大再就业培训支出比重、建立就业导向机制等,帮助失业者再就业。

(2)合理配置劳动力功能。由于失业保险的存在,失业者可在找到新的就业岗位之前获得经济保障,免除自身的后顾之忧并有条件寻找与自己的兴趣、能力相契合的工作岗位,从而促进劳动力有效流动。失业保险使得用人单位减轻了裁汰冗员的压力,有利于用人单位制定合理的用人制度,确保劳动力的合理配置。

(3)促进就业功能。为提高失业人员的就业竞争力,失业保险机构会开展具有针对性的职业培训项目,帮助失业人员掌握新技能、提升综合素质,提高失业人员再就业的成功率。同时,失业保险机构通过举办各类招聘会、人才交流活动等,为失业人员与用工企业搭建桥梁,帮助失业者实现再就业。

(4)稳定功能。失业保险可为失业者提供生活保障,使其不会因无法生存而铤而走险,也不会因心理严重失衡而危害社会,进而可有效维持社会的稳定。失业保险金的筹集及发放具有抑制经济循环的作用,可有效减轻经济波动的剧烈程度。

(5)调节功能。失业保险旨在保障失业人员的基本生活,缓解社会贫富差距,促进经济稳定发展。失业人员在失业期间往往会面临生活困境,失业保险的物质资助能够帮助失业人员维持基本生活。由于失业保险的存在,失业者在寻找新工作的过程中,可以从容地选择适合自己的岗位,尽量避免因生活所迫而接受不合适的工作。

二、失业保险的覆盖范围与申报条件

(一)失业保险的覆盖范围[①]

失业保险的覆盖范围是指通过立法界定依法享受失业保险待遇的对象,以及有义务履行缴纳失业保险费的组织和个人。在国际上,不同国家因其国情不同,所界定的失业保险范围也不同,如英国以达到一定收入为标准,加拿大以是否为工薪阶层划线。我国失业保险的覆盖范围也是根据现阶段我国经济发展状况和保障能力来确定的。

《中华人民共和国社会保险法》未对用人单位和职工的范围作出明确的规定,但在实务操作上,《失业保险条例》(以下简称《条例》)对失业保险适用范围作了具体规定。该条例第二条规定:城镇企业事业单位、城镇企业事业单位职工依照本条例的规定,缴纳失业保险费;城镇企业事业单位失业人员依照本条例的规定,享受失业保险待遇。本条所称城镇企业,是指国有企业、城镇集体企业、外商投资企业、城镇私营企业以及其他城镇企业。该条例第三十二条规定:省、自治区、直辖市人民政府根据当地实际情况,可以决定本条例适用于本行政区域内的社会团体及其专职人员、民办非企业单位及其职工、有雇工的城镇个体工商户及其雇工。

(二)失业保险的申报条件

为保证失业人员及时获得失业保险金及其他失业保险待遇,人力资源社会保障部制定、公布了《失业保险金申领发放办法》(2019年12月9日第二次修订)。该办法规定:劳动保障行政部门设立的经办失业保险业务的社会保险经办机构按照本办法规定受理失业人员领取失业保险金的申请,审核确认领取资格,核定领取失业保险金、享受其他失业保险待遇的期限及标准,负责发放失业保险金并提供其他失业保险待遇。

该办法对于失业保险金申领作出以下规定。失业人员符合《条例》第十四条规定条件的,可以申请领取失业保险金,享受其他失业保险待遇。其中,非因本人意愿中断就业的包括下列人员:终止劳动合同的;被用人单位解除劳动合同的;被用人单位开除、除名和辞退的;根据《中华人民共和国劳动法》第三十二条第二、三项与用人单位解除劳动合同的;法律、行政法规另有规定的。失业人员失业前所在单位,应将失业人员的名单自终止或解除劳动合同之日起7日内报受理其失业保险业务的经办机构备案,并按要求提供终止或解除劳动合同证明等有关材料。失业人员应自终止或解除劳动合同之日起60日内到受理其单位失业保险业务的经办机构申领失业保险金。失业人员在领取失业保险金期间,应积极求职,接受职业指导和职业培训。失业人员在领取失业保险金期间求职时,可以按规定享受就业服务费用减免等优惠政策。失业人员在领取失业保险金期间或期满后,符合享受当地城市居民最低生活保障条件的,可以按照规定申请享受城市居民最低生活保障待遇。失业人员在领取失业保险金期间,发生《条例》第十五条规定[②]情形之一的,不得

---

① 郑功成.社会保障概论[M].上海:复旦大学出版社,2019.
② 《失业保险条例》第十五条规定,失业人员在领取失业保险金期间有下列情形之一的,停止领取失业保险金,并同时停止享受其他失业保险待遇:重新就业的;应征服兵役的;移居境外的;享受基本养老保险待遇的;被判刑收监执行或者被劳动教养的;无正当理由,拒不接受当地人民政府指定的部门或者机构介绍的工作的;有法律、行政法规定的其他情形的。

继续领取失业保险金和享受其他失业保险待遇。

三、失业保险基金的筹集、管理和使用[①]

(一) 失业保险基金的筹集

筹集失业保险基金时，通常要对以下三方面的内容加以确定。

(1) 资金来源。一般来讲，失业保险基金主要源于用人单位或雇主缴纳的失业保险费、劳动者缴纳的失业保险费，以及失业保险基金的运营收益。但在一些国家，政府也直接承担着财政责任。另外，在失业保险基金筹集中，各方负担比例是不同的：一些国家的政府按照一定比例提供失业保险基金支持，如日本政府负担失业保险待遇支出的25％、就业安置支出的10％及管理费用；一些国家只在失业保险基金入不敷出时，才通过政府财政拨款予以补贴。

(2) 筹资方法。失业保险主要有三种筹资方法：一是征收失业保险税的办法，如美国全国失业保险税率平均为2.7％；二是按工资的一定比例来征收失业保险费，若采用这种方法，一般需要设置收费起始标准和最高征收标准；三是按固定金额征收失业保险费，即不论参保人的收入高低，一律按某个固定金额征收。

(3) 缴费比例。确定缴费比例，首先要根据经济的周期性变化，对失业保险的压力、负担进行测算，确定每个劳动者的负担金额，再将金额在用人单位和劳动者两者之间分配，并根据社会平均工作水平，折算成一定比例。由于失业保险具备周期性特征，故缴费比例应随着经济周期的变化作出相应的调整，以避免失业保险基金的收支出现赤字。我国现行失业保险的缴费比例是企业按照工资总额的2％缴纳，劳动者按照个人工资的1％缴纳。其他国家关于缴费比例的规定具有很大差异，例如，瑞士的失业保险基金由企业和劳动者均按照1.5％缴纳，而俄罗斯则由企业单方以工资总额的2％缴纳。

(二) 失业保险基金的管理

世界各国在失业保险管理上主要采用以下三种模式。

一是由政府设立专门机构进行直接管理。美国、英国、日本等一些发达国家及许多发展中国家都采取这种管理模式。这种管理模式可以从宏观上对失业保险进行调控，实现保险、就业和职业培训三者的有机结合，促进劳动力的合理流动。

二是政府监督下的工会管理。在这种模式下，工会负责管理失业保险金的收缴和发放，政府从侧面支持。其能更准确地反映劳动者的真正愿望，政府的负担也得到相应减轻。但这种模式的实行必须以工会运作能力强、运作状况良好为基础。丹麦、瑞典、芬兰等国家实行的就是这种管理模式。

三是政府监督下的自治机构管理。在这种模式下，管理失业保险的自治机构是由用人单位、劳动者及政府三方代表组成的。这是一种多方协作、合作管理的模式，其最大的优势是效率高。法国、德国、意大利等国实行的都是这种管理模式。

---

① 郑功成.社会保障概论[M].上海:复旦大学出版社,2019.

目前,我国的失业保险实行的是第一种管理模式,即由政府设立专门的机构,如人力资源和社会保障部、社会保险经办机构等,对社会保险事务包括失业保险进行直接管理。其主要涉及以下几个主体。

(1) 人力资源和社会保障部。作为中央一级的政府部门,人力资源和社会保障部负责制定失业保险的政策法规,对全国失业保险工作进行宏观指导和监督。同时,人力资源和社会保障部还承担着推动就业、保障劳动者权益等重要职责。

(2) 社会保险经办机构。各级社会保险经办机构负责办理失业保险的具体事务,如失业保险金的审核、发放,以及失业人员的登记、统计等。社会保险经办机构在政府领导下,严格按照法律法规开展失业保险工作。

(3) 地方政府。下级政府在上级政府的指导下,负责本地区失业保险政策的贯彻落实,确保失业保险制度的顺利实施。下级政府承担着失业保险基金的筹集、管理、使用等职责,同时还要监督企业和个人遵守失业保险法律法规。

(4) 企业和个人。企业要按照国家规定,为本单位的职工缴纳失业保险费。个人则需要按照规定参加失业保险,并在失业时按照程序申请失业保险金。企业和个人都需要遵守失业保险法律法规,共同维护失业保险制度的运行。

我国失业保险的管理模式有利于确保失业保险制度的有序运行,保障失业人员的基本生活。但其也存在一定的不足,如管理效率不高、政策实施力度不够等。为更好地发挥失业保险的作用,政府和社会各界应共同努力,不断完善失业保险制度,提高管理效率,加大对失业人员的扶持力度,为失业人员提供更好的保障。

(三) 失业保险基金的使用

失业保险的目的是保障失业者在失业期间的基本生活,同时帮助失业者再就业。给付失业保险待遇和促进就业支出构成了失业保险基金最主要的两个使用方向。在一些国家,失业保险的日常行政管理费也从基金中提取。因此,失业保险的管理费用成为失业保险基金的又一个使用方向。

失业保险待遇一般包括失业保险金、失业补助和附加补助金,如医疗补助金、丧葬抚恤金等。失业保险待遇是维持失业者在失业期间基本生活的最主要来源,给付失业保险待遇构成失业保险基金支出的最大部分。促进就业支出在失业保险基金中的比重呈逐渐上升的趋势,其目的是变消极的失业生活保障为积极地促进就业,从而从根本上解决失业者的生活和工作问题,这已成为大多数国家的共识。例如,德国的失业保险基金支出除60％用于保险给付外,余下40％中的大部分被用于职业介绍、职业培训及其补贴、补助企业雇佣等促进就业的工作。

失业保险管理费在一些国家由政府财政补贴,而在另一些国家则由失业保险基金支付;其或是按一定比例提取,或是按固定金额提取。失业保险的管理效率会直接影响管理成本的高低,进而影响失业保险基金在生活保障和促进就业方面的支出,最终会在一定程度上影响失业保险的实施效果。我国失业保险制度曾规定,失业保险管理费从失业保险基金中按一定比例提取,但现行制度已作了调整,规定失业保险机构所需经费列入政府预算,由财政拨付,以保证失业保险基金的合理使用。

第三节　我国失业保险制度

一、失业保险制度的建立和发展[①]

我国失业保险制度历经数十载,从空白到逐步完善,从不规范走向相对规范。该制度为我国经济稳定发展提供了有力支撑,充分发挥了社会政治经济发展的重要保障和减震功能。失业保险制度的发展过程大致可划分为以下三个阶段。

(一)失业保险制度的初创阶段(1986—1992年)

1986年7月,国务院颁布的《国营企业职工待业保险暂行规定》(以下简称《暂行规定》)首次从制度构建的角度,明确了对国有企业职工实施待业保险制度的决定,这标志着我国失业保险制度的正式建立。《暂行规定》详细规定了实施职工待业保险的适用范围、条件及给付标准。待业保险的覆盖范围包括:根据《企业破产法》宣告破产企业的职工;濒临破产边缘的企业在整顿过程中精简的职工;企业终止或解除劳动合同的职工;企业解聘的职工。

1989年,劳动部发布的《国营企业职工待业保险基金管理办法》规定,企业需按照全部职工标准工资的1%缴纳待业保险费,而职工个人则无需缴纳待业保险费。在1990年的治理整顿期间,劳动部发布了《关于使用职工待业保险基金解决部分职工生活问题的通知》,以妥善解决关停企业职工的生活问题。1991年,劳动部和国务院联合发布了《关于对关停企业被精简职工实行待业保险的通知》,进一步优化和完善了待业保险制度。

(二)失业保险制度的调整阶段(1993—1998年)

1993年4月,我国发布了《国有企业职工待业保险规定》和《国有企业富余职工安置规定》,对国有企业职工的失业保险制度进行了以下适度调整:

(1)拓宽了失业保险的保障范围。在1986年《暂行规定》所保障的4类人员基础上,新增了3类享受失业保险的对象,包括按照国家规定被撤销、解散企业的职工,依据国家相关规定停产整顿企业精减的职工,以及按照法律法规或省、自治区、直辖市人民政府规定享有失业保险的其他人员。

(2)修订了失业保险金的计算方式。将原先按照本人工资一定比例发放的失业保险金,调整为按照社会救济金的120%~150%支付。

(3)融入了失业保险与再就业服务相结合的策略,允许省级人民政府从失业保险基金中扣除失业救济金及促进再就业工程所需的其他费用。

(4)调整了失业保险基金的缴费基数。将原先以待业保险金基数工资为企业标准工资总额,改为以工资总额为基数。

1998年5月,党中央、国务院发布《中共中央、国务院关于切实做好国有企业下岗职工基本生活保障和再就业工作的通知》(以下简称《通知》)。《通知》强调,所有存在下岗职

[①]　刘钧.社会保障理论与实务[M].北京:清华大学出版社,2012.

工的国有企业都应建立下岗再就业服务中心,下岗职工较少的企业可由相关科室代为管理。据此,我国国有企业普遍设立了再就业服务中心,以确保下岗职工的基本生活得到保障。

(三) 失业保险制度的完善阶段(1999年至今)

1999年1月22日,国务院颁布《失业保险条例》,这标志着我国失业保险制度逐步走向完善。《失业保险条例》同1986年的《国营企业职工待业保险暂行规定》和1993年的《国有企业职工待业保险规定》相比,其主要变化包括以下几个方面。

第一,将"待业保险"改为"失业保险",这表明我国政府开始接受市场经济条件下存在失业这一客观事实。

第二,扩大了失业保险的覆盖范围。不仅国有企业事业单位职工的失业保险问题得到了有效解决,而且非国有企业职工有风险无保障的问题也得以解决。该条例对于促进劳动力合理流动、调整和改善劳动力结构具有积极作用。

第三,调整了享受失业保险的条件。该条例规定,凡是非自愿失业者,办理了失业登记并有求职要求,按规定履行缴费义务的人员,均可申请享受失业保险待遇。

第四,调整了失业保险金的给付期限和计发办法。

第五,调整了失业保险缴费的负担方式。该条例规定,个人必须履行缴费义务。失业保险缴费由原来的国家、企业负担,改为由国家、企业事业单位、职工个人三方共同负担。

第六,在失业保险制度与社会救济制度的衔接方面作出了规定,促进了社会保障制度的完善。

第七,失业保险基金开支项目中增加了职工培训补贴和职业介绍补贴,对促进再就业起到了积极作用。

1999年3月5日,"三条保障线"首次提出,即国有企业下岗职工基本生活保障、失业保险和城镇居民最低生活保障。2001年1月1日,劳动和社会保障部颁布《失业保险金申领、发放办法》,规范了失业保险金申领、发放的管理,以防止失业保险基金流失。2002年,中共中央、国务院发布的《关于进一步做好下岗职工再就业工作的通知》规定,企业不再设立新的再就业中心,用3年左右的时间实现下岗和失业的并轨。下岗和失业的并轨规范了失业保险的管理。

2007年2月14日,国务院第169次常务会议通过了《残疾人就业条例》,规定县级以上人民政府应当将残疾人就业纳入国民经济和社会发展规划,并制定优惠政策和具体扶持保护措施,为残疾人就业创造条件。2007年8月30日,第十届全国人民代表大会常务委员会第二十九次会议通过的《中华人民共和国就业促进法》依法确立了劳动者平等就业和自主择业的权利,依法确定了地方各级人民政府和有关部门的职责,将促进就业与经济发展、和谐社会建设联系起来。2008年6月,人力资源和社会保障部发布的《关于开展建立失业动态重点监测报告制度试点工作的通知》规定,在吉林、江苏、浙江、福建、河南、广东6省的18个城市开展建立失业动态重点监测报告试点工作。2009年11月,人力资源和社会保障部发布的《关于做好失业动态监测工作有关问题的通知》决定,在全国建立失业动态监测制度,以进一步完善失业调控的管理工作。2019年,我国根据《人力资源社会保障部关于修改部分规章的决定》对《失业保险金申领发放办法》进行了第二次修订,有效

保证了失业人员及时获得失业保险金及其他失业保险待遇。

二、我国失业保险面临的挑战与存在的不足

(一)我国失业保险面临的挑战

我国人口基数庞大,给就业带来沉重压力。一方面,我国要解决新成长劳动力,尤其是大中专毕业生和研究生的初次就业问题;另一方面,我国还需面对农村剩余劳动力的转移就业,以及城镇企业改革中冗员剥离、减员增效所导致的下岗、失业人员的再就业问题。此外,在经济体制转型期,我国部分国有企业失业下岗问题尤为严重。其原因在于改革开放后,企业按照市场原则配置生产要素,产生了两种现象:一是企业内部剩余劳动力的存在不符合经济原则(其边际劳动生产率等于工资),因此被"剥离"出原企业;二是企业开始走内涵型增长之路,吸纳社会就业的能力大幅减弱。这两个因素相互叠加,导致失业和下岗人数逐年攀升。此外,在企业重组过程中,如合伙、联营、组建企业集团等企业产权结构和组织结构的变革也造成了用工数量和用工结构的调整,使我国失业保险制度面临巨大挑战。

(二)我国失业保险制度存在的不足

改革开放以后,面对日益严重的失业问题,我国制定了一系列失业保险政策。从1986年《国有企业职工待业暂行规定》,到1993年《国有企业职工待业规定》,再到1999年《失业保险条例》的颁布和实施,失业保险制度已经形成完整体系,在保障失业工人的权益及下岗职工再就业等方面发挥了重要作用。然而,总体来说,我国的失业保险制度更注重事后的补偿,其抑制失业及促进就业的功能没有得到完全发挥。我国失业保险制度存在的不足主要包括以下几个方面。

1. 失业保险覆盖面较窄

在市场经济中,每一个面临失业风险或已成为失业者的劳动者都应享有失业保险制度所规定的权利与义务,这样才能体现社会保障的"国民待遇"均等原则。然而我国目前失业保险的实施范围主要限于城镇经济范围内企业事业单位的失业者,不涉及农村经济领域;在城镇经济范围内,失业保险的实施范围又主要侧重于公有制经济,私营、三资企业尚未完全纳入。这种保障现状使得失业保险的社会性名不副实,失业保障仅成为少数人的保障。失业保险的覆盖范围与一个国家或地区的经济发展水平关系很大。在我国的现实国情下,失业保险确实无法覆盖全部劳动年龄人口,但失业保险的发展在某种程度上滞后于城镇就业格局及就业方式的重大变化。现阶段,我国非公有经济已经成为吸纳就业的主渠道,许多劳动者选择采取非全日制、临时性、阶段性和弹性工作时间等多种灵活形式实现就业。失业保险的覆盖范围若不能跟上就业形势的新变化,则会造成劳动者享受社会福利机会的不平等。

2. 失业保险基金统筹层次偏低

按现行制度规定,失业保险基金在直辖市和地级市实行全市统筹,其他地区的统筹层次由省、自治区人民政府规定。从实施情况来看,我国的统筹层次仅限于市、县两级,这极大限制了失业保险应有的功能和作用的发挥。由于统筹层次较低,失业保险基金的整体抗风险能力比较脆弱,使得该基金只能在很小的范围内实现互济。而且这种以在市、县两

级分级统筹管理为主的方式,造成各地在使用和统筹失业保险基金方面存在较大差异,不利于对基金进行统一管理。统筹层次偏低造成的条块分割,导致我国失业保险机构与职工培训机构、职工介绍机构各自为政的状态长期存在,极大限制了失业保险反失业作用的充分发挥;失业职工不能按照市场需求接受职工培训,造成失业职工的再就业率很低。

3. 失业保险基金支出结构不合理

现行制度规定失业保险基金用于下列支出:失业保险金;领取失业保险金期间的医疗补助金;领取失业保险金期间死亡的失业人员的丧葬补助金和其供养的配偶、直系亲属的抚恤金;领取失业保险金期间接受职业培训、职业介绍的补贴。补贴的办法和标准由省、自治区、直辖市人民政府规定。以上支出的项目可以反映出,现行失业保险虽然规定了失业保险待遇中包括职业培训和职业介绍的费用,但是并未明确费用为多少,具体标准"由省、自治区、直辖市人民政府规定"。"自行规定"导致自实施《失业保险条例》以来,提供给失业人员基本生活保障金的支付占了绝对的比重。

三、完善失业保险制度的对策

(一)完善失业保险制度的整体思路

失业保险作为保障人民基本生活和提供再就业服务的一项社会保险制度,是我国民生保障体系的重要组成部分。因此,要把握民生保障的基本规律,做好新时代的失业保险工作。

坚持"尽力而为、量力而行",是失业保险落实以人民为中心思想应遵循的原则。一方面,民生工作直接关乎百姓需求,对每一项任务均应落实到位,对每一个问题均应及时回应,应让群众切实感受到变化,享受到实惠。另一方面,坚持从实际出发,将收入提高建立在劳动生产率提升的基础之上,将福利水平的提升建立在经济和财力的可持续增长之上。在这一原则指导下,失业保险制度的发展需因事而变、因时而进、因势而新,立足于不同发展阶段的实际情况和需求,制定并实施科学的发展策略。失业保险制度对其自身功能定位的认识,经历了一个不断深化的过程。20世纪80年代,在失业保险制度初建之时,其主要功能为保障失业人员的基本生活。随着制度的逐步完善和理念的更新,失业保险的功能逐渐转向鼓励失业人员尽快重新就业。如今,失业保险"保生活、促就业、防失业"三位一体的功能正式形成。这一转变旨在从根本上减少失业、稳定就业,也更符合经济社会发展的总体要求。应密切关注失业保险制度的运行状况,及时调整和完善相关政策措施,使失业保险更好地服务于人民群众。

坚持"人人尽责、人人享有",是失业保险落实"以人民为中心"思想的实现途径。在全面建成社会主义现代化强国的新征程中,务必充分激发人民的积极性、自主性和创造力,从而不断保障、维护和发展广大人民的根本利益。失业保险制度的完善,应坚持健全功能与发挥作用相结合、广泛覆盖与实际可行性相结合、权利与义务相互平衡、有效保障与防止福利化相协调的原则。应通过更均衡的功能布局、更充足的政策供应、更完善的体制机制,将失业保险真正打造为增进人民福祉的制度安排,让全民共享发展成果成为现实。失业保险制度的完善还应关注以下几个方面:优化失业保险功能,既要注重保障失业人员的基本生活,也要积极推动他们尽快重新就业;扩大失业保险覆盖范围,使之更加广泛地惠及广大劳动者,同时充分考虑实施过程中的可行性,确保政策落地生根;平衡权利与义务的关系,让失业保险制度既能有效保障失业人员的基本权益,又能防止福利化倾向,避免资源浪费。

坚持"兜底线、织密网、建机制",是失业保险落实"以人民为中心"思想的基本要求。社会保障是民生稳定器,是落实"以人民为中心"思想、保障和改善民生的重要制度安排。兜底线,就是要发挥社会政策的托底功能,切实保障群众基本生活需求,兜住民生保障底线,坚守社会稳定底线;织密网,就是要实现制度最广泛的覆盖,让人人都能享受基本社会保障;建机制,就是要持续深化改革,建立健全体制机制,不断提高社会保障的法治化、制度化水平。失业保险制度也要按照"兜底线、织密网、建机制"的要求,增强制度吸引力,扩大影响力,实现更加平衡、充分、协调的机制,把人民美好生活的保障网织得更密、兜得更牢。

(二)完善失业保险制度的相关对策

自1999年《失业保险条例》颁布以来,失业保险制度得到了迅速发展,已成为我国社会保障体系中最重要的项目之一。失业保险制度在推动现代企业制度建立、推进市场经济体制改革、应对全球化冲击、构建和谐社会、实现伟大中国梦等方面发挥了不可替代的作用。然而,在经济社会快速发展的背景下,《失业保险条例》仍需与时俱进地进行补充、完善和修订。例如,可以考虑增加失业保险关于预防失业和促进就业的功能定位;实现失业保险在全国范围内的省级统筹;将公务员纳入失业保险制度。通过这些措施,可以进一步完善失业保险制度,使其更加适应经济社会发展的需要,为人民提供更好的保障。

1. 扩大失业保险覆盖范围

借助各类新媒体,采用社会各界喜闻乐见的形式全面宣传失业保险法规政策,打造全方位的宣传网络。通过建立覆盖全社会的失业保险咨询服务网点,开展面对面、生动活泼的政策解答,让广大群众深入了解用人单位和职工如何参加失业保险、失业保险金的来源及如何申领失业保险金等实际问题。应将失业保险的覆盖范围扩大至各类社会团体工作人员、公务员、个体工商户及其雇员,以及应参保而尚未参保的单位及职工。同时,应加大扩面征缴力度,提高全社会的参保意识,防范失业风险。

2. 支持企业职工提升职业技能

应进一步提高企业职工的技能水平,积极推动职工培训和技能提升项目的开展。通过这些项目的实施,企业职工可以获得更多的培训机会,从而提升自身的专业技能和综合素质。这不仅有助于在职职工适应企业发展的需求,还可以从源头上减少失业现象的发生。应进一步加强企业失业动态监测,建立健全企业失业预警制度。通过对企业失业状况进行实时监测,政府可以准确把握失业动态,为制定就业创业政策提供有力依据。在此基础上,政府应有针对性地提供就业创业服务,为失业人员提供政策指导、职业介绍、职业培训等服务,帮助失业人员尽快重新就业。应不断优化服务内容和方式,确保就业创业服务的科学性和有效性,例如,可通过搭建线上线下相结合的就业创业服务平台,为失业人员提供更加便捷、个性化的服务。此外,政府还可加强与企业、社会团体、高校等各方的合

作,共同推动就业创业服务体系的完善。

3. 逐步适当提高失业保险金水平

失业保险制度的基础目标是为失业者提供基本的生活保障。我国可适当提高失业保险金标准,以保证失业者能够维持其基本生活。提高失业保险金标准涉及很多方面:首先要考虑失业保险水平是否与经济增长相适应,一旦失业保险待遇水平的提高超过了经济增长的承受能力,就会出现西方福利国家的"失业陷阱"。其次,失业保险金标准的提高还要考虑企业的缴费能力,因为给付标准的提高意味着保险费率的提高,这会加重企业的负担,导致企业劳动力成本上升,市场竞争力减弱。因此,现阶段应适当、逐步提高给付标准,使我国的失业保险既有足够的支撑能力为失业者提供保障,又能确保水平的适度性,促使失业者积极再就业。

4. 调整失业保险基金的用途

实施积极的失业保险政策,需要调整失业保险基金的用途。现阶段可对失业保险基金的支出作以下调整:在生活保障方面,可适当拉大失业保险的待遇差距,使失业保险待遇与领取时间挂钩,随着领取时间的推移,失业保险金额呈逐渐下降趋势;在失业保险的支出结构方面,可加大就业指导、技能培训等方面的投入,为实现就业保障型的社会失业保险制度提供资金保证,同时考虑灵活发放失业保险金,对于有可行创业计划的失业者,可考虑一次性发放多月的失业保险金作为其创业资金;此外,可运用失业保险机制来抑制企业的解雇行为,例如,根据相关产业政策的需要对企业进行就业补贴和培训补贴,帮助企业改善就业环境,实行内部转岗培训,内部消化过剩人员,从而减少解雇员工的情况发生。总体而言,对失业人员最有效的帮助是使其重新就业。调整失业保险金中用于技术培训、转岗训练的费用比例,从以往简单的生活保障转化为促进失业人员的重新就业,由消极保险转化为积极就业保障,应是我国失业保险制度需要着重加强的方面。

 案例与评析

> **一、案例与材料**
>
> 某市的一家企业招用了几十名农民合同制工人。今年8月,其中的5名农民合同制工人在合同到期后没能与该企业续订劳动合同,处于失业状态。当工人们发现与其一起失业的城镇职工能每月从社会保险经办机构领取失业保险金后,也向社会保险经办机构申请领取失业保险待遇。社会保险经办机构告诉他们,其原先所在的企业在其就业时没有为其缴纳失业保险费,即没有将支付的工资计入缴纳失业保险费的基数,因此,他们没有资格申请领取失业保险待遇。于是,这5人向劳动争议仲裁委员会申请仲裁,要求其原先所在的企业为其补缴失业保险费,以便能按规定享受失业保险待遇。劳动仲裁委员会根据该市有关失业保险的规定裁定,农民合同制工人不在失业保险制度的覆盖范围之内,企业不应为其缴纳失业保险费。这5人不服仲裁,向人民法院起诉,要求撤销劳动争议仲裁委员会的裁决,并要求企业为其补缴失业保险费。法院根据有关法律和行政规定,判决企业应当将支付给农民合同制工人的工资纳入缴纳失业保险费的基数,即为农民合同制工人缴纳失业保险费。

二、问题与分析

(一)案例评析

失业是指劳动者在劳动年龄内并具备就业能力而在一定时期内未找到或丧失就业岗位的社会经济现象。根据失业者对失业的主观心理态度,可将失业分为主动失业和被动失业。主动失业是指劳动者在劳动年龄内并具备就业能力而由于自身主观原因失业的情况;被动失业是指劳动者在劳动年龄内并具备劳动能力,由于主观原因以外的因素而未能就业,且自己仍在积极求职的失业状态。失业保险是指对被动失业者因失去工作而无法获得维持基本生活所必需的工资收入,在一定期间内由国家和社会为其提供基本生活保障的社会保险制度。

根据《中华人民共和国劳动法》第二条的规定,劳动法适用于在中华人民共和国境内的企业、个体经济组织(简称用人单位)和与之形成劳动关系的劳动者。在此,劳动者既包括城镇劳动者,也包括农民合同制工人。因此,《中华人民共和国劳动法》第九章有关社会保险和福利的规定当然也适用于农民合同制工人,即农民合同制工人也在社会保险制度的覆盖范围内。

国务院于1999年1月22日发布实施的《失业保险条例》对农民合同制工人的失业保险问题作了具体明确的规定。根据该条例第六条的规定,城镇企业事业单位按照本单位工资总额的2%缴纳失业保险费[即企业缴纳失业保险费的基数为工资总额。所谓工资总额,按照国家统计局有关工资总额统计的规定,是指一个单位在一定时间(如1个月或1年)内发给本单位全体职工的全部劳动报酬,其中应包括单位支付给农民合同制工人的工资]。城镇企业事业单位职工按照本人工资的1%缴纳失业保险费。城镇企业事业单位招用的农民合同制工人本人不缴纳失业保险费(即尽管农民合同制工人本人无需缴纳失业保险费,但其所在企业必须为其缴纳失业保险费)。正是考虑到农民合同制工人本人不缴纳失业保险费这一不同于城镇职工的特点,该条例第二十一条规定:"单位招用的农民合同制工人连续工作满1年,本单位并已缴纳失业保险费,劳动合同期满未续订或者提前解除劳动合同的,由社会保险经办机构根据其工作时间长短,对其支付一次性生活补助。补助的办法和标准由省、自治区、直辖市人民政府规定。"这里没有规定农民合同制工人像城镇职工一样按月领取失业保险金。

《社会保险费征缴暂行条例》第十三条规定:"缴费单位未按规定缴纳和代扣代缴社会保险费的,由劳动保障行政部门或者税务相关责令限期缴纳;逾期仍不缴纳的,除补缴欠款数额外,从欠款之日起,按日加收千分之二的滞纳金,滞纳金并入社会保险基金。"由于该企业在农民合同制工人就业时没有将支付给他们的工资纳入失业保险费缴费基数,不符合有关法律和行政法规的规定,因此,该企业应当补缴应缴纳的失业保险费,以保证在该企业工作的农民合同制工人失业后,能享受一次性生活补助。另外,《中华人民共和国立法法》第九十九条规定,法律的效力高于行政法规、地方性法规、规章,行政法规的效力高于地方性法规、规章。据此可知,根据地方有关失业保险制度的规定裁定企业可以不将支付给农民合同制工人的工资纳入失业保险费基数的做法是错误的,因此,人民法院依法予以撤销是正确的。

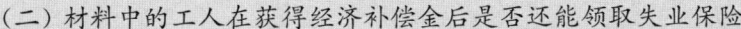

（二）材料中的工人在获得经济补偿金后是否还能领取失业保险

《失业保险条例》规定，在职工与企业解除劳动合同后，失业保险部门应向失业职工发放失业保险金。但当地失业保险部门不予发放，理由是：企业有偿解除劳动合同，已经支付生活费，失业保险部门不再发放失业保险金。

（三）在企业有偿解除劳动合同后，失业保险部门是否应发放失业保险金？该失业保险部门的上述做法合法吗？职工应如何维护自己的合法权益？

《中华人民共和国劳动法》第二十四条规定：经劳动合同当事人协商一致，劳动合同可以解除。用人单位依据该规定解除与劳动者之间劳动合同的，依据《违反和解除劳动合同的经济补偿办法》第五条规定，应当向劳动者支付经济补偿金。《关于贯彻执行〈中华人民共和国劳动法〉若干问题的意见》对此作了明确规定。该意见第四十三条指出：劳动合同解除后，用人单位对符合规定的劳动者支付经济补偿金，不能因劳动者领取了失业救济金而拒绝或克扣经济补偿金，失业保险机构也不得以劳动者领取了经济补偿金为由，停发或减发失业救济金。据此，与单位解除劳动关系后，职工虽已按规定享受了经济补偿金，失业保险部门也应按规定向职工支付失业保险金。

关于领取失业保险费的期限，《失业保险条例》第十七条规定，失业人员失业前所在单位和本人按规定累计缴费时间满 1 年不足 5 年的，领取失业保险金的最长期限为 12 个月；累计缴费时间满 5 年不足 10 年的，领取失业保险金的最长期限为 18 个月；累计缴费时间为 10 年以上的，领取失业保险金的最长期限为 24 个月。失业保险金的标准，由各省、市、自治区人民政府确定。

（资料来源：根据相关材料整理所得。）

本章小结

失业是指在国家法定劳动年龄范围内、具备劳动能力并积极寻求就业的劳动者无法找到工作的一种社会经济现象。反映失业程度的常用指标有失业率和失业持续期。

失业保险作为一种解除劳动者后顾之忧和化解失业所带来的不利影响的一种制度安排，是社会保险系统的重要组成部分。失业保险具有普遍性、强制性、互济性的特点，遵循普遍原则、差异原则、公平原则、预防原则和可持续原则。

我国的失业保险制度主要经历了初创阶段、调整阶段、完善阶段三个发展阶段。

我国的失业保险制度还需要进一步完善，完善的整体思路是坚持"尽力而为、量力而行"，坚持"人人尽责、人人享有"，坚持"兜底线、织密网、建机制"。失业保险作为社会保障制度的子系统，其改革和发展要符合社会保障制度改革的整体部署，适应市场经济发展的要求。

 练习与思考题

1. 简述失业保险的基本内容。
2. 简述失业保险的申报条件。
3. 简述完善我国失业保险制度的对策。

第九章
社会救助

导读

慈善法修正应促使慈善事业获得更好发展

2023年10月22日,在十四届全国人大常委会第六次会议上,全国人大常委会委员、中国社会保障学会会长郑功成教授在审议慈善法修正草案时发言,阐述了现行草案的五大贡献与四大不足,提出了立法与政策储备同步推进的建议。

现行草案回应了社会公众的关切,发出了较为明确的信号,其贡献包括以下五个方面:

一是新增应急慈善专章,对重大灾害、重大公共卫生事件等发生时的慈善应急作出了相应的规范。其有针对性地解决了以往遇到重大灾难激发社会捐献热潮,却因协调不足出现不少乱象的问题。

二是将发展社区慈善从现行法律中的附则提至法律正文,并作为促进措施进行规制。这次修法为社区慈善正名,有关部门可能会以修法为契机和依据,出台相应的政策性文件,从而为推动社区慈善大发展提供可操作的政策依据,为整个慈善事业大发展奠定坚实的根基。

三是进一步完善对慈善信托的规制与支持。草案充实了慈善信托的内容,进一步明确了慈善信托的属性及其相关主体的确认,规范了慈善信托的运作,强化了对慈善信托的优惠扶持,为有关部门进一步采取有效的政策促进措施提供了更加明确的法律依据。可以预期在慈善法修正后,伴随相关政策的完善,我国慈善信托将成为有需要的家庭传承行善的基本方式,它将与社区慈善一样成为中国特色慈善事业的又一重要发展方向。

四是首次将个人求助行为与网络平台纳入慈善法规范,并授权主管部门制定相关政策。这是对现实情形的尊重,也是对中国人基于恻隐之心救急难、帮助特定受益人的慈善行为的立法认可,填补了立法空白。在我国,个人求助是属于私人领域的个人自主权益,但通过网络平台求助则具有了公共性。这次修正草案明确个人因疾病或其他原因导致家庭经济困难,向社会发布求助信息的,求助人和信息发布人应当对信息真实性负责,个人求助网络服务平台应当承担信息查验义务,具体管理办法由国务院民政部门会同有关部门另行制定。这无疑有利于这种具有中国特色的民间慈善行为的规范发展。

五是其他方面的进步。如进一步完善公开募捐制度,将所有诺而不捐的行为纳入制裁范围,从而维护慈善捐赠的严肃性和慈善活动的公信力。修正草案明确了国务院相关主管部门的监管职责,规定国务院民政部门建立健全统一的慈善信息平台,免费提供慈善信息发布服务;建立了慈善组织及其负责人、慈善信托受托人信用记录制度;强化了慈善组织、慈善信托受托人等慈善活动参与者的法律责任。

然而,修正草案还存在以下四个不足:

一是对个人捐赠的税收激励没有体现。

二是社会褒奖机制仍未得到强化。

三是对慈善组织缺乏分类管理的规制。

四是应急慈善中要求的"5日公布相关信息"不符合慈善组织的实际。

(资料来源:人民日报.慈善法修正应促使慈善事业获得更好发展[EB/OL].(2023-10-23)[2024-09-25].https://caoss.org.cn/news/html?id=13607.)

 本章知识结构框架

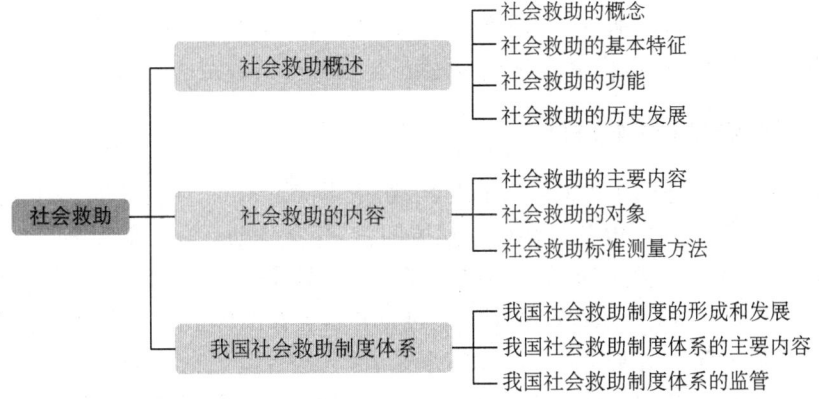

 本章学习目标与要求

通过本章的学习,学习者应了解社会救助的历史发展,熟悉社会救助的概念、基本特征和主要内容,掌握最低生活保障制度、农村"五保"制度、灾害救助、特困供养、临时救助、教育救助等主要内容,把握近年来我国社会救助的改革现状和社会救助制度运行的一般规则。

 本章学习重点

- 社会救助的概念、基本特征
- 社会救助的主要内容
- 社会救助标准测量方法
- 我国社会救助制度的形成和发展

第一节 社会救助概述

一、社会救助的概念

社会救助是社会保障体系中层次最低、最基础的社会保障项目。不同于历史上具有浓厚恩赐、怜悯色彩的慈善救济活动,社会救助是通过立法规范并制度化的社会政策,它对于调整资源配置、实现社会公平、维护社会稳定具有不可替代的重要意义。

社会救助是指为使因各种原因陷入生活困难的人口基本生活得到保障,国家和社会通过给予救助对象经济救助和生活扶助的方式,满足其最低生活水平的社会保障项目。从上述定义来看,社会救助的内涵可以概括为以下三个方面:一是社会救助的责任主体是政府或社会。社会救助主要基于政府的立法规范,为社会成员提供最低生活保障。政府通过设立有关职能部门对社会救助事业进行监督与管理。二是社会救助的对象主要是难以维持基本生存和最低生活水平的贫困人口。三是社会救助的目标是帮助社会弱势群众摆脱生存危机,满足其最低生活需要,进而维护社会秩序的稳定。

二、社会救助的基本特征

纵观国内外社会救助制度的发展和实践,由于不同国家的政治、经济、文化存在差异,各国制定的社会救助模式也各具特色。整体而言,社会救助具有最低保障性、全民性、权利义务单向性、按需分配的特征①。这些特征不仅是社会救助区别于其他社会保障系统的基本标志,也是社会救助始终在社会发展进程和社会保障体系中占据特殊地位的原因。

(1)最低保障性。从现代社会保障体系来看,社会保险、社会福利、社会优抚三大系统的保障内容不仅包括解决社会成员的生存问题,还包括保障社会成员维持一定的生活水平,因此其整体保障水平高于社会救助。相比之下,社会救助的保障对象主要是陷入生存困境且迫切需要国家和社会援助的社会成员,其保障待遇水平通常是以维持社会成员的最低生活需要为标准。这也使社会救助成为整个社会保障制度的最后一道防线。

(2)全民性。社会救助的保障范围面向全体社会成员,凡是达到社会救助最低标准的人员,均有权申请社会救助。除此之外,某些特定事件中的不幸者亦有权享有社会救助,由此可见,全体社会成员均有可能成为社会救助的保障对象。社会保险和社会优抚的保障对象皆为特定群体,相比之下社会救助的保障范围更加宽泛,这也决定了社会救助是全体社会成员的最低保障机制,进一步体现了社会救助的全民性。

(3)权利义务单向性。社会救助的权利义务单向性特征主要体现为,社会救助是国家及社会以社会救助的方式对某些难以应对风险而陷入贫困的个体或家庭提供帮助,即社会成员只要符合救助的条件,就有权申请得到救助。社会救助受益者享受法定权利具有单向性,国家与社会履行提供社会救助的职责和法定义务同样具有单向性。相比之下,社会保险更强调权利和义务相结合的原则。

---

① 郑功成. 社会保障学:理念、制度、实践与思辨[M]. 北京:商务印书馆,2000.

（4）按需分配。社会救助在保障范围及保障内容方面有别于按劳分配与按资分配，更多体现按需分配原则，该原则具体表现为以下两个方面：一方面，社会救助虽然具有全民性，但其以确定的贫困线或救助起点为依据，只对生活陷入困境或遇到特殊困难的社会成员进行社会救助；另一方面，国家或社会开展社会救助时，一般根据不同社会救助对象的需要为其提供现金、实物、服务等援助。由此可见，社会救助具有在确定的标准范围内向救助对象按需分配的特征，是对按劳分配与按资分配形式的重要补充，是典型的收入再分配手段。社会救助这种再分配形式对调节国民收入初次分配的格局、缩小收入分配差距、推进社会公平等具有重要意义。

三、社会救助的功能

社会救助作为社会保障体系中最基础的保障项目，具有缓解贫困、推动社会公平和社会文明进步的重要功能。

（一）缓解贫困

延伸阅读

在人类社会中，自然灾害、资源匮乏等多种因素都可能导致社会成员陷入贫困，丧失基本生活能力。社会救助按照法定标准，向无法维持最低限度生活水平的贫困群体提供满足其最低生活需求的资金和实物救助，帮助这些群体解决基本生活问题，保障其基本生存条件。

（二）推动社会公平和社会文明进步

社会救助是维持社会公平的一项重要手段，是促进社会进步和发展的重要条件。现代社会中，主观上人们的劳动创造能力和就业机会存在差异，客观上市场分配机制以社会所评价的人们对资本量和劳动量的付出为依据确定收入数额。部分社会成员可能因各种原因而无法从市场上获得其维持生存所需要的收入，导致其无法保障自身生存的基本权利。国家和社会通过社会救助为低收入或无收入以至于无法维持基本生活的社会成员提供最低生活保障，减轻其生活压力，防止人们因对社会收入分配的公平性产生怀疑而影响社会稳定。除此之外，对贫困人口的救助体现了社会救助的人文关怀的精神，是社会文明进步的象征。社会救助通过为贫困人口提供基本生活保障，可解决贫困人口生活困难的问题，有助于协调社会关系、促进社会和谐、维护社会稳定、提高社会的公平性。

四、社会救助的历史发展

（一）第一阶段：慈善事业

社会救助是世界上最古老的社会保障。一般认为，社会救助起源于原始社会末期出现的出于人类恻隐之心或宗教慈善而对贫困者施以援手的慈善事业。美国的《社会工作百科全书》提到，公元前1750年，巴比伦汉谟拉比国王发布的法典曾提及要求人们在困难时互相帮助的条款。公元前500年，希腊城邦国家已然将希腊语中意为"人类博爱行为"的慈善事业制度化，积极鼓励公民为公益事业捐款并在供贫民使用的公用设施中备有食物、衣服和其他物资。公元前300年，中国的孔子在《论语》中宣称人是通过"仁"这种表达爱心的方式来相互约束的社会人。公元前100年，罗马帝国确立了所有罗马公民在贫困时可得到由贵族家族分发的谷物的传统。社会救助进入了具有道义性和施恩性的慈善事业时代。

在慈善事业时代,社会救助主要有三种类型,分别为宗教慈善事业、官办慈善事业和民办慈善事业。

(1)宗教慈善事业。宗教慈善事业主要是指西方的慈善事业。其主要表现为以下两点:一是各种宗教教义多将行善列为基本准则;二是教会组织开展的各种救灾、济贫、施医助药等活动成为一些西方国家主要的社会保障方式。这一"宗教性的慈善"是西方在中世纪前推动社会保障发展的主要动力。慈善是社会实现"爱"的最好体现,是促进人类福利进步的利他关怀。同时,"爱"也是各大宗教的核心观念,尽管有不同的表达,但以"爱"为基础的利他是宗教与慈善的共同本质。

(2)官办慈善事业。官办慈善事业是指由官方组织但尚未制度化的社会救济活动。与宗教慈善事业不同的是,政府可根据社会成员需要和财政情况,在宗教慈善事业不能满足贫弱社会成员需要时,举办一些临时性的救济活动。在中国,仓储后备论和以工代赈是最富有特色的官办慈善事业介入社会保障领域的表现。早在我国夏商时期,统治者就认识到积蓄粮食的重要性,主张积蓄谷物以备灾荒并救济贫民的社会保障措施,即仓储后备论。我国古代《礼记》记载:"国无九年之蓄,曰不足;无六年之蓄,曰急;无三年之蓄,曰国非其国也。三年耕必有一年之食,五年耕必有三年之食,以三十年之通,虽有凶旱水溢,民无菜色。"《礼记》《孟子》等著作都有统治者开仓以赈贫民的记载。从隋唐开始的"义仓"一直到明清都没有间断过。西方也存在一些官方介入救灾济贫的活动,例如,在《济贫法》颁布前的英国都铎王朝,政府通过强制征收济贫税的条例,规定每一教区需对该区贫民负责。这一时期的救灾济贫活动虽然是政府介入的,但我们仍称其为慈善事业,主要原因有:这一时期的政府介入没有法制约束且不是固定行为,政府提供的救助被看成是一种恩赐行为且救济活动十分有限。

(3)民办慈善事业。民办慈善事业是指由民间人士自发举办的各种慈善活动。在中国,宋代范仲淹举办的"义田"、朱熹的"社仓"、刘宰的"粥局"等,均是民办慈善事业介入社会保障领域的表现。在西方,随着商业的发展和商品经济的繁荣,商人行会和手工业者行会得到空前发展。这一时期,通过建立"行会"组织来弥补土地保障的缺失成为一种自愿的、合乎道义的行为准则。例如,中世纪的德国成立了"基尔特",即手工业者互助基金会。在会员死亡、遭遇疾病或遭受火灾、窃盗等灾害后,行会会给予其一定的经济补偿。类似的"行业"组织在法兰西被称为同业救济组合协会。公会等其他地方组织也相继出现。与此同时,以互助为基本特征的社会救助活动开始出现,并成为慈善事业的重要补充。社会互助论作为重要的非正式保障行为,对后期社会保障产生了深远影响。

(二)第二阶段:济贫制度

16世纪,英国爆发了圈地运动。大量农民失去土地,涌入城市,成为一无所有的雇佣劳动者。这一时期,人口大量流动,贫困、失业、流浪现象急剧增加,社会陷入极不稳定状态。传统单一的"宗教—慈善"保障已经无法应对弱势群体的福利需求,客观上需要国家力量的积极介入。人们把人道主义当作检验统治阶级的统治是否具有合法性的工具,借此评判国家的社会保障制度和政策;而统治阶级也把改善劳动阶级的生活状况和对穷人实施某些有限的救助当作社会保障政策制定的主要目标。

1601年,英国政府颁布《济贫法》,也称《伊丽莎白济贫法》。《济贫法》以立法的形式反映了政府第一次正式承认其在解决贫困问题上应尽的职责,英国政府自此也初步建立起救济制度,该法的颁布成为社会保障发展史上的一个重要里程碑。随后,英国在1723年通过了设立济贫院的法律,目的是使穷人"懂得"劳动;1782年,英国通过《格伯特法》;1834年,英国通过《济贫法修正案》(即《新济贫法》),减少了济贫税的目标,废除了"院外救济",但其仍存在一些问题,需要进行进一步完善。

(三) 第三阶段:社会救助

20世纪初,现代社会救助理念得以确立。对穷人实施救助被视为政府和社会的责任,而接受救助则成为国民的一项基本权益。自英国颁布《济贫法》后,欧洲其他国家也先后效仿,颁布本国的济贫法。由于北美当时处于英国殖民地时代,其早期的社会救助活动自然受到了英国的影响。中国在当时并没有像英国那样颁布专门的济贫法,但是仓储形式经过发展,成为中国赈灾济贫的常备制度。自20世纪70年代以来,越来越多的国家建立了本国的社会救助制度。社会救助虽然在社会保障体系中并不占据主体地位,但其基础地位不可动摇。

社会救助制度就像一张张安在最低生活标准之上的安全网,确保每一个社会成员在因各种主观或客观原因断绝生计时,不至于陷入无助的困境。随着社会的进步,建立规范的社会救助制度已成为各国的一项重要社会政策,并成为国际社会积极推广的一项制度。社会救助制度具有以下发展趋势:

(1) 社会救助理念由国家济贫发展为国民权利。一般认为,国家济贫制度是现代社会救助制度的前身。面对人类社会日益增多的贫困现象和社会问题,具有规范秩序功能的国家开始出面干预。随着国家主动担负起济贫的责任,向贫民实施救济的做法成为惯例或制度,并被视为国家追求的民主生活方式。社会救助实现了由传统的道义性和施恩性救助向义务性和权利性救助的转变。在实施过程中,社会救济对象的认定逐渐以人文关怀为价值归宿,同时渗透对人的生命与尊严的真切关心、尊重和爱护。一些国家甚至修改受益人收入调查程序,以保障受益人的完整人格。

(2) 社会救助方式由实物给付向现金、实物和服务给付发展。传统的救济方式主要是发放实物或救济金,以维持穷人的最低生存需求。随着社会的不断发展,各国都加强社会服务体系建设,不断丰富救济内容,如对高龄老人的护理服务、对失依儿童的关爱和照顾等。日本通过扩大家庭服务、培养家庭护理员等方式,建立保健医疗和社区服务体系,从而解决老龄化社会的医疗问题。

(3) 社会救助对象更明确,项目更完善。从狭义上讲,社会救助就是以贫民为对象,采取资产调查的方式,进行有选择的服务。过去的社会救助对象往往被视为"社会边缘人",如老年人、孤寡者、残疾者、流浪汉,甚至罪犯等。现在,社会救济则努力区别什么是"值得帮助的"穷人和什么是"不值得帮助的"穷人。除此之外,社会救济对受益人的责任规定更为明确,包括要求受益人积极寻找工作或参加培训课程等。社会救助的项目由单一的贫困生活救助向生活补助、医疗补助、灾害救济等多个方面发展。

延伸阅读

第二节　社会救助的内容

一、社会救助的主要内容

在实践中,社会救助一方面保留救灾、济贫等传统项目,另一方面,其也随着社会经济发展的需要而不断更新内容。按照不同的划分标准,社会救助的内容可进行不同的分类。

（一）按照救助的手段

按照救助的手段,社会救助的内容可分为现金救助、实物救助、服务救助、以工代赈等。现金救助是指以发放现金的形式提供帮助,社会救助多以现金救助的形式开展。实物救助是指以发放物资的形式提供帮助,如遭受大雪冰雹等恶劣天气的自然灾害时,政府为受灾群体发放衣物、食品等。虽然实物救助的救助效果比较明显,但其并非适用所有救助项目。服务救助是指以提供服务的形式提供帮助,如照料孤儿、为遭受家暴的女性提供法律援助等。以工代赈是指通过提供相应的就业岗位并发放劳动报酬的形式提供帮助。

（二）按照救助的对象

按照救助的对象,社会救助的内容可分为对无法定赡养人、无固定收入的老年人进行社会救助,对孤儿、残疾儿童和生活极度困难家庭的儿童进行社会救助,对残疾人进行社会救助,对身处困境中的妇女进行社会救助等。

（三）按照救助的时间

按照救助的时间,社会救助的内容可分为定期救助和临时救助。定期救助是指救助时间具有连续性的社会救助,针对孤寡老人和残疾人等的救助主要采取此方法。临时救助是指救助时间没有连续性的社会救助,如各类灾害救助。

（四）按照救助的项目形式

按照救助的项目形式,社会救助的内容可分为综合救助和专项救助。综合救助是政府为贫弱者提供多种综合性保障的救助形式,既包括为救助对象提供现金或实物,也包括为其提供各种服务。专项救助是针对救助对象的特殊困难而为其提供特定救助内容的救助形式,如教育救助、住房救助、医疗救助等。

（五）按照救助的功能

按照救助的功能,社会救助的内容可分为精神救助和物质救助。精神救助是指为救助对象提供心灵和精神的抚慰,属于服务救助范畴;物质救助是指为救助对象提供物质帮助,包括资金救助和实物救助。

（六）按照救助的主体

按照救助的主体,社会救助的内容可分为政府救助和民间救助。政府救助强调政府作为救助主体,直接主办并承担社会救助经费,依照法律规定和程序为救助对象提供救助。民间救助强调和鼓励群众之间互帮互助,往往由慈善机构和公益性民间组织为救助对象提供救助。

（七）按照造成贫困的原因

按照造成贫困的原因,社会救助的内容可分为自然灾害救助和非自然灾害救助。自然灾害致贫救助是以因不可抗拒的自然因素而导致其基本生存发生重大困难的人群为救助对象,由国家和社会采取一定措施给予救助的形式。非自然灾害致贫救助则是针对由家庭成员失业、患病、死亡等个人或社会原因造成基本生活困难的救助对象,由国家和社会采取一定措施给予救助的形式。

除了上述几种常见的分类,社会救助还可以按照城乡标准分为城市社会救助与农村社会救助,或可以按照社会救助的目标分为生存型救助和发展型救助。

二、社会救助的对象

社会救助的对象主要是因各种原因陷入生活困难的贫困人口,其可按照致贫原因分为以下三种:

（1）无依无靠且没有生活来源的人员。这些人员主要为孤儿、没有社会保险和劳动能力的劳动者、长期患病者和既没有社会保险又没有子女和配偶的老人。

（2）由于突发性灾害造成生活一时陷入困境的人员。这些人员具有劳动能力和收入来源,但因突发性灾害遭受沉重的财产和人身损失,导致其基本生活难以维持。

（3）有收入来源,但收入水平低于法定最低生活保障线的人员。这些人员同样具有劳动能力和收入来源,但其收入所得不足以使其维持最低生活保障。

三、社会救助标准测量方法

社会救助需对社会成员的收入状况和生活状况进行确认。贫困标准可分为绝对贫困和相对贫困。绝对贫困是指社会成员或家庭的收入水平不能满足最低生活需要,不能维持其最基本的生存需要的状态,这是从人的生存角度定义贫困。相对贫困是指社会成员或家庭的收入水平虽能维持其基本的衣食保障,但是无法满足最基本的其他生活需求的状态。相对贫困是通过比较产生的概念,是社会不平等的衡量标准之一。

根据各国的实践经验来看,测量贫困的方法通常有四种:市场菜篮法、恩格尔系数法、生活形态法和国际贫困线法。

（一）市场菜篮法

市场菜篮法又称"标准预算法",其最早由英国学者西伯姆·朗特里在其对贫困问题的研究中提出。市场菜篮法要求先确定一张生活必需品的清单,清单的内容包括社会所公认的维持最基本生活水准的必需品种类和数量,然后根据市场价格来计算拥有这些生活必需品所需要的现金金额,以此确定贫困线。

延伸阅读

实际上,随着市场菜篮法的发展,人们对菜篮清单项目一直存在较大争议。关于市场菜篮法,争议最多的是由谁决定哪些是"生活必需品"。一般认为,由专家确定"菜篮子"内容的传统方法可能存在随意强加于人的因素,因为由某些可能缺乏下层社会生活体验的人所作出的判断常常脱离实际。被选择纳入"菜篮子"的往往是最容易取得一致的项目,而有争议的项目往往会被搁置,所以,用市场菜篮法所制定的贫困线标准容易偏低。除此之外,因市场菜篮法采用严格清单式的计算,受助者的自由选择极少,这导致其生活方式

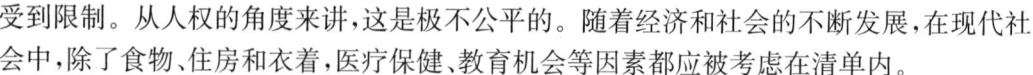

受到限制。从人权的角度来讲,这是极不公平的。随着经济和社会的不断发展,在现代社会中,除了食物、住房和衣着,医疗保健、教育机会等因素都应被考虑在清单内。

(二)恩格尔系数法

恩格尔系数法是国际上常用的一种测定贫困线的方法。19世纪末,德国的研究者恩格尔在比较不同收入水平的家庭的消费模式后,发现收入较低的家庭在生活必需品上的消费占其收入的比例较大。随着收入的增加,人们在生活必需品上的消费占其收入的比例下降。恩格尔定律以居民家庭中用于食物的支出占全部家庭消费总支出的比重来衡量贫困程度。国际上通常将国家、地区乃至一个家庭恩格尔系数高于60%的情况判定为贫困。通过确定一个"保证家庭成员基本的、足够的饮食消费"的开支金额,将其除以恩格尔系数,便可以求得贫困线。由此可见,恩格尔系数法具有简便易行、便于操作的优点。但其也存在许多不足之处:一是固定的标准不可取,各个国家和地区之间的消费结构和物价水平实际存在极大差异;二是恩格尔系数法需要依赖社会消费指数调查,相对较为复杂。

(三)生活形态法

生活形态法又称"遗缺指标法",其由英国学者彼特·汤森提出。该方法从人们的生活方式、消费行为等入手,提出一系列与家庭生活形态有关的问题,并根据被调查者的回答,从中选择若干剥夺指标,再由这些剥夺指标和被调查者的实际生活状况,确定哪些人属于贫困者。汤森所说的生活形态是指一系列相互交错和重叠的,存在于社区、民族、社会组织和地区的社会生活之中的生活形态,它不是一些偶然的事件和行动,而是以社会规范的方式表达出的一种消费和生活习惯。

生活形态法从不同的角度观察问题,比较符合人们观察事物的一般思路。其先确定哪些人属于贫困者,然后再分析他们的需求及消费和收入。这样的调查不但涵盖物质方面的需求,而且包括社会方面的需求,使贫困的涵义扩大到社会层面。

(四)国际贫困线法

国际贫困线法实际上是一种收入比例法。经济合作与发展组织在1976年对其成员国开展了一次大规模调查,提出以一个国家或地区社会中位收入或平均收入的50%作为这个国家或地区的贫困线,即根据一个国家或地区社会的平均收入水平来确定最低标准。这种方法简单明了,非常容易操作。但国际贫困标准提出的"占社会中位收入或平均收入50%"这一固定的收入比例是否在国际上通用,也是值得怀疑的。

第三节　我国社会救助制度体系

一、我国社会救助制度的形成和发展

我国自古以来便将"以民为本"作为一项重要的政治思想文化,历朝历代的统治者均将救荒、济困、养疾、恤孤、优抚等作为政府的重要职能。随着社会的发展与进步,"以民为本"思想仍与社会保障中的国家责任相呼应,影响和推动整个社会保障制度的发展。新中国成立初期,由于连年战乱、民生凋敝,社会经济濒临崩溃,人民政权在积极发

展生产、强化社会调控能力的同时,迫切需要解决贫民最为紧迫的生存问题,从而维护社会稳定。

1950年4月,中国人民救济代表会议召开,会议确定了"在政府领导下,以人民自救自助为基础开展人民大众的救济福利事业"的基本救济原则。1951年8月,我国颁布《关于城市救济福利工作报告》,其中规定救济工作由民政部门负责实施,保障的对象主要是无依无靠的城镇孤寡老人、孤儿、弃婴、残疾人等。1956年,我国确立了面向乡村孤老残弱的"五保"制度,它是由农村集体对无依无靠、无生活来源、无劳动能力的老弱病残幼提出的一项制度。同时我国也针对城市"三无"人员提出了救助措施。虽然待遇标准不断调整,但"五保"制度一直沿用至今。在这一时期,一套以单位保障和农村集体保障为基础、以中央财政为基本经济后盾的单一政府救助模式形成。

改革开放以来,随着经济体制改革的深化,我国原有的社会救助制度已经不再适应经济发展的需要,亟需对社会救助制度进行改革和完善。1978年,民政部恢复设立,社会救助制度建设走上快速发展轨道。城乡居民最低生活保障制度获得全面实施,医疗救助、教育救助和住房救助等专项制度得到发展,临时救助制度逐渐成熟。

2014年,国务院颁布《社会救助暂行办法》,第一次以行政法规的形式规定了"8+1"的社会救助体系,即以最低生活保障、特困人员供养、灾害救助、医疗救助、教育救助、住房救助、就业救助、临时救助8项社会救助制度为主体,以社会力量参与为补充的社会救助体系[1]。"8+1"社会救助体系的确立,不仅大大强化了政府责任,而且从根本上改变了我国社会保障制度的理念,实现了从人性关爱到权利维护的转变,在保障困难群体基本生活、维护社会稳定等方面发挥了重要作用。这标志着我国搭建起具有中国特色的社会救助体系框架。《社会救助暂行办法》颁布的同时,我国社会救助体系化建设开始迈入新的发展阶段,突出表现为临时救助全面建立,以及城市"三无"人员救助和农村"五保"供养制度整合为特困人员供养制度。

社会救助体系框架建设完成后,我国亟需将分散在多个部门的社会救助资源进行整合,对相关配套运行机制进行健全。2017年,民政部会同住房城乡建设部等12部门印发《关于进一步加强基层社会救助部门协同的意见》,以强化基层部门协同,共同做好社会救助管理服务工作。为进一步确保相关政策落实到基层,同年1月,国务院办公厅印发《关于加强困难群众基本生活保障有关工作的通知》,要求全国各县(市、区)都要建立健全由政府负责人牵头、民政部门负责、有关部门和单位参加的困难群众基本生活保障工作协调机制,定期研究解决本地区困难群众基本生活保障问题。该通知同时要求各地应因地制宜施行社会救助"一门受理、协同办理"、主动发现、乡镇(街道)临时救助备用金等制度机制。

党的十九大报告明确提出,坚持在发展中保障和改善民生,要在幼有所育、学有所教、劳有所得、病有所医、老有所养、住有所居、弱有所扶上不断取得新进展。"弱有所扶"的提出不仅意味着保障和改善民生的范围扩大,也为社会救助体系的发展提供了机遇。

2020年是脱贫攻坚收官之年,在以习近平同志为核心的党中央领导下,我国脱贫攻

---

① 李雪. 与时代同行　与民心同向——社会救助工作十年创新发展综述[EB/OL]. (2022-09-26)[2024-09-25]. https://www.mca.gov.cn/n152/n166/c46886/content.html.

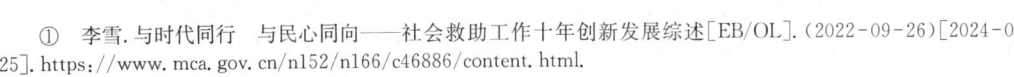

坚战取得了全面胜利。我国的全面脱贫为全球减贫事业作出了重大贡献。全国832个贫困县全部摘帽,近1亿农村贫困人口实现脱贫,12.8万个贫困村全部出列,960多万贫困人口实现易地搬迁,区域性整体贫困问题得到解决,绝对贫困现象得以消除。我国打赢了人类历史上规模最大的脱贫攻坚战,使人民群众的获得感、幸福感、安全感更加充实、更有保障、更可持续,共同富裕取得新成效,不断实现人民对美好生活的向往。脱贫攻坚战的胜利也夯实了低收入群体的基本生活保障,为逐步实现共同富裕奠定了基础。

尽管绝对贫困现象全面消除,但我国仍存在较大的地区和城乡差距,部分农村地区居民收入水平低、收入不稳定、家庭自我发展能力差,弱势群体的生活状况仍然需要关注。同时随着经济体制改革的深化和经济结构的调整,加上市场经济难以避免的风险,部分家庭可能面临返贫风险。面对这种形势,我国需要不断加强社会救助体系建设,进一步巩固拓展脱贫攻坚成果,防止出现返贫和新增贫困人口。对此,我国政策重点从解决绝对贫困转向缓解相对贫困,社会救助政策也迎来了调整。2020年4月,《关于改革完善社会救助制度的意见》印发,其对当前和今后一个时期推进社会救助制度改革创新、建立健全分层分类的社会救助体系作出了总体设计和系统规划。该意见明确根据困难程度和致贫原因将救助对象划分为低保对象和特困人员、低保边缘家庭和支出型困难家庭、全体居民三个救助圈层,对其分别给予相应的基本生活救助、专项救助、急难社会救助,形成多层次的分类救助体系。这实现了社会救助重点从低保群体向低收入群体的扩展,以及社会救助体系的调整和升级。

二、我国社会救助制度体系的主要内容

(一)农村"五保"制度

农村"五保"制度也称农村五保供养制度,是指国家对农村的"三无"老年人或弱、孤、残疾人员提供基本生活保障的一种社会救助制度。2006年1月11日,国务院第121次常务会议通过《农村五保供养工作条例》,该条例规定五保供养制度主要实行保吃、保穿、保住、保医、保葬(未成年人保义务教育)的五保供养。一般来说,五保供养对象包括老年、残疾或未满16周岁的村民,无劳动能力、无生活来源又无法定赡养、抚养、扶养义务人,或者其法定赡养、抚养、扶养义务人无赡养、抚养、扶养能力的困难群众。

农村五保供养对象可以自行选择在当地的农村五保供养服务机构集中供养或在家分散供养。集中供养的农村五保供养对象由农村五保供养服务机构提供供养服务。分散供养的农村五保供养对象可以由村民委员会提供照料,也可以由农村五保供养服务机构提供有关供养服务。农村五保供养资金主要在地方人民政府财政预算中进行安排。能够依靠农村集体经营等方式获得农村集体收入的地方,可以从农村集体经营等收入中安排资金来补助和改善农村五保供养对象的生活。农村五保供养对象将承包土地交由他人代耕的,其收益归该农村五保供养对象所有。中央财政在资金上对财政困难地区的农村五保户给予适当补助。

(二)"8+1"社会保障体系

"8+1"社会保障体系是由最低生活保障、特困人员供养、灾害救助、医疗救助、教育救助、住房救助、就业救助、临时救助八项社会救助制度和社会力量参与所构成的一个多部

门分工负责、政府救助和社会力量参与相结合的多层次社会救助体系。[1]

延伸阅读

1. 最低生活保障

最低生活保障是一种直接的现金救助制度。凡共同生活的家庭成员人均收入低于当地低保标准的,均有从当地人民政府获得现金救助及其他物质帮助的权利,以保证该家庭成员基本生活所需。从最低生活保障救助程序看,城乡低保大体一致,主要包括困难居民提出申请、社区居委会(村委会)初审、街道办事处(乡镇)复核、县级民政部门审批等程序。从最低生活保障救助金发放看,城市低保一般由县级民政部门委托银行、信用社或邮政储蓄按月发放,农村低保一般由金融机构或民政部门按季或半年直接发放。在具体实施中,各地还建立了社区评议、三榜公示、动态管理、分类施保、就业联动等制度,进一步强化低保救助的制度绩效。[2]

社会救助的标准包括固定的基数和自然增长的机制,且各地方政府会根据当地人民基本生活成本的增加来调整农村低保标准和平均支出。总体来看,我国城市和农村低保人均保障水平逐年提高,这极大缓解了城市和农村贫困居民生活困难的问题。民政部统计数据显示,我国城市低保人均保障水平如下:2008 年的低保平均标准仅为每人每月205.3 元,2012 年的低保平均标准增至每人每月 330.1 元,2021 年的低保平均标准增至每人每月 711.4 元,2023 年的低保平均标准为每人每月 785.9 元。我国农村低保人均保障水平如下:2008 年的低保平均标准仅为每人每月 82.3 元,2014 年的低保平均标准增至每人每月 231.4 元,2021 年的低保平均标准增至每人每月 530.2 元,2023 年的低保平均标准为每人每月 621.3 元。此外,通过各地发放的低保金额可以看出低保标准存在较大的城乡和地区差距。

我国城市居民最低生活保障制度的资金来源主要是政府投入。政府从 1999 年开始为部分贫困地区提供财政补贴,补助总额不断增加,补助范围不断扩大,补助力度不断增强。2015 年,财政部和民政部联合发布《中央财政困难群众基本生活救助补助资金管理办法》,规定通过“因素法”来分配中央财政资金。从分担比例看,中央转移支付占比逐步上升。从 2010—2021 年的数据来看,低保支出整体呈现增长趋势,但在部分年份出现下降(表 8-1)。

表 8-1　历年低保财政支出发展趋势(2010—2021 年)　　　　金额单位:亿元

年份	低保支出	一般公共支出	低保支出/一般公共支出	GDP	低保支出/GDP
2010	986.12	89 874.16	1.10%	412 119.3	0.24%
2011	1 340.54	109 247.79	1.23%	487 940.2	0.27%
2012	1 365.07	125 952.97	2.08%	538 580.0	0.25%
2013	1 624.42	140 212.10	1.16%	592 963.2	0.27%
2014	1 606.47	151 785.56	1.06%	643 563.1	0.24%
2015	1 665.17	175 877.77	0.95%	688 858.2	0.24%

① 林闽钢. 分层分类社会救助体系的发展现状和健全思路[J]. 行政管理改革,2023(1):4-11.
② 杨翠迎. 社会保障学[M]. 上海:复旦大学出版社,2015.

（续表）

年份	低保支出	一般公共支出	低保支出/一般公共支出	GDP	低保支出/GDP
2016	1 657.60	187 755.21	0.88%	746 395.1	0.22%
2017	1 475.83	203 085.49	0.73%	832 035.9	0.18%
2018	1 462.49	220 904.13	0.66%	919 281.1	0.16%
2019	1 453.12	238 858.37	0.61%	986 515.2	0.15%
2020	1 679.88	245 679.03	0.68%	1 015 986.2	0.17%
2021	1 627.07	245 673.00	0.66%	1 143 670.0	0.14%

数据来源：民政部，《中国民政统计年鉴2021》；国家统计局，《中国统计年鉴2021》。

2. 特困人员供养

特困人员供养的全称是特困人员救助供养制度。长期以来，在党和政府的高度重视下，我国先后建立起农村五保供养、城市"三无"人员救济和福利院供养制度，以保障城乡特困人员的基本生活。2014年，国务院公布施行《社会救助暂行办法》，将城乡"三无"人员保障制度统一为特困人员供养制度，这标志着我国城乡特困人员保障工作进入新的发展阶段。特困人员救助供养制度的保障对象为符合条件的特困人员，即无劳动能力、无生活来源且无法定赡养、抚养、扶养义务人或其法定义务人无履行义务能力的城乡老年人、残疾人及未满16周岁的未成年人，其中无生活来源的标准是收入低于当地最低生活保障标准，且财产符合当地特困人员财产状况规定。国家通过在家分散供养和在当地的供养服务机构集中供养的形式为符合条件的特困人员给予救助供养，从而确保符合条件的困难群众"应养尽养"。针对具备生活自理能力的特困人员，国家鼓励其在家分散供养。针对完全或部分丧失生活自理能力的特困人员，国家优先为其提供集中供养服务。

特困人员供养的救助内容主要包括：一是为特困人员提供基本生活条件，即供给粮油、副食品、生活用燃料、服装、被褥等日常生活用品和零用钱。二是对生活不能自理的特困人员给予照料，如提供住院期间的必要照料等基本服务。三是为患病的特困人员提供疾病治疗服务，全额资助其参加城乡居民基本医疗保险的个人缴费部分。医疗费用按照基本医疗保险、大病保险和医疗救助等医疗保障制度规定支付后仍有不足的，由救助供养经费予以支持。四是为去世特困人员办理丧葬事宜，集中供养的由供养服务机构办理，分散供养的由乡镇人民政府（街道办事处）委托村（居）民委员会或其亲属办理。丧葬费用从救助供养经费中支出。

除此之外，我国还对符合规定标准的住房困难的分散供养特困人员，通过配租公共租赁住房、发放住房租赁补贴、改造农村危房等方式给予住房救助；对在义务教育阶段就学的特困人员，给予教育救助；对在高中教育（含中等职业教育）阶段或普通高等教育阶段就学的特困人员，根据实际情况给予适当教育救助。

3. 灾害救助

灾害救助制度又称救灾制度，是国家及社会对因遭遇各种自然灾害或其他特定灾害而陷入生活困境的灾民给予物资、进行抢救和援助，以帮助其度过特殊困难时期的一项社会救助制度。灾害救助的目的是通过救助，使灾民摆脱生存危机、恢复正常生活，同时使灾区的生产、生活等恢复正常。1997 年 12 月,中国国际减灾十年委员会颁布了《中华人民共和国减灾规则》。21 世纪以来,我国形成了灾害管理的综合协调机制,有效地提高了各部门应急救助的效率和水平,进一步健全了灾害管理体制。

按照民政部的划分标准,灾害可主要分为气象水文、地质地震、海洋、生物和生态环境五大类。新中国成立初期,救灾工作的方针是"生产自救,节约度荒,群众互助,以工代赈,并辅之以必要的救济"。政府强调在防灾、抗灾、救灾的同时进行生产自救。其中,防灾是指采用各种方法防御灾害破坏,减轻灾害损失,尽可能避免或减少灾害的发生,如建立气象灾害监测预警预报体系、水文和洪水监测预警预报体系、地震监测预警预报体系。抗灾是指在灾情出现时,为抵御、控制和消除灾害的影响,将损害后果降低到最低程度,采用各种方法抗御自然灾害,如紧急抢险、转移疏散灾区人口。救灾是指国家和社会在灾害发生后对灾害造成的损害进行抢救、补救、救助的活动,例如,灾害发生后,省、市、县各级政府建设 1~2 个本级生活类救灾物资储备库,保证灾后 12 小时内受灾群众的基本生活得到初步救助。

4. 医疗救助

医疗救助是指国家和社会为没有经济能力进行医治的公民提供专门的医疗帮助和支持。它通常是在政府有关部门的主导下,由社会广泛参与,通过医疗机构,针对贫困人口中的患病者所实施的恢复其健康、维持其基本生存能力的救治行为。[①] 民政部和人社部明确规定:享受最低生活保障人员和特困供养人员是医疗救助的重点救助对象。除此之外,低收入家庭的老年人、未成年人、重度残疾人和重病患者等困难群众及县级以上人民政府规定的其他特殊困难人员也逐步被纳入医疗救助范围。从各地实践来看,我国医疗救助按照救助病种,可分为门诊救助、住院救助及综合救助;按照救助形式,可分为直接救助和间接救助;按照救助对象,可分为城市医疗救助对象和农村医疗救助对象;按照救助时间,可分为医前救助、医中救助和医后救助。

我国医疗救助制度伴随着社会救助制度体系的建立、发展与完善而得以推广。医疗救助制度起源于 2003 年民政部、卫生部等联合下发的《关于实施农村医疗救助的意见》。早期,医疗救助资金的来源采用互助金筹集和政府财政兜底的形式。此后,医疗救助制度被正式纳入社会保障体系进行统一管理,实现了城乡医疗救助制度的规范和统一。

5. 教育救助

教育救助是重要的保民生、暖民心工程,事关教育公平和民生福祉,其主要是指国家为经济困难的家庭中处于义务教育阶段的学生提供教育服务。根据不同教育阶段的需求,教育救助采取减免相关费用、发放助学金、给予生活补助、安排勤工助学等方式,保障教育救助对象的基本学习和生活需求费用。教育救助标准由省、自治区、直辖市人民政府根据经济社会发展水平和教育救助对象的基本学习、生活需求确定和公布。

党的十八大以来,我国教育救助顺应时代要求和人民期待,持续提高学生资助水平,目前已经形成投入上以政府资助为主、学校和社会资助为辅,方式上以无偿资助为主、有偿资助为辅,对象上以助困为主、奖优为辅的具有中国特色的教育救助体系。从建立实施

---

① 周德民,邹文开,刘志红. 社会保障概论[M]. 北京:中国轻工业出版社,2008.

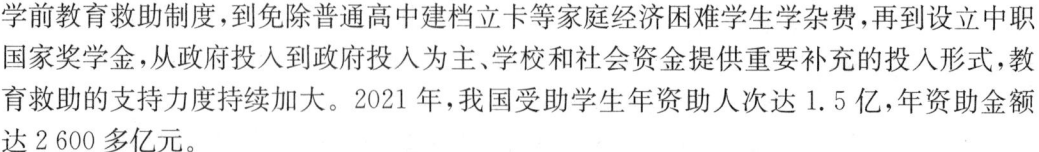

学前教育救助制度,到免除普通高中建档立卡等家庭经济困难学生学杂费,再到设立中职国家奖学金,从政府投入到政府投入为主、学校和社会资金提供重要补充的投入形式,教育救助的支持力度持续加大。2021年,我国受助学生年资助人次达1.5亿,年资助金额达2 600多亿元。

6. 住房救助

住房救助是指对城乡特殊困难居民和因灾倒房户在住房修缮、重建和租房方面给予现金与物质补助,切实保障特殊困难群众获得能够满足其家庭生活需要的基本住房,在住房方面保民生、促公平的托底性制度安排。其实质是政府利用国家和社会力量,解决部分困难居民因住房支付能力不足而居无定所的问题。

2014年,《关于做好住房救助有关工作的通知》对解决最低生活保障家庭、分散供养的特困人员的住房困难问题作了更完善的制度安排。在充分考虑住房救助对象经济条件差、住房支付能力不足的客观条件的前提下,住房救助主要采用廉租住房、公共租赁住房、棚户区改造安置住房等实物方式及发放廉租住房租赁补贴的方式进行保障。住房救助的保障对象主要是符合县级以上地方人民政府规定标准的、住房困难的最低生活保障家庭和分散供养的特困人员。我国针对城镇住房救助对象实行公共租赁住房制度,优先配租公共租赁住房或发放低收入住房困难家庭租赁补贴,其中对配租公共租赁住房的,应给予租金减免的救助,确保其租房支出可负担;针对农村住房救助对象则优先实施农村危房改造。2020年8月,中共中央办公厅、国务院办公厅印发《关于改革完善社会救助制度的意见》,提出要探索建立农村低收入群体住房安全保障长效机制,稳定、持久地保障农村低收入家庭住房安全。

7. 就业救助

就业救助是指国家为最低生活保障家庭中有劳动能力并处于失业状态的成员,通过贷款贴息、社会保险补贴、岗位补贴、培训补贴、费用减免、公益性岗位安置等办法,给予就业救助。解决救助对象就业问题的用人单位可按照国家相关规定享受社会保险补贴、税收优惠等就业扶持政策。若救助对象无正当理由连续3次拒绝接受为其介绍的与其健康状况、劳动能力等相适应的工作,则按照相关规定减发或停发其最低生活保障金。除此之外,为社会救助对象优先提供公共就业服务,按规定落实税费减免、贷款贴息、社会保险补贴、公益性岗位补贴等政策,确保零就业家庭实现动态"清零"。对已就业的低保对象,在核算其家庭收入时扣减必要的就业成本,并在其家庭成员人均收入超过当地低保标准后,给予一定时间的渐退期。①

为了推动低保对象积极脱贫自立,促进有劳动能力的低保对象实现有效就业并从根本上改变其生活状况,国务院于2014年颁布《社会救助暂行办法》,将就业救助确定为我国社会救助体系的八项基本组成制度之一。就业救助能够帮助有劳动能力的受助者摆脱对救助的依赖,满足受助者通过劳动获取生存条件的需要,让受助者从劳动中体会生存的价值和尊严。就业救助有助于克服现有社会救助的消极性,带有积极和发展的意味,是一项治本的社会救助举措。②

①　新华社. 中共中央办公厅 国务院办公厅印发《关于改革完善社会救助制度的意见》[EB/OL]. (2020-08-25)[2024-09-25]. https://www.gov.cn/gongbao/content/2020/content_5541475.htm.

②　张浩淼. 就业救助:国际经验与中国道路[J]. 兰州学刊,2018(10):174-182.

8. 临时救助

临时救助是指国家对遭遇突发事件、意外伤害、重大疾病或其他特殊原因导致基本生活陷入困境,其他社会救助制度暂时无法覆盖或救助之后基本生活暂时仍有严重困难的家庭或个人给予的应急性、过渡性的救助。例如,为流浪乞讨人员提供临时食宿、急病救治、协助返回等救助。[①] 临时救助是社会救助体系的重要组成部分,是保障困难群众基本生活权益的托底性制度安排。

根据困难情形,临时救助可分为急难型救助和支出型救助两大类。其中,急难型救助是指为因火灾、交通事故等意外事件,家庭成员突发重大疾病及遭遇其他特殊困难等原因,导致基本生活暂时出现严重困难、需要立即采取救助措施的家庭和个人所提供的临时救助。支出型救助则是指为因教育、医疗等生活必需支出突然增加,超出家庭承受能力,导致基本生活在一定时期内出现严重困难的家庭所提供的临时救助。原则上讲,支出型救助对象的家庭人均可支配收入应低于当地上年度人均可支配收入,且其家庭财产状况应符合当地有关规定。

(三) 多层次的分类救助体系

为巩固拓展脱贫攻坚成果、衔接乡村振兴战略,改革完善社会救助制度、探索解决相对贫困问题长效机制,党的十九届五中全会立足于满足人民群众对美好生活的更高期待,提出"健全分层分类的社会救助体系"的具体目标。我国持续健全动态监测、分层分类、综合救助等多项机制,推动社会救助从保生存向防风险、促发展转变。我国现阶段可根据救助对象的困难程度和致贫原因将其划分为低保对象和特困人员、低保边缘家庭和支出型困难家庭、全体居民三个救助圈层,并分别给予三个圈层相应的基本生活救助、专项救助、急难社会救助,形成了广覆盖、全纵深的分类救助体系。

随着全面小康的实现,相对贫困将成为城乡社会贫困治理的主要形态。社会救助对象的需求不仅包括资金、物质,还包括心理、情感、文化等多个方面。自 2014 年起,我国社会救助体系建设全面加快发展,社会救助管理部门积极回应困难群众的多种帮扶需要:在贫困群体上,从绝对贫困群体转向相对贫困群体,不断扩大救助范围,增加社会救助项目;在社会救助手段上,从单一使用现金转变为以现金为主、辅助救助服务的综合救助形式;在社会救助资源整合上,跨部门救助资源得到初步整合。

自 2020 年以来,社会救助体系的改革与完善要求创新社会救助方式,推进社会救助内容向多元化、个性化方向发展,积极发展服务类社会救助,形成"物质＋服务"的救助方式。我国应探索通过政府购买服务,为社会救助家庭中生活不能自理的老年人、未成年人、残疾人等提供必要的访视、照料服务;加强专业社会工作服务,帮助救助对象构建家庭和社会支持网络。

党的十九届五中全会提出,要优先发展农业农村,全面推进乡村振兴,推动区域协调发展,加快推进社会救助制度城乡统筹;通过加快改变原有的城乡二元格局,实现城乡救助服务均等化;强化资金统筹,加大农村社会救助投入,逐步缩小城乡差距;顺应农业转移人口市民化进程,及时对符合条件的农业转移人口提供相应救助帮扶。

---

① 国务院办公厅. 中华人民共和国国务院令第 649 号《社会救助暂行办法》[EB/OL]. (2014-02-21)[2024-09-25]. https://www.gov.cn/gongbao/content/2014/content_2629930.htm.

随着智能科技的进步与发展,将社会救助工作与网络数据结合也成为社会救助改革创新的重要发展方向。应通过完善社会救助事项"一门受理、协同办理"机制,提高经办服务能力,让群众线上"只上一张网"、线下"只进一扇门"和"最多跑一次",做到精准救助、高效救助、温情救助、智慧救助。应建立社会救助主动发现机制,把走访、发现困难群众列为基层社会救助工作的重要内容;巩固拓展脱贫攻坚成果,完善困难群众监测预警机制,利用大数据比对等方式,及时发现需要救助的困难群众,提高救助效率。①

三、我国社会救助制度体系的监管

社会救助监管是指由国家行政管理部门、专职监督部门、利害关系者及其他相关主体对社会救助管理行为的过程及结果实行监督,使其遵守国家有关法规和政策的要求,确保社会救助目标顺利实现。②

(一)国家机关的监管

国家机关的监管包括国家权力机关的监管、国家行政机关的监管、国家司法机关的监管和经济管理部门的监管。

国家权力机关的监管是指人民代表大会及其常务委员会对社会救助的监管,包括两方面:一是法律监管,主要是对有关行政部门及对有关社会救助行政法规、规章和规范性文件的合法性进行监督;二是工作监督,主要是人民代表大会及其常务委员会全体或部分组成的人员对社会救助日常工作进行考察、调研、监督、检查。

国家行政机关的监管是指各级人民政府对社会救助的监管,主要包括制定与社会救助监督有关的行政法规、行政规章、地方性规章和规范性文件等。

国家司法机关的监管是指各级检察机关和审判机关对社会救助的监管。各级监察机关有责任对相关部门的履行实施情况进行监督,如对违规办理低保的违纪违规行为依纪依法追究责任。

经济管理部门的监管主要包括财政监管、审计监管和金融监管三种形式。

(二)社会的监管

社会的监管包括以下三种方式:一是社会组织的监管,其主要是指各民主党派、人民政协和社会团体对社会救助的监管;二是公众的监管,包括举报、投诉等监管方式;三是新闻舆论的监管,即通过新闻舆论引起广泛关注。

 案例与评析

一、案例与材料

案例一:某家庭户主作为家中主要劳动力,在外出务工时摔伤。其于 2020 年 2 月申请低保,并通过乡镇初审。此前,巡视组因该县低保公示不规范、不到位,要求该县限期整改。基层民政干部在村级和县级公示的过程中,将申请低保的该户的家庭信息和

---

① 中华人民共和国民政部.健全分层分类社会救助体系,兜牢基本民生保障底线[EB/OL].(2020-12-08)[2024-09-25]. https://www.mca.gov.cn/n152/n166/c43598/content.html.

② 翟绍果.社会保障学:理论、制度与实践[M].北京:清华大学出版社,2022.

申请低保缘由等诸多隐私均公示出来。该家庭考虑到其孩子上学时自尊心会受影响,故最终放弃了低保,没有参与后续办理程序。

案例二:某家庭有5口人,家中有1位患有智力缺陷的成年儿子需要照料,家庭负担较重。该家庭于2016年曾申请过低保,但由于当时该户人均收入高于低保线而未通过审核。2020年,该省出台的《最低生活保障家庭经济状况评估认定办法》规定,对于家庭人均收入超过低保线,但不超过当地上年度居民人均可支配收入,且家中有三四级精神、智力残疾人以及重病患者的家庭,可将家庭智力残疾成员单人户纳入低保,享受救助。但由于该省未及时宣传贯彻新政策,相关部门也未展开摸排,故该家庭没有申请到低保,出现漏保情况。直至第三方评估组发现后,该省才将该户纳入低保。

二、问题与分析

以上两个案例分别属于哪种漏保类型,又该如何解决呢?

第一个案例属于"主动弃保型"漏保,主要表现为在福利权与隐私权的冲突下,部分困难家庭主动放弃申请低保,导致其自身无法获得救助。随着大数据核查系统的应用,应对申请者的家庭收入、财产、刚性支出等经济状况进行全面核查。部分地区由于核查过度,侵犯了困难群体的隐私权,故产生了社会福利权和个人隐私权的冲突。大部分困难家庭由于生计所迫,不得不让渡部分隐私权,但也有个别贫困群体更看重自身隐私权而主动放弃低保救助。第二个案例属于"被动未申请型"漏保,也发生在低保申请环节,主要是由政策宣传和对困难家庭排查不到位等原因造成的。

针对上述漏保案例,建议借鉴联合国开发计划署构建的多维贫困指数,把贫困维度从现有的收入维度拓展为生活标准、健康、教育三大指标体系。例如,生活标准可以超越收入或财产的单一经济标准,纳入屋内面积、用电、饮用水、做饭燃料和室内厕所等居住指标。针对目标群体主动放弃低保或被动漏保等情况,可以改善政策执行环境,严格规范低保公示管理,并进一步规范和完善基层民政人员的自由裁量权,建立健全社会救助的容错纠错机制。创设社会救助核查备案和复审制度,如基层民政人员在低保入户核查过程中发现有疑似错保、漏保的情况,应予以先行备案,而非立即停发低保待遇。强化基层社会救助工作的组织保障,从人员配备、职责安排、待遇激励、容错纠错和党建引领等方面,促进低保政策执行的原则性与灵活性相结合。

(资料来源:根据相关材料整理所得。)

 **本章小结**

社会救助作为社会保障体系中最基础的项目,是指国家和社会对因各种原因陷入生活困难的人口给予经济救助和生活扶助,使救助对象满足最低生活水平需要。社会救助具有最低保障性、全民性、权利义务单向性和按需分配的特征。社会救助具有缓解贫困、推动社会公平和社会文明进步的重要功能。

社会救助是世界上最古老的社会保障。一般认为,它起源于原始社会末期出现的出于人类恻隐之心或宗教慈善而对贫困者施以援手的慈善事业。在慈善事业时代,社会救助主要有三种类型,分别为宗教慈善事业、官办慈善事业和民办慈善事业。16世纪,英国爆发了圈地运动,社会陷入极不稳定状态,传统单一的"宗教—慈善"保障已经无法应对弱势群体的福利需求,客观上需要国家力量的积极介入。1601年,英国政府颁布《济贫法》,也称《伊丽莎白济贫法》。《济贫法》以立法的形式反映了政府第一次正式承认其在解决贫困问题上应尽的职责,英国政府自此也初步建立了救济制度,该法的颁布成为社会保障发展史上的一个重要里程碑。20世纪初,现代社会救助理念得以确立。自20世纪70年代以来,越来越多的国家建立了本国的社会救助制度。社会救助虽然在社会保障体系中并不占据主体地位,但其在社会保障制度中的基础地位不可动摇。随着社会的进步,建立规范的社会救助制度已成为各国的一项重要社会政策,并成为国际社会积极推广的一项制度。

按照救助的手段,社会救助可分为现金救助、实物救助、服务救助、以工代赈等;按照救助的对象,社会救助可分为对无法定赡养人、无固定收入的老年人进行社会救助,对孤儿、残疾儿童和生活极度困难家庭的儿童进行社会救助,对残疾人进行社会救助,对身处困境中的妇女进行社会救助等;按照救助的时间,社会救助可分为定期救助和临时救助;按照救助的项目形式,社会救助可分为综合救助和专项救助;按照救助的功能,社会救助可分为精神救助和物质救助;按照救助的主体,社会救助可分为政府救助和民间救助;按照造成贫困的原因,社会救助可分为自然灾害救助和非自然灾害救助。除了上述几种常见的分类,社会救助还可以按照城乡标准分为城市社会救助与农村社会救助,或可以按照社会救助的目标分为生存型救助和发展型救助。

根据贫困标准的不同,贫困可以分为绝对贫困和相对贫困。绝对贫困是指社会成员或家庭的收入水平不能满足最低生活需要,不能维持其最基本的生存需要的状态,这是从人的生存角度定义贫困。测量贫困的方法通常有四种,包括市场菜篮法、恩格尔系数法、生活形态法和国际贫困线法。

我国自古以来便将"以民为本"作为一项重要的政治思想文化,历朝历代的统治者均将救荒、济困、养疾、恤孤、优抚等作为政府的重要职能。1956年,面向乡村孤老残弱的"五保"制度确立。在这一时期,一套以单位保障和农村集体保障为基础、以中央财政为基本经济后盾的单一政府救助模式形成。2014年,国务院颁布《社会救助暂行办法》,第一次以行政法规的形式规定了"8+1"的社会救助体系,即以最低生活保障、特困人员供养、灾害救助、医疗救助、教育救助、住房救助、就业救助、临时救助八项社会救助制度为主体,社会力量参与为补充的社会救助体系。随着绝对贫困现象的全面消除,为进一步巩固拓展脱贫攻坚成果,防止出现返贫和新增贫困人口,我国明确根据救助对象的困难程度和致贫原因将其划分为低保对象和特困人员、低保边缘家庭和支出型困难家庭、全体居民三个救助圈层,对其分别给予相应的基本生活救助、专项救助、急难社会救助,形成多层次的分类救助体系。这实现了社会救助重点从低保群体向低收入群体的扩展,以及社会救助体系的调整和升级。

练习与思考题

1. 社会救助包括哪些内容？
2. 最低生活保障制度包括哪些基本内容？
3. 如何理解贫困？
4. 简述社会救助的发展趋势。

第十章
社会福利

📚 导读

过高福利是经济发展的陷阱

高福利国家"从摇篮到坟墓"的社会福利一度吸引了世人艳羡的目光。但20世纪80年代以来,高福利国家经济的徘徊不前,逐渐使人们改变了看法。经合组织专门就高福利带来的危机作过研讨,其议题为"危机中的福利国家"。例如,发生在希腊的银行挤兑潮便引发过人们对高福利制度的诟病。那么,高福利为何成为经济发展的陷阱,非但没能促进反而拖累了经济社会发展呢?

高福利直接影响积累,影响创新和经济结构升级。一个社会提高消费水平、实行高福利的前提是提高生产力水平。高福利的资金来源往往是高税收或高负债,两者均不利于经济社会的可持续发展。瑞典的高福利靠高税收、高财政赤字支撑,希腊的高福利靠高负债支撑。以高税收支撑高福利,必然会减少企业发展资金,制约企业发展,这无异于杀鸡取卵。高福利还容易产生道德祸因,造成社会资源浪费和国民惰性。由国家提供的高福利是一种公共品,如同计划经济体制下的大锅饭,可能会埋下道德祸根。

我国是一个人口众多、发展不平衡的大国,如果实行脱离自身发展水平的高福利政策,则容易阻滞经济社会持续健康发展。当前,我国应在积极完善社会保障体系的同时,汲取高福利国家的教训,谋求实实在在的经济发展和社会进步。一是始终咬紧经济发展不放松。只有不断创新,提升产业结构,实现高质量发展,才能解决我国经济社会问题,使我国在激烈的国际竞争中立于不败之地。而创新、扩大再生产必须有资本积累。这就要求我们正确处理眼前和长远、积累和消费的关系,循序渐进、量力而行地提高福利水平,以稳健的经济发展实现可持续的福利提升。二是强调社会保障与生产力发展水平相适应。一些西方政客为了选举的需要,一味附和选民的诉求,结果民众的诉求越来越高,经济发展后劲被严重削弱,最终还是会对民众利益造成损害。我们应向广大人民群众说明社会保障水平是受生产力制约的,只有通过经济积累和发展,才能实现更高水平的社会福利。三是发挥我国家庭自我保障的传统优势,把自我保障与社会保障结合起来,完善适合我国国情和发展实际的福利制度和保障体系。

（资料来源:李义平.过高福利是经济发展的陷阱[EB/OL].（2015-08-11）[2024-08-12]. http://opinion. people. com. cn/n/2015/0811/c1003-27440284. html.）

本章知识结构框架

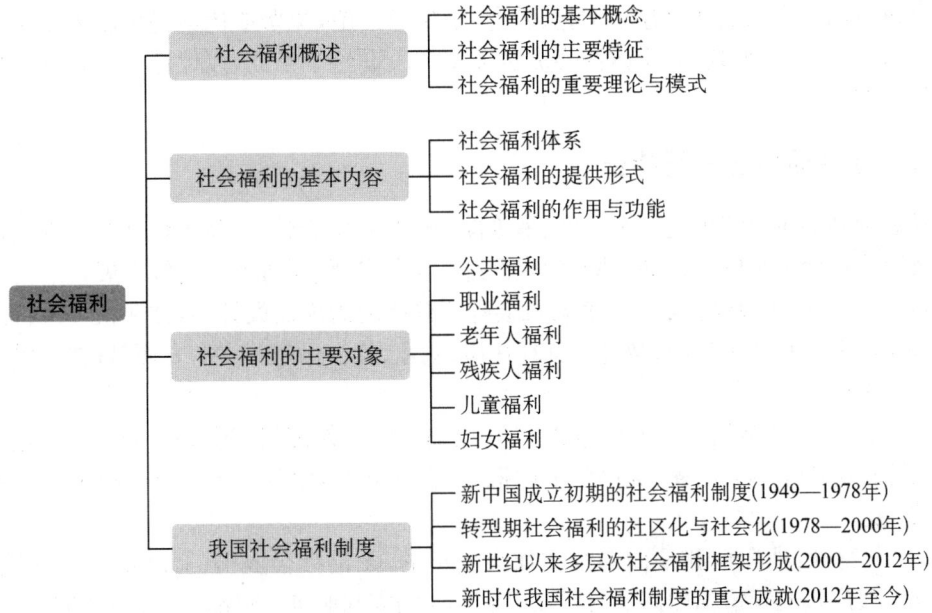

 本章学习目标与要求

通过本章的学习,学习者应掌握社会福利的基本概念、基本内容和主要对象,理解社会福利思想演进的基本脉络与背景、原因,熟悉社会福利思想主要流派的代表人物、基本观点及其影响与局限性。

 本章学习重点

- 社会福利的基本概念
- 社会福利的基本内容
- 社会福利的主要对象
- 社会福利的作用

第一节　社会福利概述

一、社会福利的基本概念

社会福利是指国家为该国所有公民提供旨在保证一定生活水平和进一步提高生活质

量的货币或服务的社会保险制度。

社会福利有广义和狭义之分。广义的社会福利是指提升广大社会成员生活水平的各种政策和社会服务,旨在解决广大社会成员在各个方面的福利待遇问题。狭义的社会福利是指政府和社会组织通过建立文化、教育、卫生等设施,免费或优惠提供服务以及以实物发放、货币补贴等形式,向全体社会成员或特定人群给予帮助,以保证和改善其物质文化生活的制度。①

二、社会福利的主要特征

社会福利的主要特征包括全面性、平等性、普惠性、综合性、可持续性和参与性。这些特征反映了社会福利的目标和原则,旨在促进社会的公平、平等和可持续发展。

(1) 全面性:社会福利是为了满足社会各个群体的需求而设计的,并非仅关注特定个体或特定问题。它涉及经济、教育、健康、住房、就业、社会保障等多个方面,旨在提供全面的支持和保障。

(2) 平等性:社会福利追求平等和公正,以确保每个人都能享受基本的福利权益。它旨在消除社会不平等和歧视,提供公平的机会,合理分配,使每个人都能获得相应的福利和支持。

(3) 普惠性:社会福利是面向全体社会成员的,无论社会成员的经济状况、性别、种族、年龄、残疾状况等情况如何。它旨在提供广泛的福利服务,确保每个人都能够受益,尤其注重为弱势群体和有特殊需求的人群提供额外的支持。

(4) 综合性:社会福利是一个综合性的系统,涵盖了不同的福利领域和服务。社会福利包括社会保障、医疗保健、教育、劳动就业、住房、儿童福利、老年人福利等多个方面,可满足人们各个阶段和各个方面的需求。

(5) 可持续性:社会福利的设计和实施需要考虑到长期的可持续性。它需要平衡资源分配和考虑财政可行性,确保福利措施的可持续性和长期效益,以满足未来的需求和挑战。

(6) 参与性:社会福利强调社会成员的参与和合作。它鼓励社区参与、民众参与和利益相关方的参与,以确保福利政策和措施的有效性和适应性。

三、社会福利的重要理论与模式

(一) 马克思主义社会福利思想的创立与发展

1. 马克思、恩格斯、列宁的社会福利思想

马克思、恩格斯在对资本主义国家社会福利制度进行分析和批判的前提下,初步提出了社会主义(共产主义)社会福利制度。

首先,社会福利的立足点是人的发展需要。社会福利的根本目的是实现人的自由和全面发展,这就将共产主义与社会福利完美结合在一起,使人真正得到了自由和解放。其次,社会福利的价值取向是实现社会公平正义。马克思认为正义应当是实际的,而不是抽象的、思维的,它应当从现实中的人出发,能在社会中、经济运行中实现,是一种建立在物

---

① 孙光德,董克用.社会保障概论[M].6 版.北京:中国人民大学出版社,2019.

质利益至上的价值观念。最后,社会福利的核心是社会产品再分配。在处理生产与分配的关系时,必须平衡社区成员的劳务供求情况和社区经济的总体发展趋势,并充分考虑到由劳动力创造的劳动价格与再分配价值是否相当或对等。社会福利还体现为其对弱势群体的政策倾斜与社会照顾。

列宁在社会保障福利问题上开创了社会主义社会保障福利实践的先河。实行国家保险是工人阶级最好的保险形式。列宁分析了资本主义国家社会保险的客观必然性。他认为,由于工人工资少,无产者根本不能从工资中拿出一些钱来储蓄,以满足在丧失劳动能力时,以及与资本主义生产方式紧密联系的失业时的需要。列宁还认为,要采取灵活多样的形式来筹集社会福利基金。十月革命后,列宁领导布尔什维克党拟定保险基金从累进的所得税、财产税和遗产税中提取,在实施这些税收以前,临时向雇主征收专款。此外,列宁建议以提高生产力水平来促进社会福利事业的发展。列宁认为经济落后国家的社会福利只能随着生产发展和社会逐步积累而实现发展和完善,不能幻想社会主义制度一建立就能实现普遍而完善的福利。

2. 中国特色的社会福利思想

毛泽东的社会福利思想与马克思、恩格斯的社会福利思想一脉相承,并与当时我国具体实际相结合,形成了具有中国特色和时代特点的社会福利思想。他对社会福利的思考是随着客观历史发展、社会环境和人民生存状况的变化而不断发展、加深的。

一是坚持以人民的利益为中心。毛泽东始终强调,中国共产党代表的是最广大人民群众的利益,离开了人民群众,中国共产党只会成为无源之水、无本之木。因此,社会福利应该以人民群众的需要为出发点,改善人民生活,提高人民生活水平。二是社会福利水平要与社会生产力的发展相适应。毛泽东在《论十大关系》中指出,工人的劳动生产率提高了,他们的劳动条件和集体福利就需要逐步有所改进。生产力的发展与恢复是国家开展一切工作的物质基础,社会福利的水平必须随着生产力增长而不断提升,这是一个渐进的发展过程。

《邓小平文选第二卷》中指出要在调整中实行高度的集中统一。邓小平认为要按照人在本职工作中的贡献程度来确定劳动报酬与福利待遇,切实保障集体劳动者和个体劳动者的合理利益。如果平均发放每个人的薪水,而不考虑其在本职工作中的贡献、能力和技艺,则不符合所谓的公平劳动,无法充分调动人民群众的积极性与创造力。

江泽民在党的十六大中指出,社会福利事业的发展对我国民生建设和社会稳定发挥着重要作用。他明确指出要通过发展生产力来解决关乎国计民生的头等大事,全面开创社会福利事业发展的新局面,推进社会主义现代化。他强调发展社会福利事业要处理好社会福利与社会稳定之间的关系,要充分认识社会福利事业的地位、作用,切实发挥管理职能作用。

胡锦涛在中国共产党第十八次全国代表大会上指出要在改善民生和创新管理中加强社会建设,并明确提出要围绕构建中国特色社会主义社会管理体系,加快形成党委领导、政府负责、社会协同、公众参与、法治保障的社会管理体制,加快形成政府主导、城乡覆盖、可持续的基本公共服务体系,加快形成政社分开、权责明确、依法自治的现代社会组织体制,加快形成源头治理、动态管理、应急处置相结合的社会管理机制。在科学发展观的指导下,构建多层次、可持续、全覆盖的社会福利体系,始终强调把人民群众的生命健康和生

活质量放在第一位,走全面、协调、可持续的发展道路。

习近平新时代中国特色社会主义思想是全面建成社会主义现代化强国、推进中华民族伟大复兴的行动指南,这一科学理论具有深厚的人民性。在社会福利方面,习近平总书记提出了以下一系列政策和理念,旨在不断提高人民的生活水平,持续保障人民的基本权益,实现社会的公平正义。

(1)坚持党的领导。习近平总书记明确指出,要顺利推进新时代中国特色社会主义各项事业,必须完善坚持党领导的体制机制,更好发挥党的领导这一最大优势。党的领导是中国特色社会主义事业的根本保证,也是社会福利事业健康发展的重要保障。

(2)坚持人民至上。习近平总书记深刻阐明了发展的根本目的是增进民生福祉,保障和改善民生的着力方向是多谋民生之利、多解民生之忧,价值取向是促进社会公平正义。这一理念在实践中,需要政府和社会致力于提供广泛的社会福利服务,包括教育、医疗、就业、住房、福利援助等多个方面。通过建立健全社会福利制度,确保人民在各个方面得到基本的保障,不断提高人民的生活水平和幸福感。

(3)坚持共建共享。习近平总书记倡导构建共建共享的社会福利制度,通过社会保障体系、医疗保障制度、教育公平等措施,促进资源的公平分配,让全体人民共享发展成果。习近平总书记强调,政府扮演重要角色,负责制定和实施相关政策和法律,提供基本的社会福利服务,并监督资源的合理分配。非营利组织和社会团体也应发挥作用,通过提供额外的福利服务、倡导社会公平和社会正义等方式,参与到福利共建共享的过程中。同时,企业和个人也应该承担社会责任,积极参与社会福利事业,为社会福利的建设和发展作出贡献。

(二)其他社会福利思想理论

1. 费边①社会主义的社会福利理论

在费边社会主义理论中,社会福利被视为实现社会公平、提高人民福祉的重要手段之一。这一理论非常强调社会公平、全面发展和人民福祉。其强调通过提供基本公共服务、建立社会保障体系、加强公共财政支持和促进区域均衡发展,可实现社会福利的普惠性、平等性和可持续性。费边社会主义的社会福利理论包括以下几个方面:

(1)强调全面发展,即通过经济发展和社会进步来提高人民的生活水平和福祉。社会福利被视为实现全面发展的重要途径之一,其通过提供基本公共服务和福利保障,满足人民的基本需求,促进人的全面发展。

(2)倡导提供广泛的基本公共服务,涉及教育、医疗、养老、住房等领域。这些服务被视为人民享有的基本权利,应当得到国家的保障。国家应提供免费或普惠的基本公共服务,从而实现社会福利的普惠性和平等性。

(3)建立健全的社会保障体系,包括社会保险、社会救助和社会福利等方面。建立全面的社会保障体系旨在保障人民在面临风险和困境时的基本生活需求,降低社会风险,提高人民的社会保障水平和福利待遇。

(4)提供充足的财政支持。该理论倡导通过合理的财政分配和资源配置,确保社会

---

① 费边社成立于1884年,其代表人物有剧作家兼评论家萧伯纳、历史学家韦伯、小说家 H·G.威尔斯等,其宗旨是"按照最高道德原则迅速重建社会"。

福利的可持续发展,充分发挥社会福利的公共效益。公共财政支持的范围包括政府财政投入、税收政策和社会保险基金等。

2. 威伦斯基[①]的社会福利理论

威伦斯基的社会福利理论强调政府在社会经济领域的积极作用,主张通过税收和福利政策来实现社会公平和福利的合理分配,同时追求经济效率和竞争力的平衡。这一理论对于福利国家的建立和社会政策的制定具有重要的指导意义。该理论的主要观点包括以下几个方面:

(1)福利国家的角色。威伦斯基认为,政府应该在经济和社会领域发挥积极的作用,以确保公民的基本福利和社会公平。他主张建立福利国家,通过政府干预和社会福利政策来提供公民所需的基本服务,包括医疗保健、教育、住房等方面。

(2)税收与福利分配。威伦斯基提出所谓的"威伦斯基三角理论",即税收、公共支出和福利分配之间的关系。他认为,为了提供公共服务和社会福利,政府需要征收税收。税收的多少和分配方式应该根据社会公平原则来确定,以确保富人承担更多的税赋,为低收入者提供更多的福利和社会保障。

(3)社会公平与经济效率的权衡。威伦斯基强调社会公平与经济效率之间的平衡。他认为,在追求社会公平的同时,必须考虑经济的效率和竞争力,以确保经济的可持续增长和就业机会的创造。他主张通过适当的税收和福利政策来实现这种平衡。

3. 蒂特马斯[②]的社会福利理论

蒂特马斯的社会福利理论对后来福利国家的发展产生了深远影响。他强调公民权利和社会福利的平衡,倡导政府在确保公民自由和平等的同时,提供社会保障和福利服务。该理论将社会福利划分为三个主要维度:民事权利、政治权利和社会权利。

(1)民事权利是指个人在法律上享有的基本权利,包括财产权、合同权和法律诉讼权等。蒂特马斯认为,这些权利是现代社会的基石,对于个人的自由和独立至关重要。

(2)政治权利是指公民在政治上参与和影响决策的权利,包括选举权、言论自由和结社自由等。蒂特马斯认为,政治权利是确保公民在社会中拥有平等地位和机会的关键。

(3)社会权利是指公民享有的社会保障和福利,包括教育、医疗保健、住房和福利援助等。蒂特马斯认为,社会权利是现代福利国家的核心,旨在提供公平和平等的机会,减少社会不公现象。

4. 阿马蒂亚·森[③]的社会福利理论

阿马蒂亚·森的社会福利理论对于推动公平包容的社会发展具有重要的理论和政策启示。他的理论强调人的自由和能力,以及对公平正义的追求,为评估和改善社会福利提供了有益的框架。阿马蒂亚·森的社会福利理论的主要观点包括以下几个方面。

① 美国学者 H. 威伦斯基和李宾士于 1965 年在《社会工作与社会福利》一书中提出了"社会福利的二分法":剩余性福利(residual welfare),它是针对社会上无法自助者提供的暂时性、补偿性和紧急性的社会救助;制度性福利(institutional welfare)是指政府为所有公民提供的福利。
② 理查德·蒂特马斯(Richard Titmuss,1907—1973):英国社会政策的鼻祖,现代社会政策理论的创始人,20 世纪对英国乃至整个西方世界社会福利思想产生深远影响的社会民主主义思想家。
③ 阿马蒂亚·森(Amartya Sen):1933 年出生于印度孟加拉湾,1959 年在英国剑桥大学获得博士学位,其后先后在印度、英国和美国任教。他凭借在福利经济学上的贡献获得 1998 年诺贝尔经济学奖。

（1）人类发展。阿马蒂亚·森认为社会福利的核心是人类发展。他强调人的能力和自由是评估社会福利的关键指标。他认为社会福利的目标应该是扩展人们的选择和能力，使他们实现自己的目标和价值。

（2）功能能力。阿马蒂亚·森提出了"功能能力"的概念，它是指一个人实现各种功能和活动的能力，如健康、受教育、就业等。阿马蒂亚·森认为社会福利的衡量应该在物质资源分配的基础上，关注人们实际能够实现的功能能力。

延伸阅读

（3）公平正义。阿马蒂亚·森强调社会福利应该追求公平正义，关注弱势群体的利益和权利。他认为社会福利的提升应该优先考虑那些处于劣势地位的人群，如贫困人口、少数族裔和残疾人士等，并通过公平的机会和资源分配来消除社会不平等现象。

第二节　社会福利的基本内容

一、社会福利体系

社会福利体系是由具有利他性与福利性特征，能够为公民的物质生活带来保障，为其精神生活带来慰藉，并提升公民生活质量的若干举措或手段构成的"福利整体"。

目前，世界各国的社会福利体系内容不尽相同，并且会随着社会的发展变化而不断发展变化。一般而言，一个完善的社会福利体系大致应包括老年人福利、残疾人福利、妇女儿童福利、青少年福利、教育福利、住房福利、医疗福利等诸多方面。按照享受对象类别，社会福利可分为：为全体社会成员提供的公共福利，为本单位、本行业从业人员及其家属提供的职业福利，为老年人提供的老年福利，为婴幼儿、少年儿童提供的儿童福利，为妇女提供的妇女福利，为残疾人提供的残疾人福利。

关于这一部分，本书会在本章第三节"社会福利的主要对象"中进行详细介绍。

二、社会福利的提供形式

（一）实物形式

社会福利的实物形式是指政府和社会通过举办各种社会福利事业、向社会提供社会福利设施等实物形式来实现社会福利待遇。它是社会福利最主要的实现形式。政府通常通过兴办各种社会文化、教育、体育、健身、休闲等公益性的社会事业，提供相关的福利设施来体现社会福利待遇。例如，国家通过兴办教育事业，实行义务教育或低费教育，为社会成员提供教育福利；通过兴建各种文体娱乐设施，以丰富人民群众文化体育生活，为社会成员提供文体福利；通过举办疗养院、社会福利院等，为社会成员提供生活和康复福利；通过兴建公园、健身场馆等，为社会成员提供休闲和健身福利等。

（二）货币形式

社会福利的货币形式是指政府以向居民发放货币津贴的形式来提供社会福利。这里的货币津贴一般被称作社会津贴或社会补贴，它是政府在实施某项可能影响居民物质利益的社会经济政策时，为使居民能够共享政策实施推动经济发展的成果，或使居民不至于因新政策出台降低生活水平,而为居民普遍提供的一种货币津贴,如因农产品提价而为居民提供的物价补贴、因住房制度改革而为居民提供的住房补贴等。

(三) 服务形式

社会福利的服务形式是指政府和社会为解决社会成员的生活困难,使其生活更方便,而由社会福利组织向社会成员提供社会服务的社会福利形式。在现实生活中,社会服务主要是通过社区组织和福利机构来实现的,因此,社会服务的主要形式是社区服务。社会服务主要通过各类福利院、福利工厂、福利卫生医疗机构、福利性娱乐场所等来为社会成员提供服务,以提高社会成员的生活质量。

三、社会福利的作用与功能

(一) 社会福利的作用

社会福利制度是社会经济发展的产物,也对社会经济具有促进作用。社会福利的作用具体表现在以下几个方面:

(1) 提高人民生活质量。社会福利面向全体社会成员,其在社会保险等其他具有特定保障对象和条件的社会保障制度之外,为广大社会成员提供基本的公共服务和津贴,可进一步提高社会成员的生活质量。

(2) 促进社会和谐稳定。社会福利具有稳定社会的作用,这是通过保障和提高广大国民的生活质量来实现的。随着社会经济的发展,人们对生活质量的要求不断提高,只有基本满足国民的多种需求,才能使其对社会和国家产生归属感,进而促进社会稳定。

(3) 推动经济健康发展。社会福利制度不仅可以促进社会稳定,而且能够调控经济发展。社会福利基金主要来源于国家财政拨款和享受者个人所缴的费用。发展社会福利事业,有利于增加市场上的货币供应量,可以促进消费,进而拉动投资增长。

(二) 社会福利的功能

社会福利作为现代社会保障体系的重要组成部分,其基本功能主要是从经济角度为公民的生活提供保障,保障社会成员的发展和社会的安定和谐。具体而言,社会福利具有以下功能:

(1) 保护妇女儿童的基本权利和健康。妇女由于生理方面的某些特点,需要得到全社会一定的特殊照顾和保护;儿童是国家的希望和民族的未来,也应得到全社会的关注和爱护。妇女儿童福利水平是衡量社会福利水平的重要标志。

(2) 保护残疾人的基本权益。社会福利使残疾人享有同正常人一样的工作和生活权利,并在社会范围内满足他们的特殊需要。

(3) 保护老年人的基本权益。社会福利让老年人共享经济社会发展的成果,满足老年人的生活福利需求,不断提高老年人福利待遇。

(4) 保护全体公民受教育的权利。发展教育事业可以普遍提高全民族素质水平。百年大计,教育为本。一国国民的受教育程度,同该国的福利水平紧密相关。

(5) 保障并不断改善公民的居住条件。住宅问题既是维护公民基本生活权利的内容之一,也是社会福利的一个关注重点。

第三节　社会福利的主要对象

一、公共福利

（一）公共福利的概念

公共福利是社会福利的重要项目，它是指国家和社会为满足全体社会成员的物质及精神生活基本需要而兴办的公益性设施和提供的相关服务。公共福利的内容十分广泛，涉及人民生活的诸多方面，教育福利、住房福利和医疗福利都属于公共福利。

（二）公共福利的内容

1．教育福利

教育福利与国家的教育政策紧密相关，它是指国家和社会通过社会化的教育投资和福利性的设施，满足全社会成员的受教育愿望和需求，从而促使全社会成员的素质不断提高的一种社会福利。从一国或地区发展的角度出发，国家或地区的劳动者的素质越高，其社会经济往往就越发达，而劳动者的较高的素质是通过教育来实现的。教育福利的发展程度关系一国或地区的经济发展和社会进步程度。

教育福利包括以下两个方面：

（1）国民基础义务教育。国民基础义务教育是教育福利的主要内容。国民基础义务教育的经费在任何国家都是由政府保证的。国家有义务为学龄儿童提供接受教育的条件，保障每一位儿童拥有平等的受教育的权利和机会。

（2）社会捐助教育。社会团体、社会热心人士捐助，以及慈善机构设立教育基金或直接为学校捐资，构成教育福利的补充部分。一些单位或个人设立基金，社会捐资组成基金（如我国青少年发展基金会牵头开展的全国性的救助失学儿童的"希望工程"），资助困难学生和奖励成绩特别优异的学生。此外，社会捐助教育还包括各类私立学校、教会学校和企业单位创办的学校等。社会保障机构也会直接办学，如特殊教育学校、为失业人员提供职业培训的学校等。

2．住房福利

住房福利主要是指国家和社会面对城市中低收入群体，为解决其住房问题，提高其住房生活质量而提供的福利。关于住房是否属于社会福利的内容，有三种不同的观点：第一种观点认为住房只具有纯粹的商品性而不具有福利性，社会成员需要支付货币去购买住房，住房属于个人所有；第二种观点则认为住房可以通过社会福利的形式，由国家和社会在工资分配之外进行分配；第三种观点具有折中性，认为住房既具有商品性，也具有福利性。

政府以多种形式提供住房补贴，包括：需求方面的补贴，如收入和房租补贴；供给方面的补贴，即通过土地成本、建设成本以及对建筑企业的税收优惠等形式实行补贴；住房金融的补贴，如利率、税收、增值与折旧的特殊处理等。

住房福利的核心是政府为中低收入居民家庭提供经济适用住房和廉租住房。这样既

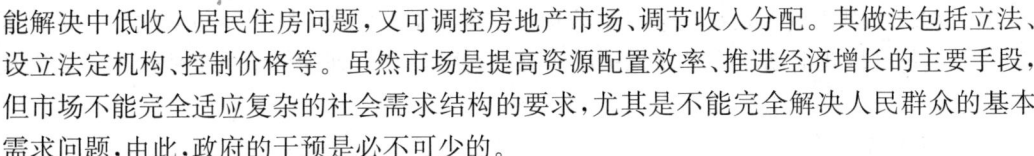

能解决中低收入居民住房问题,又可调控房地产市场、调节收入分配。其做法包括立法、设立法定机构、控制价格等。虽然市场是提高资源配置效率、推进经济增长的主要手段,但市场不能完全适应复杂的社会需求结构的要求,尤其是不能完全解决人民群众的基本需求问题,由此,政府的干预是必不可少的。

3. 医疗福利

医疗福利的基本目标是预防各种疾病发生,满足社会成员的卫生需求,提高全社会的健康水平,促进经济发展与社会进步。医疗福利的基本内容可以概括为以下三个方面。

(1)预防性医疗福利。预防性医疗福利具体包括以下几个方面:提供面向全部社会成员或部分人口的预防性卫生服务,传染病的预防与控制服务,职业病、地方病和寄生虫病的防治服务等;普及大众健康教育,其重点是普及基本卫生知识和基本食品安全知识,使民众养成健康的生活方式;致力于健康环境的改善,其重点是保障公共场所的卫生安全等。

(2)治疗性医疗福利。治疗性医疗福利具体包括以下几个方面:由政府拨款建设公共医疗设施,构建社会医疗服务网络,合理配置医疗服务资源;以公共资金支持医疗及护理服务体系和医护人员队伍建设;通过政府行动推动医疗技术进步和医疗服务质量的提高。

(3)专门性医疗福利。专门性医疗福利具体包括以下几个方面:妇幼保健医疗福利,含妇女卫生保健福利和儿童卫生保健福利;老年医疗保健福利,含老年病防治和为老年人提供更加优惠的医疗服务等;残疾人医疗康复事业;针对低收入群体和其他一些特殊困难群体的医疗卫生政策。

二、职业福利

(一)职业福利的概念

职业福利是指企业单位在工资和社会保险之外,以职工为对象而提供的各种福利设施和福利项目的总称。其是行业和单位为满足职工物质文化生活需要,保证职工一定生活质量而提供的工资以外的津贴、设施和服务。职业福利按其社会化程度可以分为两个层次:一是国家通过一定的法律手段和途径在某些行业和企业中普遍实行的制度,如职工探亲假制度、与职业关联的特殊津贴制度;二是单位在完成国家所有税项任务前提下力所能及地为职工提供的福利。

(二)职业福利的内容

1. 福利津贴

福利津贴一般以现金形式提供,是职工工资收入以外的收入,是企业根据国家有关法律法规规定,直接发放给员工个人的现金补助。福利津贴涉及衣、食、住、行、乐等多个方面,可以以多种形式存在,以多种名目出现。福利津贴的主要项目有:带薪年休假,指单位在员工在本单位工作满一年即可享受带薪休假的一种福利;职工探亲假补助,即员工根据政策规定享受探亲假,员工享受探亲假期间,企业除照常支付职工工资,还要承担职工探亲期间往返路费和住宿费中超过本人标准工资30%的部分;职工上下班交通津贴,主要适用于大中城市家庭所在地距工作地点较远的各单位职工;职工生活困难补助,

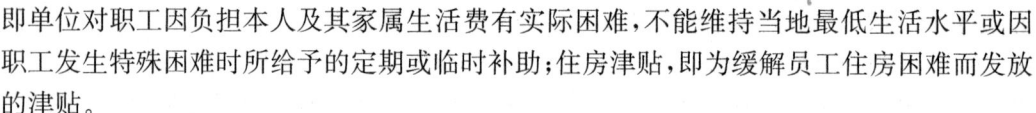

即单位对职工因负担本人及其家属生活费有实际困难,不能维持当地最低生活水平或因职工发生特殊困难时所给予的定期或临时补助;住房津贴,即为缓解员工住房困难而发放的津贴。

2. 福利设施

职业福利设施是指单位为满足员工的物质和文化生活需要,为解除员工生活上的后顾之忧所建立的各种设施的总称。福利设施包括以下四类:一是直接为减轻员工生活负担而提供的各种设施,如职工食堂、职工宿舍、托儿所、幼儿园、浴室、理发室、休息室等;二是为丰富员工文化娱乐生活而建立的各种设施,如文化室、俱乐部、职工图书馆、歌舞厅、电影院等;三是为保障员工身体健康而建立的防病治病设施,如医务室、疗养院、健身房、游泳池、运动场等;四是为帮助职工解决子女入学而建立的学校,如子弟学校等。

3. 福利服务

职业福利提供的服务相当广泛,不仅包括与上述各项设施相关的各项服务,还包括如班车接送上下班、提供健康检查、组织员工旅游、疗养等特别服务。

三、老年人福利

(一) 老年人福利的概念

老年人福利是以老年人为特殊对象的社会福利项目,是指国家和社会为了发扬敬老爱老美德,以安定老年人生活、维护老年人健康、充实老年人精神文化生活而采取的政策措施。老年人福利是养老保险的延续和提升,其在保障老年人基本物质生活需要、解决好"养"的基础上,进一步满足老年人精神文化生活的需要,努力实现"老有所养、老有所医、老有所为、老有所乐"。

(二) 老年人福利的内容

1. 生活及护理服务

老年人的活动能力下降,出现各种意外的概率也大大增加。一些老人生活无法自理,需要家庭和社会提供照料。在传统的农业社会里,老人主要依赖家庭提供生活照料。进入工业化社会以后,由于家庭结构的变化以及家庭照顾功能的相对减弱,社会照顾的作用就显得非常重要。一般来说,老人生活及护理服务主要是通过开办社会福利院、老年公寓、老年活动站等为老年人提供生活照料。生活照料包括基本日常生活照料和工具性日常生活照料。基本日常生活照料包括给老人喂饭、穿衣、洗澡,帮助其上厕所等,其主要服务对象是高龄老人和瘫痪、卧病在床的老人;工具性日常生活照料则包括帮老人做饭、洗衣、料理家务、购物等。

2. 医疗保健服务

人进入老年阶段后,由于生理功能的衰退,抵御疾病的能力也下降,往往会患上各种老年病、慢性病,故应该为老人提供定期保健服务。健全的医疗保险体系和老年医疗保健福利对老人而言有着重要意义。可建立老年保健康复室,定期为老年人提供各种检查、保健服务。

3. 文化娱乐服务

进入老年后,老人会更重视精神上的追求,如个人兴趣的发展、参与各种社会活动以实现自我价值等。休闲娱乐不仅可以满足老人的精神需求，还可以让老人结识更多的朋友。通过安排老年人参加运动会、书画比赛，创办老年人活动中心、老年大学，开展老年人再就业咨询、培训等，可以让老年人在集体中发展出一些非正式的社会关系，从而满足他们的心理需求和社会需求。

（三）老年人福利的作用

社会应创造一个尊重老年人、关爱老年人的环境，让老年人在晚年过上健康、有尊严和有意义的生活。老年人福利的作用包括以下几个方面：

（1）保障老年人的基本权益。老年人福利政策的一个重要作用是保障老年人的基本权益，包括确保老年人享有社会保障、医疗保健、住房、交通和社会服务等方面的权益。福利措施可以通过法律和政策来保护老年人免受歧视和虐待，确保他们在社会中受到尊重和关爱。

（2）提供健康和医疗服务。老年人福利的另一个重要作用是提供健康和医疗服务，满足老年人特殊的医疗需求，包括向老年人提供定期健康检查、医疗保险、长期护理和药物补贴等服务。福利措施还可以为老年人提供康复和护理支持，提高老年人的生活质量。

（3）提供经济保障和退休福利。老年人福利还可以为老年人提供经济保障和退休福利，减轻老年人在经济方面的负担。养老金、退休金、老年津贴和其他社会福利金的发放，可以满足老年人的日常生活需求。

（4）提供社交支持和社区参与。老年人福利的另一个重要作用是为老年人提供社交支持。老年人活动中心、社交团体和兴趣小组等可以促进老年人之间的交流和互助。志愿者服务和社会支持网络可以帮助老年人积极参加社会活动。

四、残疾人福利

（一）残疾人福利的概念

残疾人福利是指国家和社会在保障残疾人基本物质生活需要的基础上，为残疾人在生活、工作、教育、医疗和康复等方面提供的设施、条件和服务。残疾人是社会弱势群体，现代国家通常通过立法手段保护残疾人的合法权益，并给予其尽可能多的福利和照顾，使残疾人全面参与社会生活，共享社会发展带来的物质文化成果。

（二）残疾人福利的内容

1．就业福利

目前我国安置残疾人就业主要有两种方式。第一种方式是集中安排残疾人到社会福利企业就业。福利型企业的特点在于：一是社会效益和经济效益并重；二是安置部分残疾人并配备一定比例的健全劳动力，以便生产经营能顺利进行；三是具有残疾人工作的适应性；四是政策的倾斜性；五是加强残疾人的职业培训和教育，提高残疾人的就业素质等。安置残疾人就业的第二种方式是将残疾人按企事业单位人数的一定比例分散安排到各企事业单位，由全社会承担起帮扶残疾人的社会责任。由于多数社会福利企业人员技术力量较为薄弱，故在激烈的市场竞争中，社会福利企业的发展困难重重。国外许多国家也通常采取多种方式来解决残疾人就业问题，取得了良好效果。

2. 生活保障

生活保障也称社会救助。在我国,贫困人口中有半数左右是残疾人,残疾人和残疾人家庭的生活十分困难。据统计,我国目前70%左右的残疾人的经济来源是家庭亲属供养和国家集体救济。对残疾人实行社会救助以保障他们的基本生活,是现阶段我国残疾人社会保障工作中不容忽视的重要内容。应制定生活贫困线,将包括残疾人在内的贫困者置于社会安全网内。同时,社会救助金应随经济发展和生活费用的提高而不断增加,以抵消物价上涨等因素对残疾人实际生活的影响。残疾人社会救助要同残疾人就业、教育、医疗等结合起来,从根本上消除残疾人群体中的贫困现象。

3. 教育保障

发展残疾人教育事业是提高整个残疾人群体生活质量的基础和前提。残疾人受教育程度的高低影响着他们的就业机会、收入水平、社会地位和精神状态,因而残疾人社会福利的一个重要方面就是要保障残疾人受教育的权利,为他们提供受教育的机会。残疾人教育主要包括:基础教育(对那些有学习能力的残疾学龄儿童和青少年,国家和社会要保障他们享受义务教育的权利,不应因身体缺陷而使他们失学);特殊教育(身体的残疾使残疾人在受教育方面存在客观上的不利因素和特殊困难,为了弥补这方面的不利,社会应根据各类残疾人的特点,通过盲聋哑学校、培智学校、在普通学校开设特教班等形式对残疾人开展特殊教育,包括文化学习、生活自理能力教育和心理辅导);职业教育和成人教育(根据残疾人的特点开展职业教育和成人教育,补偿其生理缺陷,使他们拥有一技之长,以增加他们的就业机会,提高其社会生存能力);残疾人高等教育(根据残疾人身心的基本特征和需要,采用普通的或特殊的教育教学方法,使取得高等教育入学资格的残疾青年能够在普通高等教育院校或专门高等教育机构接受教育)。

4. 医疗康复保障

残疾人康复是指通过残疾人自身的努力和外力的辅助,使残疾人的精神和身体得到最大程度的恢复。康复工作是一项综合性工作,涉及心理康复、职业康复、精神病人的治疗康复、体疗、假肢与矫形器的装配等。康复训练具有适应面广、简便易行的特点,绝大多数残疾人可以通过康复训练,达到功能补偿、能力增强的目的。社区康复遵循就近就地、便利实效的原则,适合残疾人数量多、分布广、经济条件有限的状况。因此,康复训练与社区康复服务是残疾人康复的重点。残疾类别的特殊性和残疾人康复需求的多样性,决定了残疾人康复事业的社会性。建立社会化的康复工作体系,是残疾人康复的首要前提。

5. 残疾人社会服务

残疾人社会服务是指社会为方便残疾人生活、满足残疾人物质和文化需要而提供的各种无障碍设施、信息交流无障碍服务、各种优先服务和照顾。残疾人社会服务应立足于残疾人的实际生活,防止出现表面化、形式化倾向;同时要加强社会管理,维护残疾人群体的切身利益。残疾人社会服务也包括为残疾人群体提供开展文体活动的机会。各种文化体育活动不仅可以满足残疾人丰富精神文化生活的需要,提高他们的自强精神和社会参与意识,而且还可以为残疾人提供展示自己才华的舞台,让更多人了解和关心残疾人的生活。

(三) 残疾人福利的作用

残疾人福利的重要目的是保障残疾人的权益,促进他们全面参与社会生活。通过注重残疾人福利,社会可以创造一个更包容和平等的环境,使残疾人能够充分发挥他们的潜能,为社会发展作出贡献。残疾人福利的作用包括以下几个方面:

(1) 保护残疾人权益。残疾人福利的一个重要作用是保护残疾人的权益和尊严,确保他们享有平等的机会和福利,免受歧视和虐待。残疾人福利措施可以通过法律和政策来确保残疾人在教育、就业、住房、医疗保健、交通和社会服务等方面享有平等的权益。

(2) 提供支持和康复服务。残疾人福利的另一个重要作用是提供支持和康复服务,以帮助残疾人实现他们的潜能,改善他们的生活质量。残疾人福利可提供医疗和康复服务,如物理治疗、职业治疗和心理辅导,帮助残疾人克服身体、认知或心理上的困难。此外,福利措施还可以提供辅助设备、辅助技术和个人援助,以便残疾人更好地参与社会活动。

(3) 促进社会参与和提高社会包容度。残疾人福利意味着创造一个无障碍的社会环境,使残疾人能够参与社区生活和公共事务,从而提高社会包容度。

(4) 提供经济保障。残疾人福利还可以为残疾人提供经济保障,以减轻残疾人及其家庭面临的经济负担。残疾人福利包括残疾津贴、失能津贴、医疗补贴和其他福利金,可满足残疾人日常基本生活需求。经济保障可以减轻残疾人在就业和经济机会方面的不平等,并确保他们能够享受基本权益和福利。

五、儿童福利

(一) 儿童福利的概念

儿童福利有广义和狭义之分。广义的儿童福利是指一切针对全体儿童的,促进儿童生理、心理及社会潜能发展的各种措施和服务,它强调社会公平,具有普适性。狭义的儿童福利是指面向特定儿童和家庭的服务,如孤儿、残疾儿童、被遗弃儿童、被虐待或被忽视的儿童、家庭破碎的儿童、行为偏差或情绪困扰的儿童等,这些儿童往往需要予以特别救助、保护和矫治。

(二) 儿童福利的内容

儿童福利包括儿童普遍社会福利和特殊儿童社会福利。

1. 儿童普遍社会福利

(1) 家庭保护。国家通过立法,规范儿童在家庭中的权利和应受到的保护,包括保护儿童的生命健康权,父母或者其他监护人应当依法履行对未成年人的监护职责和抚养义务,不得虐待、遗弃未成年人,不得歧视女性未成年人或者有残疾的未成年人,禁止溺婴。

(2) 医疗卫生与保健福利。卫生部门对儿童实行预防接种制度,积极防治儿童常见病、多发病,加强对传染病防治工作的监督管理,对托儿所、幼儿园卫生保健的业务指导。学生在校学习期间,卫生部门和学校应当为儿童提供必要的卫生保健条件,做好预防疾病工作。同时国家还兴办专为儿童医疗保健服务的儿童医院,或者在全科医院中设立儿科。

(3) 教育福利。儿童的受教育权和发展权是儿童权利的重要组成部分。20世纪中叶以来,随着儿童权利意识的不断提高,"教育机会均等"及"保证每个孩子都能享受到促进其身心和谐发展的良好教育"成为一种社会需求。在学前教育方面,许多国家根据《儿童权利公约》的基本精神和本国的实际情况,纷纷采用立法的形式确立学前教育的地位。在

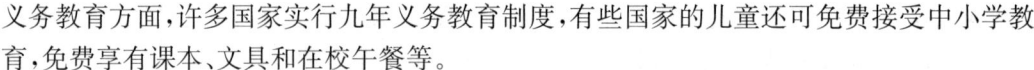

义务教育方面,许多国家实行九年义务教育制度,有些国家的儿童还可免费接受中小学教育,免费享有课本、文具和在校午餐等。

（4）文化福利。国家努力创造条件,建立和完善适合儿童文化生活需要的场所和设施,如博物馆、纪念馆、科技馆、文化馆、影剧院、体育场（所）、动物园、公园等,并对中小学生制定适当的优惠政策。一些国家对以儿童为对象的图书、报刊、音像制品等出版物予以扶持。

2. 特殊儿童社会福利

特殊儿童是指残疾儿童、孤儿、弃婴和流浪儿童等。他们除了应与普通儿童享受同等待遇,还应该受到特殊的保护。

（1）残疾儿童的预防和康复。残疾儿童的预防是指由政府颁布一系列法规、采取一系列政策措施来预防儿童先天致残。例如,《中华人民共和国母婴保健法》作出相关规定,控制有害遗传,加强婚育、孕产系统管理,做好婚前检查、婚前教育、产前检查、遗传咨询、预产期保健、母婴保健、早期教育等服务工作。

（2）特殊教育。许多国家都制定了《教育法》《义务教育法》《残疾人保障法》《残疾人教育条例》等法律法规,全面、系统地规范了残疾儿童教育的职责、特点、发展方针、办学渠道、教育方式等。各国都逐步达成共识,实行把特殊教育融入普通教育的一体化教育,使特殊儿童更多地接触社会,逐渐掌握社会规范和道德准则,最终适应社会生活。

（3）培育良好的社会环境。国家动员社会采取多种方式关心和帮助特殊儿童的成长,大力弘扬特殊儿童自强不息的精神,倡导团结、友爱、互助的社会风尚,为特殊儿童的生存和发展创造良好的社会环境。

（4）特殊儿童的监护养育。这主要是指建立相关的社会福利设施,如儿童福利院、康复中心、孤儿学校、儿童村等,负责孤儿和被遗弃的病残儿童的监护养育和安置工作。

（三）儿童福利的作用

儿童福利的重要目的是确保儿童的权益和福祉得到保护,促进他们的全面发展,并创建一个安全、公平和包容的社会环境。儿童福利的重要作用包括以下几个方面:

（1）保护儿童权益。儿童福利政策提供适当的居住、饮食、医疗保健、教育和娱乐等条件,确保儿童免受虐待、忽视、歧视和剥削。

（2）预防风险和保障安全。儿童福利措施要预防儿童遭受各种风险,确保他们的安全。儿童福利机构和社会工作者努力保护儿童免受暴力、虐待、性侵犯、贩卖和其他形式的伤害,确保儿童生活在安全和稳定的环境中。

（3）促进社会公平。儿童福利政策通过提供经济援助、教育补贴和其他社会福利措施,可以减少儿童之间的不平等,并帮助儿童获得更好的发展机会。这有助于打破贫困的代际传递,创造一个更平等和包容的社会环境。

六、妇女福利

（一）妇女福利的概念

妇女福利是指国家和社会为妇女的特殊需要和特殊利益而提供的照顾和特殊服务。国家和社会现已确认,妇女在经济、政治、文化、社会和家庭生活等各方面享有与男子平等的权利,但是权利的享有不等于权利的实现,从拥有法定权利到事实权利往往有很长的路要走。由于长期形成的社会惯性,只有以特别的立法来保护妇女的特殊权益,才可能形成真正的男女平等。

(二) 妇女福利的内容

1. 妇女生育津贴

妇女生育津贴是指政府为怀孕和分娩的妇女提供的物质帮助,以保证母亲和孩子的基本生活及孕产期的医疗保健需要。针对妇女生理特点提供特别的健康保健,为母亲提供减费或免费健康服务,在很多国家已形成制度。实行生育津贴制度主要是为了保护母婴健康,维持人类自身繁衍,同时也有利于为女性创造平等发展的机会。

2. 妇女就业福利

妇女就业福利是指通过立法和政策措施,保证妇女享有与男子同等的就业权利和机会。国家应创造男女平等的就业机制,使妇女平等地参与社会经济生活。妇女就业福利既是照顾妇女身心特殊需要的重要方面,也是为了保护社会生产力、保护妇女身体健康所采取的必要措施。各国的劳动法及相关法律均有对妇女在就业及劳动过程中提供相应的保护措施的规定,并要求用人单位严格执行。妇女就业福利具体包括以下几个方面:

(1) 对妇女就业权益的保护。保障妇女享有同男子平等的就业权利,不得以性别为由拒绝录用妇女或提高对妇女的录用标准;保障妇女享有同男子平等的就业服务的权利,政府的劳动主管部门及各类职业介绍机构在提供就业服务时,不得歧视妇女;保障妇女的就业权益不因生育和抚养子女而受到歧视或侵害,任何单位不得以结婚、怀孕、产假、哺乳等为由辞退女职工或单方面解除劳动合同。

(2) 对妇女职业权益的保护。实行男女同工同酬;不得因女职工怀孕、生育、哺乳而降低其基本工资;在晋职、晋级、评定专业技术职务及职业培训等方面,坚持男女平等的原则;根据妇女的身体和生理特点,合理安排女职工的工种。

(3) 对妇女特殊劳动权益的保护。在妇女经期、孕期、产期和哺乳期,不得安排其从事高空、低温、冷水、有毒有害等劳动;在妇女孕期、哺乳期,不得延长女职工的工作时间和安排其夜班劳动,并为其提供特殊保护设施;女职工生育时,保障其享受一定天数的产假等。

3. 福利设施和福利服务

生育津贴与劳动保护均是针对劳动妇女设置的,并且只适用于特定的阶段,如生育津贴保障的是育龄妇女,劳动保护保障的是就业期间的妇女等。未参与社会劳动或未受雇的妇女和非生育期的妇女无法享受这些福利。因此,真正具有普遍意义的妇女福利是国家和社会为全体女性提供的福利设施和服务,例如,建立女性卫生室、孕妇休息室、哺乳室、托儿所、幼儿园等设施,以妥善解决女性在生理卫生、哺乳、照料婴儿等方面的困难。另外,妇女活动中心、咨询服务中心、健美中心、妇女用品专卖店等都是为女性提供福利服务的场所。许多国家和地区还设有专门的妇女庇护所,为受虐妇女或遭遇特殊困难的妇女提供特殊救助。

(三) 妇女福利的作用

妇女福利的作用是保障妇女的权益,为妇女创造平等的机会。通过妇女福利,可以实

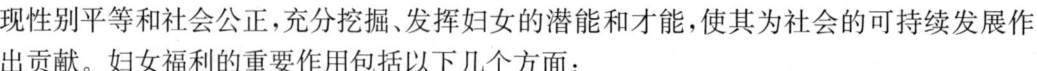

现性别平等和社会公正,充分挖掘、发挥妇女的潜能和才能,使其为社会的可持续发展作出贡献。妇女福利的重要作用包括以下几个方面:

(1)保护妇女权益。妇女福利政策的一个重要作用是保护妇女的权益和尊严,包括确保妇女免受暴力、虐待和歧视,以及提供法律保护和救济机制。福利措施可以通过法律改革、教育宣传和社会支持来消除性别不平等和暴力行为,确保妇女在家庭、工作场所和社会中享有平等的权益。

(2)提供教育和培训机会。妇女福利的另一个重要作用是提供教育和培训机会,帮助妇女挖掘自身潜能、提升能力,包括提供普及教育、职业培训和技能提升的机会,以提高妇女的就业竞争力和经济独立性。妇女教育和培训可以打破性别角色的刻板印象,促进妇女全面参与各个领域的工作。

(3)保障妇女健康和生殖权益。该项保障涉及提供妇女健康服务,如妇科检查、计划生育、产前和产后护理等。妇女福利还可以推动性教育和性健康意识的提升,有助于实现妇女的自主权和决策权,确保妇女的身体健康和生殖权益得到尊重和满足。

(4)促进职业平等和工作条件改善。妇女福利还可以促进职业平等,改善妇女的工作条件,包括推动工资平等、实现工作时间的灵活性和创造对妇女友好的工作环境。福利措施可以通过法律和政策来推动性别平等、减少职业性别歧视,确保妇女在工作中享有平等的权益和机会。

第四节　我国社会福利制度

一、新中国成立初期的社会福利制度(1949—1977年)

新中国成立初期,面对过去遗留的大量生活贫苦、流离失所、急待救济的民众,党和政府针对特殊群体实施了社会主义改造工作,如对游民采取集中收容教育、技能培训、就业安置、劳动改造及遣返回乡等改造措施。

与此同时,为尽快解决失业和贫困人员的生计问题,一些城市开始组织由烈属和城市贫民参加的手工业或小型工业生产,组建生产自救组织。随着我国社会主义改造的完成及计划经济体制的确立,城镇逐渐建立起"单位制"这一组织形式。大部分城镇居民被吸纳进单位进行就业与生活,并与单位形成依附关系。就业者的权利在单位中实现,单位则代表国家对就业者承担生老病死的无限义务,这种组织形式使单位逐渐演化成家长制的福利共同体。

在广大农村地区,伴随着20世纪50年代末人民公社化运动的推进,人民公社这一政社合一的制度架构成为我国农村基层社会管理的主要形式。在人民公社制度下,农村的基本生产资料都归集体所有,农村的公共产品供给由集体统一组织和安排,农民通过加入人民公社参加农业生产劳动,成为农村集体单位的一员。生产队从可分配的总收入中扣留一定数额的公益金,将其主要用于医疗(医疗站、赤脚医生等)、教育、文娱康乐、儿童护理等服务项目。农村居民依托社队的集体福利项目少,水平低,但在人民公社时期,农村集体福利长期运行,并支撑着农村的经济和社会发展。

此外,对于那些无法得到单位与集体保障的"三无"人员,政府通过建立民政福利制度对其基本生活进行保障。政府通过建立社会福利院与养老院,收养孤老,为其提供生活照料、医疗康复、老人食堂、文娱活动等服务;通过建立儿童福利院与婴幼院,收养社会弃婴、孤儿与流浪儿童,为其提供文化教育、劳动教育、思想教育、保育、抚养、治疗等服务;通过建立精神病人福利机构,收养"三无"精神病患者,为其提供供养服务和生活管理服务。

二、转型期社会福利的社区化与社会化(1978—2000 年)

改革开放以来,伴随着经济与社会结构的转变,许多新的社会问题不断出现,人们对社会服务的需求日益提升。计划经济时期以单位福利(集体福利)为主、民政福利为辅的制度框架受到了挑战。明确社会福利的社区化与社会化成为城乡社会福利改革的主要方向。

1978 年 9 月,第七次全国民政会议提出,有条件的地方可以吸收一些城市双职工家庭中生活不能自理的残疾人员,费用自理。1979 年 11 月,全国城市社会救济福利工作会议进一步明确,要突破以"三无"对象为收养范围的规定,积极创造条件,有计划地开展双职工家庭残疾人员和退休孤老职工的自费收养业务。1984 年 3 月,民政部在福建漳州举办的经验交流会上明确提出了"社会福利社会办",鼓励社会各界力量创办社会福利事业,社会福利的供给模式开始从国家包办向国家、集体、个人合办转变。由此,我国的社会福利开始不断引入社会资源,向多元化供给的方向发展。面对"单位人"向"社会人"转变后所产生的社会化的福利需求,1986 年,民政部在沙洲(现为张家港)会议上提出了社区服务的构想。1987 年 9 月,民政部在全国城市社区服务工作座谈会进一步提出了社区服务的内容、性质和目标。社区服务在一些城市开始进行试点和探索,并逐步在全国推广。1993 年 11 月,民政部等 14 部委联合下发了《关于加快社区服务业的意见》,将社区服务作为建立健全社会保障体系和社会化服务体系中的一个重要方面。之后,全国各地出台了一批地方性扶持保护政策,社区服务由此得到了制度上的保障,从而进入快速发展时期。

三、新世纪以来多层次社会福利框架形成(2001—2011 年)

20 世纪末,为应对人口老龄化所带来的高龄化、失能化、空巢化等问题,我国加快了老年人社会福利的建设工作。

在养老服务方面,2001 年,民政部在全国启动了"社区养老服务星光计划",着力实施城乡社区老年人福利设施建设。社区居家养老模式逐渐兴起,并在城市地区得到快速推广。2006 年 2 月,全国老龄办等 10 个部门下发《关于加快发展养老服务业意见的通知》,将发展社会养老服务机构、居家老人服务、老年护理等业务作为养老服务的工作重点。2013 年 9 月,国务院出台《关于加快发展养老服务业的若干意见》,围绕健全养老服务体系、促进养老服务业发展作出了总体部署。经过多年的建设与发展,目前我国已经初步构建起以居家为基础、社区为依托、机构为补充、医养相结合的社会养老服务体系。

在残疾人就业方面,我国不仅在《中华人民共和国残疾人保障法》和《中华人民共和国

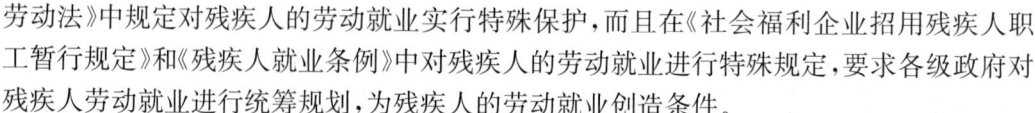

劳动法》中规定对残疾人的劳动就业实行特殊保护,而且在《社会福利企业招用残疾人职工暂行规定》和《残疾人就业条例》中对残疾人的劳动就业进行特殊规定,要求各级政府对残疾人劳动就业进行统筹规划,为残疾人的劳动就业创造条件。

在残疾人教育方面,我国特殊教育体系逐步形成。全国各省(市)建立残疾儿童学前教育机构,开展聋儿听力语言训练工作,设立特殊教育职业培训或中等职业技术学校。

在孤儿保障方面,2010 年 11 月,国务院下发《关于加强孤儿保障工作的意见》,开始在全国范围内建立孤儿基本生活保障制度。这是国家第一次直接通过现金补贴的形式为福利机构内外的孤儿提供制度性保障,标志着我国在儿童福利政策方面的突破,推动我国儿童福利制度从补缺型向适度普惠型转变。随后民政部、财政部发布《关于发放孤儿基本生活费的通知》,为所有孤儿发放基本生活津贴。

四、新时代我国社会福利制度的重大成就(2012 年至今)

2012 年,我国提出建立完善的老年福利制度,鼓励地方政府设立 80 周岁以上低收入老年人高龄津贴。至 2016 年,全国建立老年人补贴制度的省(市)增至 26 个。高龄老人津贴发放由原先仅面向低收入或失能老人,逐步扩展为符合年龄条件的所有老人,从而推动高龄老人津贴制度由补缺型向适度普惠型转变。针对老年人护理需求与养老服务需求的增长,各地纷纷探索并相继设立了老年护理补贴与养老服务补贴,形成老年人生活保障与服务保障相结合的老年福利制度体系。至 2018 年,各省区市均已建立高龄津贴制度,其中 30 个省份建立服务补贴制度,29 个省份建立护理补贴制度,20 个省份建立留守老人关爱服务制度。

2013 年,民政部选择深圳市、昆山市、海宁市、洛宁县四地作为普惠型儿童社会福利制度建设试点,为困境儿童建立基本生活保障制度。2016 年 6 月,国务院出台《关于加强困境儿童保障工作的意见》,明确适度普惠型儿童福利制度的基本内涵,即本着"适度普惠、分层次、分类型、分标准、分区域"的理念,立足当地经济社会发展状况、儿童生存与发展需要和社会福利制度的发展,全面安排和设计儿童福利制度。2019 年 1 月 25 日,民政部单独设立儿童福利司作为民政部直属的司局机构,该机构为我国孤儿福利、农村留守儿童福利及困难儿童福利等制定总体规划,从机构建设角度为我国儿童的生存、保护和发展事业保驾护航,这正是政府"民生为本"执政理念的具象化。

2016 年,国务院出台《关于加快发展康复辅助器具产业的若干意见》,该文件指出,从残疾人康复需求出发,通过自主创新和产业优化升级提高残疾人康复辅具的有效供给,为残疾人康复事业提供有效的器具保障。为了进一步落实和保障残疾人康复事业的开展,2019 年,民政部印发《关于在脱贫攻坚中做好"福康工程"项目实施工作的通知》,要求省级民政部门将低收入家庭残疾人的康复服务工作纳入地方政府财政责任范畴,以此调动地方资源,确保残疾人康复服务事业顺利进行。

新时代以来,我国社会福利制度坚持以人民为中心的发展思想,在覆盖范围、保障水平、制度公平性和可持续性等方面取得显著成就,实现了从"兜底保障"到"品质服务"、从"碎片化"到"体系化"的转型,为共同富裕奠定了坚实基础。我国未来将进一步聚焦"一老一小一残"等重点群体,推动福利制度公平、可持续发展。

 案例与评析

一、案例与材料

英国的福利制度经历了多年的演变和改革,旨在提供社会保障和福利支持,确保人民的基本生活需求得到满足。以下是英国福利制度建设的一些重要方面。

公共医疗保健系统:英国的国民医疗服务(NHS)是全国性的公共医疗保健系统,为英国居民提供免费或低成本的医疗服务。NHS由政府资助,所有居民都有权利享受基本医疗服务。

养老金制度:英国的养老金制度包括国家养老金和企业养老金两个层面。国家养老金是由政府提供的基本养老金,该养老金水平根据个人的国民保险缴纳记录来确定。企业养老金是由雇主提供的额外养老金计划,为员工提供额外的退休金福利。

失业保障:英国的失业保障系统向失业人员提供经济援助和就业支持。其中最主要的是工作津贴,即向失业人员提供一定的经济补助。此外,该系统还包括其他形式的福利和援助,如住房津贴和就业支持津贴等。

住房保障:英国的住房保障政策旨在向有需要的人群提供住房,其中包括向低收入者提供的住房补贴和社会房屋。政府通过住房补贴帮助低收入者支付房租,同时通过社会房屋项目提供廉租房或公共租赁房屋。

残疾人福利:英国有一套针对残疾人的福利制度,旨在提供支持和资金援助,其中包括残疾人津贴、个人独立支付和残疾人就业支持等。

儿童福利:英国的儿童福利制度包括儿童福利津贴(child benefit)和儿童税收减免,旨在为有子女的家庭提供一定的经济支持。

第二次世界大战后,欧洲国家同英国一样普遍建立了"从摇篮到坟墓"的高福利制度。国家把富人的一部分所得通过福利形式分发给没有劳动能力或劳动能力低下的人们。英国的社会福利制度大致分为七类:儿童和孕妇福利、伤残或疾病福利、退休福利、寡妇福利、失业福利、低收入人士福利和社会基金。个人和家庭所得的补助、津贴和救济金种类繁多。英国失业人员可以享受每周65英镑的救济金,如其子女众多,或可通过其他名目获得更多的津贴。英国政府规定申请救助必须符合条件,但其监管审查的力度不足,由此,失业者可以长期领取高额的救济金和津贴。随着时间的推移,英国政府也一直在进行福利制度的改革和调整,以适应社会的变化和需求。

二、问题与分析

结合英国的社会福利建设情况来看,英国和我国社会福利改革的方向何去何从?

对于英国此类项目繁多且监管审核不足的高福利制度,可提出以下改革方向。

第一,弱化政府在社会福利制度中的作用,努力让政府的社会福利责任逐渐向私营部门转移。尽量缩小政府干预社会福利范围,让福利市场化、私人化、资本化。

第二,增收节支、开源节流。可增收社会保障所得税,提高退休年龄,限制保证金增长。

第三，引入工作福利制度，努力减少非正常性失业人口。工作福利制度是指凡接受政府补助者，必须接受立法规定的与工作有关的特定义务，也就是要变"无偿给付"为"有偿领取"。例如，澳大利亚就有这样的规定：失业救助领取人必须努力寻找就业机会，并接受政府安排的再培训计划，否则就剥夺领取人的救助金领取资格。

第四，改善社会福利管理。严格审查福利发放的资格和条件，缩小覆盖面，应严格规定养老金支付的年限要求，疾病、失业的天数要求等。

第五，加强调控社会福利基金的投资结构，加强社会福利基金的运营管理。

相较于英国而言，我国的福利制度建设是一个长期而复杂的过程，旨在保障人民的基本权益，提高社会公平与福祉。以下是我国福利制度建设的一些重要方面。

医疗保障：我国的医疗保障制度包括基本医疗保险、大病保险和医疗救助等。基本医疗保险覆盖城乡居民，大病保险对重大疾病费用进行报销，医疗救助则为贫困人口提供医疗费用的补助。

养老保障：我国的养老保障制度由企业职工基本养老保险、城乡居民养老保险和社会养老保险三个层级构成。这些保障制度旨在确保老年人的基本生活需求，并逐步提高老年人的养老金水平。

失业保障：我国的失业保障制度包括失业保险和就业援助等。失业保险为失业人员提供一定期限内的经济补贴，就业援助则提供职业培训和就业指导等服务，帮助失业人员重新就业。

住房保障：我国的住房保障制度包括公租房、廉租房和保障性住房等。这些政策旨在解决低收入群体和困难群众的住房问题。

教育保障：我国致力于建设公平且高质量的教育体系。政府努力缩小城乡和贫富之间的教育差距，同时推动高等教育普及，发展职业教育，为人才培养提供支持。

社会救助：我国的社会救助制度包括临时救助，特困人员救助和孤儿、残疾人救助等。这些救助措施旨在帮助生活困难或特殊困境群体，为其提供基本的生活保障和社会支持。

（资料来源：根据相关资料整理所得。）

 **本章小结**

社会福利分为广义和狭义两个概念。广义社会福利的对象是全体国民。社会福利包括物质生活和精神生活两个方面，是人类共同追求的目标。

作为社会保障的重要组成部分，社会福利相较于社会保险和社会救助具有不同特征。社会福利的主要特征包括全面性、平等性、普惠性、综合性、可持续性和参与性。

一个完善的社会福利体系应包括公共福利、职业福利、老年人福利、残疾人福利、儿童福利、妇女福利等多个方面。

我国的社会福利制度经历了从传统社会福利到现代社会福利的转型。

练习与思考题

1. 简述社会福利的基本内容。
2. 简述社会福利的重要理论。
3. 简述社会福利的主要模式。
4. 简述老年人福利的主要内容。
5. 简述残疾人福利的主要内容。
6. 简述妇女福利的主要内容。
7. 简述儿童福利的主要内容。

第十一章
社会优抚

导读

关于调整部分优抚对象等人员抚恤和生活补助标准的通知

经研究,决定自 2023 年 8 月 1 日起调整部分优抚对象等人员的抚恤金和生活补助标准,具体调整如下:

一、提高残疾军人(含伤残人民警察、伤残预备役人员和民兵民工、其他因公伤残人员)的残疾抚恤金、烈属(含因公牺牲军人遗属、病故军人遗属)的定期抚恤金、在乡退伍红军老战士(含红军失散人员)的生活补助标准。

二、各地要按照《军人抚恤优待条例》规定,加大资金投入,提高在乡复员军人的生活补助标准,切实保障其生活水平。中央财政在现行补助标准的基础上,每人每年增加1 440 元。

三、对带病回乡退役军人提高生活补助标准,每人每年提高 450 元,提至每人每年9 450 元。中央财政对不同省市的补助标准进行相应调整。

四、对在农村的和城镇无工作单位且家庭生活困难的参战退役军人提高生活补助标准,每人每年提高 480 元,提至每人每年 10 080 元。中央财政对不同省市的补助标准进行相应调整。

五、对不符合评残和享受带病回乡退役军人生活补助条件,但患病或生活困难的农村和城镇无工作单位的原 8023 部队退役军人,以及其他参加核试验退役军人(含参与铀矿开采退役军人等)提高生活补助标准,每人每年提高 480 元,提至每人每年 10 080 元。中央财政对不同省市的补助标准进行相应调整。

六、对居住在农村和城镇无工作单位、18 周岁之前没有享受过定期抚恤金待遇且年满 60 周岁的烈士子女提高生活补助标准。中央财政在现行补助标准的基础上,每人每年提高 540 元,提至每人每年 8 280 元。

七、对从 1954 年 11 月 1 日试行义务兵役制后至《退役士兵安置条例》施行前入伍、年龄在 60 周岁以上(含 60 周岁)、未享受到国家定期抚恤补助的农村籍退役士兵提高老年生活补助标准,每服一年义务兵役每人每年提高 40 元,提至每服一年义务兵役每人每年补助 688 元。中央财政对不同省市的补助标准进行相应调整。

八、提高新中国成立前加入中国共产党的农村老党员和未享受离退休待遇的城镇老党员的生活补助标准。中央财政对不同省市的补助标准进行相应调整。

九、此次调整标准所需中央补助资金,由中央财政安排,另行下达。地方各级有关部门要认真落实地方应安排的资金,保证及时、准确、足额地把抚恤金和生活补助金发放到优抚对象等人员手中。要扎实做好优抚对象年度确认工作,优化工作方式、提高确认质效,进一步夯实优抚数据基础,确保财政资金安全。

（资料来源:中国政府网.关于调整部分优抚对象等人员抚恤和生活补助标准的通知[EB/OL].(2023-09-22)[2024-09-25]. https://www.gov.cn/202309/content_6905577.htm.）

 本章知识结构框架

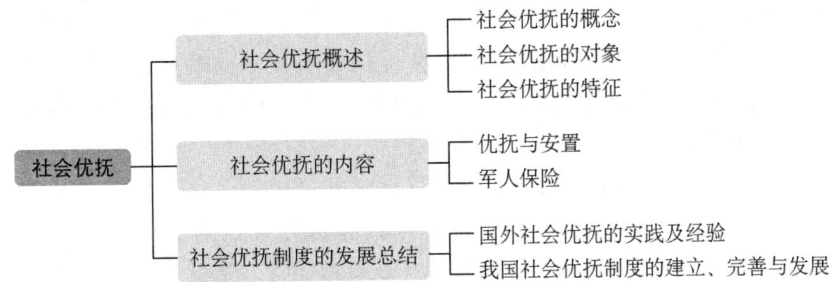

 本章学习目标与要求

通过本章的学习,学习者应掌握社会优抚的概念、对象、特征;理解军人优待、抚恤、安置等社会优抚形式;了解我国社会优抚的建立和发展历程,不同国家对于社会优抚的不同定义和采取的社会优抚制度及其对我国社会优抚制度的启示。

 本章学习重点

- 社会优抚的概念及特征
- 社会优抚的内容
- 国外军人保障制度对我国社会优抚制度的启示
- 我国社会优抚的建立和发展历程

第一节　社会优抚概述

长期以来,世界各国都很重视对军人等特定社会群体进行社会保障的建设工作,政府承担了主要甚至全部责任。当前,社会优抚制度已经成为社会保障制度的一个重要组成部分。我国于 1950 年 12 月制定了《革命烈士家属、革命军人家属优待暂行条例》《革命残废军人优待抚恤暂行条例》等,自此确立了国家优抚法律体系,奠定了国家优抚制度的基础。改革开放后,国家对社会优抚给予了更高的重视。1998 年 6 月,国务院、中央军委批准颁布了《军人保险制度实施方案》,正式建立军人保险制度。

延伸阅读

一、社会优抚的概念

社会优抚又称社会优抚与安置,是指国家依靠建立法律法规,通过采取优待、抚恤和安置等措施,对特定的社会群体实行特别照顾、物质补偿和精神褒扬,确保其生活水平不低于所在地区居民平均生活水平的一项具有褒扬性和优待性的特殊社会保障制度,是社会保障体系的重要组成部分。享受社会优抚的优抚对象须由国家有关立法和政策确定,特指那些为维护国家与民族利益、促进社会发展而作出贡献和牺牲的社会成员及其符合条件的亲属,主要为军人及其家属。保障优抚对象的生活是国家和社会的责任,《中华人民共和国宪法》第四十五条规定:"国家和社会保障残疾军人的生活,抚恤烈士家属,优待军人家属。"由于优抚对象具有特殊性,故社会优抚具有其独立的运行系统。社会优抚制度的建立,对于维持社会稳定、保卫国家安全、促进国防和军队现代化建设、推动经济发展和社会进步具有重要的意义。

社会优抚的基本内涵表现在以下几个方面:

第一,从保障对象来看,社会优抚的对象是具有特殊贡献的群体及其符合条件的家属。特殊贡献主要是指为国家和民族利益作出奉献和牺牲。特殊群体主要包括中国人民解放军现役军人、革命伤残军人、复员退伍军人、革命烈士家属、因公牺牲的军人家属、病故军人家属及现役军人家属等群体。军人家属是指军人的配偶、父母(抚养人)、未成年子女、不能独立生活的成年子女。

第二,从责任主体来看,社会优抚是国家和社会的责任。社会优抚本身是一种社会、政治、经济行为的有机结合。由于优抚对象是为国家作出特殊贡献者,故这种特殊性决定着社会优抚的组织者和实施者必须是政府。

第三,从保障内容来看,国家和社会有责任保障优抚对象的生活水准略高于一般保障对象的平均水平。尽管优抚对象的特殊性可以使其享受略高于一般保障对象平均水平的保障待遇,但社会优抚的基本目的是保障优抚对象基本的生活需要。除此之外,社会优抚不仅要保障物质生活,还包含带有褒扬和抚慰性质的精神保障。

第四,从保障政策来看,社会优抚是一项社会政策,同时也是一项进行国民收入纵向分配的特殊制度安排。对特殊行业、特殊贡献者及其家属进行社会优抚,是有立法依据并得到全社会认可的社会政策措施。[①]

第五,从保障意义来看,社会优抚保障的主要对象为军人及其家属,军人职业具有劳动强度大、规范性及约束性强等特点。在从事军事劳动中,军人本身及其家属面临着职业风险与职业连带风险。社会优抚可以有效地分担其职业风险与职业连带风险。

二、社会优抚的对象

社会优抚的对象由有关法律法规确认,具有明确的法定范围。依照我国有关法律的规定,社会优抚的对象具体包括以下人员:

一是中国人民解放军的现役军人,即按照《中华人民共和国兵役法》的规定,正在服现役的军官、文职干部和士兵(含士官)。军队中保留军籍的离休干部享受现役军人待遇。

---

① 童星.社会保障理论与制度[M].南京:江苏教育出版社,2008.

二是革命伤残人员,包括在服役期间因战、因公、因病(只限义务兵)致残的军人和国家机关工作人员、人民警察、民兵民工;因战、因公致残,符合评残条件,并需经审批机关批准,取得民政部颁发的《革命伤残军人证》《国家机关工作人员伤残抚恤证》《人民警察伤残抚恤证》或《民兵民工伤残抚恤证》的人员。

三是复员军人,是指试行义务兵役制以前参加过中国人民解放军东北抗日联军、中国共产党领导的脱产游击队、八路军、新四军、解放军、中国人民志愿军等,并持有复员、退伍军人证件或组织批准复员的人员。

四是退伍军人,是指试行义务兵役制以后参加中国人民解放军,并持有退伍或复员军人证件的人员。

五是现役军人家属,是指按照《中华人民共和国兵役法》的规定,正在服役期间军人的家属。其中,家属是指特殊贡献者的父母、配偶、子女、依靠其生活的 18 岁以下的弟妹和抚养其长大又依靠其生活的其他亲属。

六是烈士遗属,是指经法定机关认定,得到《烈士证明书》的烈士遗属。

七是因公牺牲军人遗属,是指经法定机关认定,得到《因公死亡证明书》的军人遗属。

八是病故军人遗属,是指经法定机关认定,得到《因病死亡证明书》的军人遗属。

三、社会优抚的特征

作为社会保障制度特殊组成部分的社会优抚具有以下特征。

(一) 优抚对象的特殊性

社会优抚对象是指为维护国家和社会安全稳定而作出特殊牺牲和贡献的特殊社会群体,由国家对他们的牺牲和贡献给予补偿和褒扬。社会优抚对象包括以军人及其家属为主的八种特定对象。

(二) 优抚目标的双重性

社会优抚的目标是为保障优抚对象的基本生活需要,为其提供现金补贴和服务帮助,这体现了社会优抚的经济保障功能。同时,国家和社会通过各种优抚活动,宣传特殊贡献者的事迹,弘扬其高尚品德。因此,社会优抚具有经济和政治双重目标。

(三) 优抚待遇的褒扬性

社会优抚具有褒扬性质。由于军人的特殊贡献,各国政府都给予军人较高的地位和较为优厚的经济待遇。优抚待遇高于一般的社会保障标准,优抚对象能够优先优惠地享受国家和社会提供的各种优待、抚恤、服务和政策扶持。优抚工作是政府的一项重要行为,优抚待遇的资金主要由国家财政投入,还有一部分由社会承担,在其医疗保险和合作医疗等方面则需由个人缴纳一部分费用。优抚实际上是一种褒扬,是对优抚对象为社会作出额外贡献的一种补偿。

(四) 优抚内容的综合性

优抚制度是一项针对特定身份人群的综合性项目,其内容涵盖了社会保险、社会救助和社会福利等多个方面。该制度对退伍和转业军人进行安置,对其家属进行抚恤,体现了社会保险的性质;对优抚对象中特别困难人员在就业方面的扶持和帮助,体现了社会救助

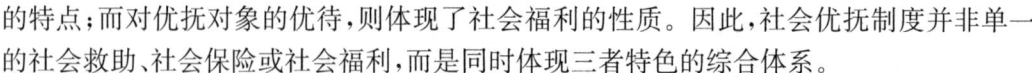

的特点;而对优抚对象的优待,则体现了社会福利的性质。因此,社会优抚制度并非单一的社会救助、社会保险或社会福利,而是同时体现三者特色的综合体系。

(五)保障体制的相对独立性

社会优抚保障对象和保障内容的特殊性决定了社会优抚保障体制与管理的相对独立性。社会优抚保障有相对独立的管理体制,从中央到地方直至基层均设有专门的管理机构和比较完善的服务网络,实行国家、社会、群众相结合以及军队和地方分工负责的管理体制。一方面,在体系的设计上,社会优抚保障不同于一般国民的社会保障,它涉及军队、地方和国家等多个方面,需要建立一种上下沟通的行政隶属关系,组织专门的业务部门来统一协调与管理。另一方面,社会优抚保障是一项经常性的工作,且军事职业具有特殊性、保密性,这使得社会优抚保障部门具有更强的自主性和管理相对独立性。在市场经济条件下,社会保障需构建政府主导的社会化运行机制,而社会优抚保障体制的构建仍需相对集中,不宜过于分散。

第二节　社会优抚的内容

社会优抚是一项为军人及其家属提供各种优待、抚恤、安置等待遇和服务的保障制度。社会优抚的内容包括优抚与安置、军人保险。

一、优抚与安置

优抚与安置是为了保障社会优抚对象的基本生活而建立的一种社会保障制度,是社会优抚的主要内容。优抚与安置主要包括优待、抚恤和军人安置。

(一)优待

优待又称社会优待(social preferential treatment),是指根据国家的政策规定对优抚对象从政治上、经济上给予优厚待遇。社会优待手段包括资金保障和服务保障。资金保障是向优抚对象提供各种生活津贴的保障方式;服务保障主要由社会各界(包括工作单位、社区组织或社会团体)提供生活服务与生产服务,以保证为国家作出贡献的人员及其家属可以维持一定的生活水平。根据我国相关规定,社会优待更多地体现在对革命伤残军人的优待措施中,符合一定条件的军属在医疗、入学、就业、住房、参军等方面均享有相当程度的优待。[1] 优待内容主要包括以下几个方面:

在生活优待方面,国家向正在服兵役的义务兵、初级士官及其家属等发放生活优待金,并向其提供相应的福利待遇。其中,发给家属的优待金一般要求不低于当地居民平均生活水平。对于特别困难的服兵役家属,地方政府还会给予定期定量的补助,并帮助其家庭改善生活条件。

在医疗优待方面,国家对于残疾人军人、复员军人、带病回乡退伍军人以及烈士遗属、因公牺牲军人遗属、病故军人遗属等均给予相应的医疗费用优待、医疗服务照顾和康复

---

① 　杨翠迎.社会保障学[M].上海:复旦大学出版社,2015.

优待。

在交通优待方面,我国规定现役军人和残疾军人凭规定的有效证件,享受优先购票乘坐国内各种交通工具,如火车、汽车、轮船及民航航班等的待遇;残疾军人在此基础上还享受正常票价一半价格的优惠。

(二) 抚恤

抚恤(pension)制度包括伤残抚恤和死亡抚恤。

1. 伤残抚恤

伤残抚恤是国家根据丧失劳动能力程度对现役军人所给予的物质保障。根据伤残性质,伤残分为因战致残、因公致残和因病致残三类。革命伤残军人的伤残等级根据丧失劳动能力及其影响生活能力的程度确定。因战、因公致残的伤残等级分为特等、一等、二等甲级、二等乙级、三等甲级、三等乙级。因病致残的伤残等级由军队规定的审批机关负责,在医疗终结后进行等级评定,并分级下发《革命伤残军人证》。当前我国对军人残疾级别设置进行了重大改革,以"一至十级"的新标准取代了"四等六级"的旧标准。

伤残抚恤标准一般根据致残的性质、类型、劳动能力丧失程度及生活受影响的程度等因素决定。伤残抚恤待遇分为两种,即残疾抚恤金和残疾护理,具体标准由民政部会同财政部制定。残疾抚恤金是指对没有参加工作的革命伤残人员,发给保障其基本生活的一种补偿费用。残疾护理是指退役后的一级至四级残疾军人由国家供养终生。其中,对需要长年医疗或独身一人不便分散安置的军人,经省级人民政府民政部门批准,可以提供集中供养服务。另外,享受离休、退休待遇的革命伤残军人由民政部门发给伤残保健金;继续在部队服役的革命伤残军人则由其所在部队发给伤残保健金。

因战致残的革命伤残军人在评残发证后,一年内因伤口复发死亡的,按照革命烈士的抚恤规定,发给其家属一次性抚恤金和定期抚恤金;一年后因伤口复发致残的,按照因公牺牲军人的抚恤规定,发给其家属一次性抚恤金和定期抚恤金。因战、因公致残的特等、一等革命伤残军人因病致残死亡后,其家属按照病故军人家属的抚恤规定,定期领取抚恤金。

2. 死亡抚恤

死亡抚恤也称遗嘱保险,是国家依法提供的一项优抚保障项目,旨在保障死亡现役军人的家属的生活水平。其主要保障对象包括革命烈士家属、因公牺牲军人家属和病故军人家属。死亡抚恤待遇标准根据军人死亡性质(牺牲、病故)、生前立功和被授予荣誉称号以及生前收入等情况的不同而有所差异。死亡抚恤分为一次性抚恤、定期抚恤和特别抚恤。

(1) 一次性抚恤。该项抚恤具有褒扬和补偿性质。根据现役军人死亡性质及其生前工资收入,民政部门一次性发放给家属相应的抚恤金。对于立功或获得荣誉称号的现役军人,根据其荣誉等级,可增发 5%～35% 的抚恤金。

(2) 定期抚恤。该项抚恤具有救助性质。革命烈士、因公牺牲军人、病故军人的家属在满足规定条件时可享受定期抚恤金。享受定期抚恤金的人员在死亡时,可额外获得半年的定期抚恤金作为丧葬补助费。

(3) 特别抚恤。在国防和军队建设、科研职业或作战中作出牺牲贡献的现役军人死亡后,除上述抚恤金外,国防部将另外发放特别抚恤金。

此外,为照顾军队干部遗属的生活,干部(包括职工)死亡后的 6 个月内,其原工资仍逐月发放给其家属。同时,军队干部因公死亡后,其家属可获得一定的丧葬费用。

(三) 军人安置

军人安置(resettlement)是指军人结束部队生活后,由国家统一负责安排生活和就业的军人社会保障制度,旨在保障军人退役后的基本生产和生活。军人安置主要分为退休安置、就业安置及退役安置三种。

1. 退休安置

延伸阅读

在我国,中国人民解放军军官达到服现役的最高年龄,应当享受退休安置或离职休养待遇。《中国人民解放军现役军官服役条例》规定,担任师级以上职务和高级技术职务的军官,以及未达到服现役的最高年龄但基本丧失工作能力的军官,应当作退休安置。除此之外,服役满 30 年以上的军官、服役和参加工作满 30 年以上的军官及满 50 周岁以上的军官,由本人申请,经过批准,可以作退休安置。

2. 就业安置

就业安置包括转业安置和复员安置。

(1) 转业安置。目前对转业干部的安置,原则上由转业干部的原籍或入伍所在地的省、市、自治区分配。军队转业干部安置的总原则是合理使用、妥善安置。少数因各种特殊情况无法安排干部职务的,可保留其干部身份,让其从事其他工作。志愿兵转业时,原则上回原籍地,由县(市)人民政府安置工作。随着市场经济的不断发展,我国现阶段军队转业干部和转业志愿兵的安置采取双向选择的方式来进行,鼓励军队转业干部和转业志愿兵自谋职业,走向市场。申请自谋职业的,国家还给军人发放自谋职业金、待安置期间生活补助费等。

(2) 复员安置。复员是指军队干部和士官在退役后不保留公职人员身份,回到原籍或入伍地重新就业。在不同时期,复员的条件有着不同的规定。我国当前的干部复员条件包括:符合退役条件、本人要求复员自谋职业,或因其他原因不适合作转业安置和退休安置的连排职干部及个别营、团职干部,经组织批准后,可办理复员手续,由原籍或入伍时所在地政府安置。复员军人的安置主要采取以下措施:

① 合理规定安置去向。原则上由批准其入伍的县(市)人民政府接收安置。从城市入伍的,其配偶在中等以下城市工作的,可到配偶所在地安置。从农村入伍的,原籍地无直系亲属、家庭确实有困难的,也可到配偶所在地安置。

② 尽量安排好工作。分配工作确实有困难的,本人也可自谋职业。对有条件从事个体经营的,工商行政管理部门应按规定发给执照。从农村入伍,且当地有条件的,可在乡镇企业就业。没有条件的,按规定划给责任田(山)、自留地(山),或让其承包其他经营项目。妥善安置随迁家属。复员干部配偶有工作能力的,地方政府应与复员干部同时接收。配偶为干部的,由人事部门负责。配偶为工人的,由劳动部门接收安排工作。复员干部子女转学,由各地教育部门负责。

3. 退役安置

退役安置作为社会优抚的重要组成部分,是国家和社会依据立法规定,向退出现役的军人提供就业及其他安置所需资金和服务,使之顺利重返并适应社会的一项优抚保障制度。退役安置对象包括退伍义务兵、转业复员士官、复员干部以及伤病残士兵。退役安置的内容十分庞杂,其通过提供资金和服务的方式为退役军人提供以下内容:一是就业介绍。这是退役安置最关键的内容。二是教育和培训。提供教育优待和职业技能培训服务是所有国家做好安置工作必不可少的重要手段。三是福利保障。其一般包括政治待遇、退役(休)金、住房补助、医疗服务和基本生活待遇等内容。

随着社会主义市场经济体制的建立,军人退役安置主要依靠以下三项原则开展:

(1)"从哪里来,回哪里去"原则。这是我国几十年退役安置工作的经验总结。1958年颁布的《关于处理义务兵退伍暂行规定》、1984年通过的《中华人民共和国兵役法》和1987年颁布的《退伍义务兵安置条例》,都明确规定退伍义务兵安置工作必须贯彻"从哪里来,回哪里去"的原则。可见,这不仅是我国安置工作从1958年以来一直遵循并行之有效的基本原则,而且是我国今后相当长一段时期仍然要遵循的基本原则。

(2)妥善安置原则。军人在退役后存在逐渐培养自身职业能力和适应新的生活方式的过程。为了协助他们成功完成这个过程,退役安置工作应运而生,其为退役军人提供了必要的支持。实施退役安置工作必须遵循妥善安置原则。该原则要求与退役安置有关的各接收单位,包括军队、地方政府、机关团体及企事业单位等,都应积极配合,为退役军人提供适当的帮助,使退役军人在就业、生产、生活等方面得到照顾,进而顺利融入社会。

(3)区别对待原则。应对转业、退伍和复员采取不同的安置办法;在军队表现优异者应享受优待,如立功受奖的退役士兵可享受城镇退役士兵安置政策。

二、军人保险

军人保险制度是社会保险制度在军队的延伸,是社会优抚的一项重要内容。军人保险主要针对社会优抚对象中的军人及其家属,对军人的权益保障和国防安全都具有重要作用。按照我国2012年4月出台的《中华人民共和国军人保险法》的规定,我国军人保险包括军人伤亡保险、军人退役养老保险、军人退役医疗保险和随军未就业的军人配偶保险四种。

(一)军人伤亡保险

伤亡是军人面临的主要风险之一。军人伤亡保险是指通过设立伤亡保险基金,针对军人职业的高风险性、高牺牲性,对死亡或伤残的军人给予一定经济补偿的保险制度。军人伤亡保险是军队特有的保险项目。国外军人保险普遍设有伤亡保险,只是对这一险种的细目和称谓不同。如美国、日本称之为人寿保险,俄罗斯、加拿大等国家称之为现役军人意外伤害险,泰国则称之为战争。国外对此项保险的对象、筹资渠道、给付标准等的具体规定差别很大。例如,在筹资渠道方面,有的全部由国家拨付,有的全部由个人缴纳,有的则由国家和个人按比例共同负担。

根据《中华人民共和国军人保险法》的有关规定,我国军人伤亡保险所需资金由国家承担,个人无需缴纳保险费。该保险分为军人死亡保险金和军人残疾保险金两种待遇,对于因战、因公死亡的军人,国家按照认定的死亡性质和相应的保险金标准,给付军人死亡

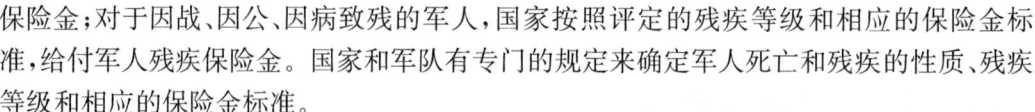

保险金;对于因战、因公、因病致残的军人,国家按照评定的残疾等级和相应的保险金标准,给付军人残疾保险金。国家和军队有专门的规定来确定军人死亡和残疾的性质、残疾等级和相应的保险金标准。

另外,军人如果因故意犯罪、醉酒吸毒、自残自杀或法律、行政法规和军事法规规定的其他情形致死或致残,则不能享受军人伤亡保险待遇。

(二)军人退役养老保险

军人退役养老保险是指通过建立专项基金,旨在保障现役军人退出现役后养老的生活需要而给予经济保障的一种社会保障制度。这一制度是在国家法律框架下设立的,为军人退役后的养老问题提供了可靠的保障。

在国外,军人退役后通常按照服役年限享受退役金。服役时间较长的军人可以依靠较高的退役金养老;而对于服役时间短的军人,其退役金不足以养老,因此需要设立军人退役养老保险。不少国家在军人社会保障中既规定了军人的退役金待遇,又设立了军人养老保险,为军人提供双重保障。例如,德国和日本都建立了类似的制度。

根据《中华人民共和国军人保险法》的有关规定,军人退出现役参加社会基本养老保险的,国家给予退役养老保险补助。具体来说,有以下四种情况:

(1)军人在入伍前已经参加社会基本养老保险的,由地方社会保险经办机构和军队后勤(联勤)机关财务部门办理基本养老保险关系转移接续手续。

(2)军人退出现役后参加职工基本养老保险的,由军队后勤(联勤)机关财务部门将军人退役养老保险关系和相应资金转入地方社会保险经办机构,再由地方社会保险经办机构办理相应的转移接续手续。在这种情况下,军人服现役年限与入伍前和退出现役后参加职工基本养老保险的缴费年限合并计算。

(3)军人退出现役后参加新型农村社会养老保险或城镇居民社会养老保险的,按照国家有关规定办理转移接续手续。

(4)军人退出现役后转到公务员岗位或参照公务员法管理的工作人员岗位的,以及现役军官、文职干部退出现役后选择自主择业的,其养老保险办法按照国家有关规定执行。

我国军人退役养老保险补助标准由中国人民解放军总后勤部会同国务院有关部门,综合考虑国家规定的基本养老保险缴费标准、军人工资水平等因素后进行确定,通常要经国务院、中央军事委员会批准。这一标准的制定旨在确保军人在退役后能够享受到足够的养老保障。

(三)军人退役医疗保险

军人退役医疗保险是一种特殊的保险制度,旨在为退役军人提供医疗费用补助。该保险基金由国家设立,通过筹集保险费等方式筹集资金,对军人退出现役后的医疗费用进行补助。

在印度,虽然陆军退休后可以享受免费医疗,但免费项目并不包括心脏病、癌症等"高费"疾病。因此,印度设立了专项保险,退役官兵需要缴纳一定的保险费,以获得此类疾病的保险。而在日本,退伍军人有医疗互助保险制度,即将筹集的保险费存入信托银行,用其所获得的收入支付退伍军人所需要的医疗费。

我国的军人退役医疗保险制度根据《中华人民共和国军人保险法》的有关规定,存在以下三种情况:

(1) 军人在入伍前已经参加社会基本医疗保险的,由地方社会保险经办机构和军队后勤(联勤)机关财务部门办理基本医疗保险关系转移接续手续。

(2) 军人退出现役后参加职工基本医疗保险的,由军队后勤(联勤)机关财务部门将军人退役医疗保险关系和相应资金转入地方社会保险经办机构,再由地方社会保险经办机构办理相应的转移接续手续。军人服现役年限视同职工基本医疗保险缴费年限,与入伍前和退出现役后参加职工基本医疗保险的缴费年限合并计算。

(3) 军人退出现役后参加新型农村合作医疗保险或城镇居民基本医疗保险的,按照国家有关规定办理转移接续手续。我国的军人退役医疗保险要求军人缴纳医疗保险费,其中,对于缴纳军人退役医疗保险费的军官、文职干部和士官,国家按照个人缴纳的军人退役医疗保险费的同等数额给予补助。而义务兵和供给制学员则不需要缴纳军人退役医疗保险费,其医疗保险基金是由国家按照规定的标准对军人退役医疗保险进行补助。

我国军人退役医疗保险的缴费标准和补助标准由中国人民解放军总后勤部会同国务院有关部门,按照国家规定的缴费比例、军人工资水平等因素综合确定。这些标准的制定旨在确保每一位退役军人都能得到必要的医疗保障。

(四) 随军未就业的军人配偶保险

随军未就业的军人配偶保险是一项旨在为伴随军人在部队系统中生活但没有正式工作的配偶提供保障的社会保险制度。这项制度的核心目的是解决军人配偶在随军未就业期间的基本生活保障和社会保险待遇问题,从而消除军人的后顾之忧,激励其更加安心地服役。

按照《中华人民共和国军人保险法》的有关规定,随军未就业的军人配偶保险主要包括随军未就业的军人配偶养老保险和随军未就业的军人配偶医疗保险。[1] 具体来说,如果随军未就业的军人配偶在随军前已经参加社会保险,那么他们可以将保险关系和资金从地方社会保险经办机构转移到军队后勤(联勤)机关财务部门。如果随军未就业的军人配偶实现就业或军人退出现役,军队后勤(联勤)机关财务部门将把他们的养老保险、医疗保险关系和相应资金转移到地方社会保险经办机构,由地方社会保险经办机构办理相应的转移接续手续。

此外,随军未就业的军人配偶在随军未就业期间的养老保险、医疗保险缴费年限可以与他们在地方参加职工基本养老保险、职工基本医疗保险的缴费年限合并计算。当他们达到国家规定的退休年龄时,军队后勤(联勤)机关财务部门将把他们的养老保险关系和相应资金转移到退休地社会保险经办机构,从而让他们能够享受相应的基本养老保险待遇。

这项保险制度的实施对于完善国家社会保障制度体系、维护国家安全和社会稳定、加强国防和军队现代化建设、增强部队凝聚力、提高社会化保障能力等具有重要作用。它不仅体现了我国对军人及其家属的关心和重视,也有利于激励更多的有志青年投身军营,为国家安全和人民幸福作出贡献。

---

[1]　郑功成.社会保障概论[M].上海:复旦大学出版社,2019.

第三节　社会优抚制度的发展总结

一、国外社会优抚的实践及经验

国外社会优抚的目的主要依靠军人保障制度来实现。国外社会优抚在各有千秋的同时存在一些共同的趋向，如社会化、法治化、货币化等。国外军人社会保障的经验对于完善我国社会优抚制度具有一定的启示。

（一）国外军人保障的实践及经验

各国主要通过完善军人保险制度、军人福利制度及军人安置制度，为军人提供保障。由于各国的国情、军情不同，其军人保障的具体情况有所差异。

1. 国外军人保险制度

国外军人保险的基金来自政府拨款、军队缴纳、社会统筹和个人缴纳等。国外军人保险费的缴纳方式分为全部由政府或军队负担（如俄罗斯）、由军队和军人个人共同负担（如加拿大）、完全由个人负担（如新加坡）三种。军人保险的险种较多，但以现役军人意外伤害险和退役军人退休金保险为主。其中，现役军人意外伤害险以作战和因公伤残保险为主。投保方式主要采用强制投保和自愿投保两种。俄罗斯军人及应召接受军训的公民在服役期间对个人生命或伤病、残疾等的投保，都是强制性的。美国则不同，其对现役军人的团体人寿保险是强制性的，而对退役军人的团体人寿保险是自愿性的。加拿大的军人遗属抚恤保险、军人殉职保险、军人家属保险、退役军人养老保险等均可由军人自愿选择是否参加，而现役军人因公伤残保险等则为强制性保险。

国外法定军人保险的对象总体上包括军人及其配偶和子女，有的还涉及其直系亲属和姻亲。美国、德国、泰国、法国的军人保险对象仅限于军人，包括现役军人和退役军人。加拿大的军人保险对象包括现役军人、退役军人、预备役军人及其家属、遗属等。日本的军人保险对象范围更广，包括现役军人、退役军人、预备役军人及其配偶、子女、父母、兄弟姐妹、岳父母等。新加坡的军人保险对象包括 60 岁以下的现役、退休正规军人、非制服武装部队人员、战备军人员、国防部平民职员及其家属等。

2. 国外军人福利制度

国外军人福利制度主要包括职业福利、社会优待、休养康复和抚恤。

职业福利是指由军队为现役军人提供的各种职业福利待遇，包括职业津贴、免费医疗和住房待遇等多个方面。其中，职业津贴包括服役津贴、技术骨干入伍奖金、医疗津贴等；免费医疗作为一项重要的福利，旨在保障军人的身体健康；住房待遇是军队福利的重要组成部分。

社会优待主要包括以下几个方面：一是军官的部分薪金收入减免所得税，如美国、英国等国给予军官基本薪金以外的各种津贴和军人参战期间的薪金收入等，国家在征收所得税时给予一定比例的减免；二是交通费优惠，许多国家对军人乘坐各种交通工具给予优惠待遇，如俄罗斯、波兰、瑞士等国的军官在探亲、旅游或其他私人事项乘坐国内飞机、车船时,均享受半价优待;三是其他补贴,除上述几项外,一些国家的军官还享受婚丧补贴、生育补贴、子女补贴、搬家补贴、邮寄物品优惠、参加文娱活动优惠等诸多福利待遇。

休养康复是指为重残军人、孤老军人等提供的生活、医疗护理及康复方面的保障。俄罗斯军队由国防部支付补助金,为因履行职责导致极端疲劳、受伤或病重的军人提供治疗,使其恢复健康。

不同国家的抚恤待遇有所不同。在美国,凡在现役期间因公身亡军人的遗属,均可终身享受遗属抚恤待遇,每月补助金额依据该军官的原军衔级别而定,遗属子女和父母也享受一定金额的补贴。对因公致伤、致残的军人,美国从法规方面保障他们的基本生活、医疗保健及可能的培训与就业需求。而在俄罗斯,《俄罗斯军人优抚金法》规定,退出现役后经劳动医务鉴定委员会确认为残疾的军官,不受服役年龄的限制,享受按残疾等级计算的退休金;军官死亡后,依靠其抚养但丧失劳动能力的遗属有权享受抚恤金。

3. 国外军人安置制度

不同国家采取不同的军人安置制度,其中主要有政府发放补助支持军人自谋职业及国家统一分配工作两种方式。[①]

美国军官退伍后,其安置地点可以自选,但政府不负责安排具体工作,由军官自谋职业。政府以"月薪"或"一次性"的方式向军官发放优厚的退役金,同时还为其自谋职业提供优待。军官服役不满20年的,军队发给其一次性转业费,并协助其再次就业。

俄罗斯法律规定,军官退出现役后,由国家统一安排工作。自退役军官到达居住地之日起,国家应不迟于1个月为其安排好工作。在退役军官安置的过程中,国家一般会结合军人的专业,重视发挥退役军官的个人特长。退役军官通常被安排在各级行政机关、工厂、农庄、国营农场、地方院校、纪念馆等单位担任行政领导或军事教官。

印度在安置退役军官的过程中,每年都要为政府各部门规定一些接纳退役军官的指标,保留一些诸如安全官、助理安全官和行政官等职位,以解决部分退役军官的就业问题。近年来,印度又把这一规定强行扩大到私营部门,使之成为"法定空额"。由于先前的安置部门和各地职业介绍所远不能解决人数众多的退役军官就业问题,印度政府鼓励退役军官自谋职业,同时为自谋职业者提供一些政策优惠,如低息贷款、优先提供生产资料等。

(二) 国外军人保障的启示

1. 适当提高军人优抚待遇水平

虽然各国社会优抚的定义,建立的历史、社会、政治及经济背景不同,但是均以国家为责任主体为军人提供高于普通国民的社会保障待遇。发达国家的军人社会保障不仅待遇标准和水平高,而且保障项目丰富全面,这无疑对完善我国军人社会优抚制度具有重要的参考意义。

2. 确立军人优抚的重要地位

从国外军人保障的实施情况可总结出,建立切合实际的社会优抚制度是稳定军心、增强军队凝聚力和战斗力、维护国家安全的措施。不少国家把军人社会保障直接纳入国家社会保障体系,在国家军事制度中大多也包含军人福利待遇和退役安置等方面的社会保障内容。国外对军人社会保障的地位十分重视,通过设置完整的保障项目,确保军人保障

---

① 杨翠迎.社会保障学[M].上海:复旦大学出版社,2015.

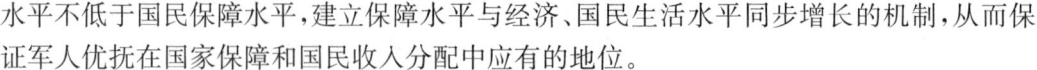

水平不低于国民保障水平,建立保障水平与经济、国民生活水平同步增长的机制,从而保证军人优抚在国家保障和国民收入分配中应有的地位。

3. 建立适应社会发展的社会优抚制度体系

国外军人社会保障普遍反映了与市场经济相适应和相对接的元素,对建立和完善我国社会优抚制度体系具有重要的借鉴意义:一是在市场经济条件下,对军人实施有效社会保障需要一些基本项目;二是其运行模式为我国社会优抚制度的改革和完善提供了可参考的思路;三是社会优抚要普遍适应市场经济的运作机制。目前,国外军人社会保障建设具有法治化、社会化、市场化、职业化等趋向,这也是我国社会优抚制度改革努力的方向,即建立和完善与社会主义市场经济相适应的、具有中国特色的新型社会优抚制度体系。

二、我国社会优抚制度的建立、完善与发展

随着时代背景的变化,我国社会优抚制度经历了较长的完善及发展历程。

(一)改革开放前我国的社会优抚制度

中华人民共和国成立初期,我国颁布《中国人民政治协商会议共同纲领》,规定"革命烈士和革命军人家属,其生活困难者应受国家和社会优待;参加革命战争的伤残军人和退伍军人,应由人民政府给予安置,使其谋生立业"。自此之后,国家制定了优待条例和政策,规定了优待实施的对象和内容,设置了优抚机构,从而建立了最初的优待体系。

1950年12月11日,中华人民共和国成立后的第一批优待条例公布,包括《革命烈士家属、革命军人家属优待暂行条例》和《革命残废军人优待抚恤暂行条例》。各相关部门也出台了一些条例,以保证优待对象切实享有物质优待与精神优待。与此同时,国家制定并实施了《革命军人牺牲病故褒恤暂行条例》《革命烈士家属、革命军人家属优待暂行条例》《革命工作人员伤亡褒恤暂行条例》《民兵民工伤亡褒恤暂行条例》及《革命残废军人优待抚恤暂行条例》五个条例,明确了抚恤制度的基本内容,成为我国抚恤制度的发端。

1950—1952年,我国确定了伤残抚恤费的主要类别及抚恤的对象,抚恤对象包括广大伤残、牺牲的军人、警察、政府工作人员、民兵和民工等。国家有关部门和军队先后制定发布了《复员军人安置执行办法》《国务院关于安置复员军人的决议》及《关于处理义务兵退伍的暂行办法》等条例,这标志着我国军人安置保障制度体系初步形成。社会优抚政策使军人及其家属的基本生活得到了保障,体现了社会优抚保障制度的根本性质。

1954年公布的《中华人民共和国宪法》明确规定保障残疾军人的生活、优抚革命烈士家属、优待革命军人家属。1955年公布的《中华人民共和国兵役法》对现役军人的优待和退出现役军人的安置作出了详细规定。1960年,我国第一次明确提出优抚工作必须全面贯彻国家抚恤和群众优待相结合的方针。这一时期,国家从财政状况及人民生活水平的实际出发,制定了军人牺牲抚恤、病故抚恤和伤残抚恤的标准及制度,并不断对伤亡抚恤标准进行调整。我国对原来不享受长期抚恤的三等伤残军人和享受群众优待后生活仍有困难的烈士父母、配偶等,分别从1956年和1963年起每月发给少量生活补助费。在军人安置方面,我国将军官及具有一定文化水平和专业特长的复员军人安置到国家机关、工矿企业、基本建设单位等。同时,我国还将数十万复员军人集体转业到边疆地区、海防地区、农垦地区和大型基本建设单位从事生产建设。

20世纪60年代后,退役军人根据不同情况,或就地安置,或随配偶、子女、父母进行安置。同时,国家对退役军人的待遇、职务和住房等问题也作了许多规定,并且在土地和住房分配、家属就业、子女入学等方面对其采取优先安排、优惠照顾的原则。社会优抚政策在这一时期得到了进一步的发展。

(二) 改革开放后我国的社会优抚制度

改革开放后,我国社会优抚制度进入了新时期。

1981—1982年,国务院与中央军委先后颁布了《关于军队干部退休的暂行规定》和《关于军队干部离职休养的暂行规定》,为建立军人退休制度提供了基本依据。

1984年,我国颁布了《中华人民共和国兵役法》,对军人保障方面的相关内容作了规定。1987年12月,我国又颁行了《退伍义务兵安置条例》。

1988年7月,国务院正式废止了20世纪50年代颁布的五个条例,重新发布并实施统一的《军人抚恤优待条例》。

2004年,国务院修订颁行了《军人抚恤优待条例》,其内容包括军人抚恤优待的原则,死亡抚恤、残疾抚恤、优待及相关法律责任等。一个以优抚医院和光荣院为载体、以基层群众性拥军优属组织为依托、各行各业共同参与的优抚保障服务网络基本形成,为优抚对象提供医疗、供养、保健、交通、住房、教育、文化、社会公益等生活方面的服务,较大幅度提高了优抚对象的生活质量。

随着社会经济的发展,尤其是在社会主义市场经济体制的建立与国家社会保障制度的改革后,社会优抚制度逐渐暴露出一些缺陷,这些缺陷日益成为制约社会优抚制度良性发展的因素。因此,自20世纪90年代以来,国家和军队亦开展了对社会优抚制度的改革。改革的内容主要包括以下三个方面。

1. 建立军人保险制度

传统社会优抚制度表现为国家福利与军队的职业福利,缺少社会保险性质的制度安排。改革后,为更好地解除军人的后顾之忧,1995年3月,军队开始研究讨论军人保险制度;1997年1月,中央军委决定建立军人保险制度;1998年7月,中央军委制定《军人保险制度实施方案》;1998年8月,由国务院、中央军委颁发的《军人伤亡保险暂行规定》在全军开始实行;2000年1月,军人退役医疗保险制度建立;2004年1月,军人配偶随军未就业期间的社会保险制度正式实施。

2. 完善军人抚恤制度

传统抚恤制度存在优抚对象医疗难、抚恤补助标准长期落后于人民群众生活水平等突出问题,军人的部分合法权益得不到有效保障。针对这一现实,1996年,民政部和总政治部开始对1988年制定的《军人抚恤优待条例》进行修订。2004年8月,国务院、中央军委颁布了新修订的《军人抚恤优待条例》,并于同年10月1日起实施,这对传统的抚恤制度作了重要完善。新的条例不仅提高了抚恤金标准,而且确定了各项定期抚恤标准的参照依据,使抚恤标准弹性化。同时,新条例将义务兵和初级士官患精神病纳入评残范围,并调整了军人残疾等级的设置,把原来的"四等六级"改为"一至十级"。新条例明确了义务兵家庭享受优待金的范围和标准,对重点优抚对象的医疗待遇进行分类施保;拓展了优抚对象的社会优待范围和内容,增加了现役军人享受优待的内容。此外,新的条例还明确了优抚机构及相关当事方的法律责任。2011年10月29日,国务院、中央军事委员会发布《退役士兵安置条例》,并于同年11月1日起施行。该条例明确了退役士兵的移交和接收、安置、保险关系的接续,以及相关主体的法律责任。

3. 优化社会优抚制度

在就业安置保障方面,面对市场经济条件下的劳动力市场化与就业竞争化格局,国家退伍军人就业的实施遇到了重大挑战,为此,我国开始探索自主择业、国家补贴的实施方法。在军属优待方面,一些地方探索了现金补贴、劳务服务等实施方法。正是这些改革,使社会优抚制度走向一个新的发展阶段。

延伸阅读

2015年11月30日,民政部颁布《军队无军籍退休退职职工服务管理办法》,并于2016年2月1日起开始实施。该办法规定了军队无军籍退休退职职工(即已移交政府安置的中国人民解放军和中国人民武装警察部队无军籍退休退职职工)的服务管理相关工作,明确服务管理单位应当做好发放无军籍职工退休退职费和津贴补贴、按规定协助落实无军籍职工医疗待遇、定期了解无军籍职工情况和需求、宣传解释无军籍职工相关政策等服务管理工作。

2017年,党的十九大作出组建退役军人管理保障机构的重大决定。会议提出建立健全集中统一、职责清晰的退役军人管理保障体制,加强落实退役军人优抚安置政策。全国退役军人优抚安置工作经验交流会和全国退役军人事务厅(局)长会议的召开,解决了广大退役军人关心的一系列实际问题。

2018年,退役军人事务部会同相关部门,就退役军人党员组织关系转接管理、退役士兵安置、退役军人就业创业、提高抚恤补助标准、悬挂光荣牌、退役军人信息采集等工作出台相关文件并组织实施。2020年11月11日,《中华人民共和国退役军人保障法》由十三届全国人大常委会通过,自2021年1月1日起施行。2021年6月10日,《中华人民共和国军人地位和权益保障法》由十三届全国人大常委会通过,自2021年8月1日起施行。该法对军人地位、荣誉维护、待遇保障、抚恤优待的基本原则和基本制度,以及国家和社会的保障责任作出了系统规范。

总体而言,党中央逐步把退役军人优抚安置工作摆在治国理政的战略位置。习近平总书记站在党和国家建设发展全局、实现中华民族伟大复兴中国梦的战略高度,深刻阐明社会优抚的重大意义、目标任务、方针原则和方法路径,社会优抚的组织领导得到极大加强。我国的社会优抚制度进入由优待、抚恤、安置、离退休等项目组成的较为全面的保障阶段,形成一个从军人到军属都能够得到保障的系统,在保障军人权益、稳定军心、改善军民关系等方面发挥着持续有效的良好作用。[①]

 案例与评析

一、案例与材料

张某是优抚对象、革命伤残军人,无儿无女,独自居住在老房子里。随着年龄的增长,张某身体越来越差,还患上了关节炎,行动非常困难。张某为了不给社区干部添麻

---

① 温海红,王立剑.社会保障概论[M].西安:西安交通大学出版社,2022.

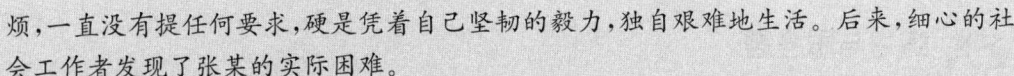

烦,一直没有提任何要求,硬是凭着自己坚韧的毅力,独自艰难地生活。后来,细心的社会工作者发现了张某的实际困难。

二、问题与分析

(一)请结合优抚安置工作的内容,谈谈本案例中社会优抚可以提供给张某哪些帮助

优抚安置工作是社会保障工作的重要组成部分。它是指综合运用社会保障的专业知识、技能和方法,整合社会资源,协调社会关系,预防和解决问题,使优抚安置工作服务对象享受更好福祉的活动。根据社会优抚工作的内容,可以向张某提供以下帮助:

做好相应的评估和准备工作,争取让张某早日进入革命伤残军人休养院安度晚年。联系社区的医疗机构,定期为张某进行身体检查,提供医疗及康复服务。积极为张某提供辅导服务,并为其提供与革命伤残军人休养院中的其他优抚对象进行沟通、交流的机会,使其更快融入这个大家庭。根据张某的实际经济状况,可以酌情帮助他申请社会救济,提高其生活质量。

(二)如果你是一位社会工作者,你会使用哪些具体方法为张某提供服务

社会工作者可以使用以下方法为张某提供帮助。

(1)个案方法:社会工作者可以主动上门,面对面地为张某提供情绪疏导、心理辅导等帮助。

(2)小组方法:社会工作者可以组织张某与年龄、阅历相似的优抚对象一起参加活动,促进他们之间的互动与沟通。

(3)社区社会工作方法:社会工作者可以利用社区内的各种资源,帮助张某解决实际困难。例如,联系施工公司,对张某的房屋进行适老改造;联系附近的社区医院,为张某提供上门诊疗服务等。

(资料来源:根据相关资料整理所得。)

本章小结

社会优抚是国家和社会依照法律规定,通过国民收入再分配,为军人及其家属的基本生活权利及物质基础提供优待、抚恤、就业安置等待遇和服务的社会保障制度。社会优抚的内容包括军人优抚与安置和军人保险。军人优抚与安置包括优待、抚恤、军人安置等具体内容。除此之外,国家还通过建立军人保险和专项后备基金为社会优抚提供保障。

社会优抚的对象具有特殊性,主要是军人及其家属等对社会有特殊贡献的个体。社会优抚制度的建立对于维持社会稳定、保卫国家安全、促进国防和军队现代化建设、推动经济发展和社会进步具有重要的意义。

我国对军人优抚的重视由来已久,随着时代的发展,社会优抚制度经历了较长的完善及发展历程。我国的社会优抚制度进入由优待、抚恤、安置、离退休、军人保险等项目组成的较为全面的保障阶段,形成一个从军人到军属都能够得到保障的系统,在保障军人权益、稳定军心、改善军民关系等方面发挥着持续有效的良好作用。在未来,我国的社会优抚制度还需围绕责任主体、优抚标准等主题进行持续性的探索与改革。

练习与思考题

1. 社会优抚的对象有哪些？
2. 社会优抚具有哪些特征？
3. 阐述我国社会优抚制度的建立与发展历程。

参考文献

[1] 国际劳工局. 展望二十一世纪:社会保障的发展[M]. 劳动人事出版社二室,译. 北京:劳动人事出版社,1988.

[2] 郑功成. 中国社会保障论[M]. 武汉:湖北人民出版社,1994.

[3] 郑功成. 社会保障学:理念、制度、实践与思辨[M]. 北京:商务印书馆,2000.

[4] 穆怀中. 社会保障国际比较[M]. 3版. 北京:中国劳动社会保障出版社,2014.

[5] 郑功成. 社会保障学[M]. 北京:中国劳动社会保障出版社,2005.

[6] 周绿林,李绍华. 医疗保险学[M]. 4版. 北京:科学出版社,2023.

[7] 周德民,邹文开,刘志红. 社会保障概论[M]. 北京:中国轻工业出版社,2008.

[8] 孙光德,董克用. 社会保障学概论[M]. 5版. 北京:中国人民大学出版社,2016.

[9] 孙光德,董克用. 社会保障概论[M]. 6版. 北京:中国人民大学出版社,2019.

[10] 杨翠迎,郑春荣. 国际社会保障动态社会养老服务体系建设2014[M]. 上海:上海人民出版社,2014.

[11] 杨翠迎. 社会保障学[M]. 上海:复旦大学出版社,2015.

[12] 许琳. 社会保障学[M]. 3版. 北京:清华大学出版社,2018.

[13] 郑功成. 社会保障概论[M]. 上海:复旦大学出版社,2019.

[14] 国际劳工局社会保障司. 社会保障导论[M]. 管静和,张鲁,译. 北京:劳动人事出版社,1989.

[15] 张琪,江华. 社会保障学[M]. 2版. 北京:高等教育出版社,2023.

[16] 郑功成. 社会保障学[M]. 2版. 北京:中国劳动社会保障出版社,2024.

[17] 宋国华. 保险大辞典[M]. 沈阳:辽宁人民出版社,1989.

[18] 童星. 社会保障理论与制度[M]. 南京:江苏教育出版社,2008.

[19] 刘钧. 社会保障理论与实务[M]. 北京:清华大学出版社,2012.

[20] 温海红,王立剑. 社会保障概论[M]. 西安:西安交通大学出版社,2022.

[21] 潘锦棠. 社会保障通论[M]. 济南:山东人民出版社,2012.

[22] 唐树伶. 经济学基础[M]. 4版. 北京:高等教育出版社,2023.

[23] 盖锐,杨光. 社会保障学[M]. 北京:清华大学出版社,2009.

[24] 丁建定. 西方国家社会保障制度史[M]. 北京:高等教育出版社,2010.

[25] 中共中央马克思恩格斯列宁斯大林著作编译局. 马克思恩格斯文集(1—10卷)[M]. 北京:人民出版社,2009.

[26] 约翰·梅纳德·凯恩斯. 就业、利息和货币通论[M]. 高鸿业,译. 北京:商务印书馆,2021.

[27] 亚当·斯密. 国民财富的性质和原因的研究(上卷)[M]. 郭大力,王亚南,译. 北京:

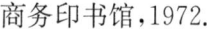

商务印书馆,1972.

[28] 张浩淼. 发展型社会救助研究:国际经验与中国道路[M]. 北京:商务印书馆,2017.

[29] 高冬梅. 新中国 70 年社会救助研究[M]. 北京:人民出版社,2020.

[30] 胡晓义. 新中国社会保障发展史[M]. 北京:中国劳动社会保障出版社,2019.

[31] 金维刚,李珍. 中国社会保障 70 年[M]. 北京:经济科学出版社,2019.

[32] 郑功成. 社会保障学:理念、制度、实践与思辨[M]. 北京:商务印书馆,2020.

[33] 李玲. 健康强国[M]. 北京:北京大学出版社,2010.

[34] 贝弗里奇. 贝弗里奇报告[M]. 劳动和社会保障部社会保险研究所,译. 北京:中国劳动社会保障出版社,2008.

[35] 邓大松. 社会保险[M]. 3 版. 北京:中国劳动社会保障出版社,2015.

[36] 刘钧. 社会保障理论与实务[M]. 4 版. 北京:清华大学出版社,2019.

[37] 社会保障编写组. 社会保障概论[M]. 北京:高等教育出版社,2019.

[38] 郑秉文. 中国养老金发展报告 2016[M]. 北京:经济管理出版社,2016.

[39] 翟绍果. 社会保障学:理论、政策与实践[M]. 北京:清华大学出版社,2022.

[40] 姚力. 新中国城镇职工医疗保障制度的历史考察[J]. 党的文献,2010(3):94-99.

[41] 龙国存. 毛泽东社会福利思想及其现实启示[J]. 湖南社会科学,2018(6):107-113.

[42] 舒建华. 马克思福利思想形成的基本逻辑——以无产阶级贫困化为主线[J]. 广西社会科学,2020(7):97-103.

[43] 牛海. 习近平以人民为中心的多维福利思想研究[J]. 上海理工大学学报(社会科版),2018,40(2):167-172.

[44] 刘娅,王彩彩. 习近平社会福利思想探微[J]. 理论研究,2018(1):65-70+80.

[45] 丁建定. 作为国家治理手段的中西方社会保障制度比较[J]. 东岳论丛,2019,40(4):27-33+193.

[46] 丁建定. 从马克思到列宁:无产阶级社会福利思想的发展[J]. 当代世界与社会主义,2019(2):43-51.

[47] 翟绍果,许琳,张玉琼. 慈善事业的体系要素与治理机制研究[J]. 中国民政,2015(3):42-45.

[48] 职业年金制度研究课题组. 社会养老保险改革进程中的职业年金制度探索[J]. 中国高等教育,2014(10):52-54.

[49] 朱海龙. 智慧养老:中国老年照护模式的革新与思考[J]. 湖南师范大学社会科学学报,2016(3):68-73.

[50] 郑功成. 中国社会保障:"十二五"回顾与"十三五"展望[J]. 社会政策研究,2016(1):77-97.

[51] 周弘,彭姝祎. 国际金融危机后世界社会保障发展趋势[J]. 中国人民大学学报,2015(3):26-34.

[52] 张浩淼. 就业救助:国际经验与中国道路[J]. 兰州学刊,2018(10):174-182.

[53] 林闽钢,梁誉. 我国社会福利 70 年发展历程与总体趋势[J]. 行政管理改革,2019(7):4-12.

[54] 肖力伟,吕国营. 新时代基本医疗保险依然必须坚守"保基本"[J]. 中国医疗保险,

2019(4):18-20.

[55] 刘保中,邱晔. 新中国成立 70 年我国城乡结构的历史演变与现实挑战[J]. 长白学刊,2019(5):39-47.

[56] 杨波. 论基本公共服务均等化的演进特征与变迁逻辑:基于 2006—2018 年政策文本分析[J]. 西南民族大学学报(人文社科版),2019,40(5):196-202.

[57] 郑秉文. "十四五"时期医疗保障可持续性改革的三项任务[J]. 社会保障研究,2021(4):3-14.

[58] 郑功成. "十四五"时期中国医疗保障制度的发展思路与重点任务[J]. 中国人民大学学报,2020(4):2-14.

[59] 郑功成. 中国社会保障:现状、挑战与未来发展[J]. 中国社会保障,2022(9):20-23.

[60] 林闽钢. 分层分类社会救助体系的发展现状和健全思路[J]. 行政管理改革,2023(1):4-11.

[61] 赵立新,高华时. 日本社会保障法:发展、完善与改革[J]. 河北师范大学学报(哲学社会科学版),2021,44(6):128-135.

[62] 韩克庆. 中国社会保障学科建设:发展现状、核心问题与制度应对[J]. 社会科学,2021(10):47-56.

[63] 金锦萍. 论法典化背景下我国社会保障法的体系和基本原则[J]. 法治研究,2023(3):33-48.

[64] 刘继同. 人类需要理论与社会福利制度运行机制研究[J]. 中共福建省委党校学报,2004(8):29-33.

[65] 邱添. 社会保障预算管理理论与实践思辨:国际经验与中国政策选择[D]. 成都:西南财经大学,2012.

[66] 张蓉. 马克思恩格斯社会福利思想及其当代价值研究[D]. 兰州:西北民族大学,2022.

[67] 陈肖舒. 西方福利经济理论的批判与反思[D]. 长春:吉林大学,2017.

[68] 张莎. 由"补缺型社会福利"向"普惠型社会福利"转变[D]. 南昌:江西财经大学,2012.

[69] 国务院办公厅. 中华人民共和国国务院令第 649 号《社会救助暂行办法》[EB/OL].(2014-2-21)[2024-06-05]. https://www. gov. cn/flfg/2014-02/27/content_2624221. html.

[70] 中华人民共和国民政部. 社会服务统计季报[EB/OL]. (2017-05-05)[2024-06-10]. https://caoss. org. cn/UploadFile/news/201891817564931354. pdf.

[71] 中华人民共和国民政部. 2015 年社会服务发展统计公报[EB/OL]. (2016-07-12)[2024-07-20]. https://www. mca. gov. cn/n156/n189/c93378/content. html.

[72] 习近平. 促进我国社会保障事业高质量发展、可持续发展[EB/OL]. (2022-04-15)[2024-07-25]. http://www. qstheory. cn/dukan/qs/2022-04/15/c_1128558491. htm.

[73] 求是网. 健全社会保障体系[EB/OL]. (2022-11-04)[2024-08-03]. http://www. qstheory. cn/wp/2022-11/04/c_1129102210. htm.

[74] 鲁全. 中国特色社会保障模式初论:基于管理体制的视角[EB/OL]. (2021-07-12)

[2024-08-12]. https://caoss. org. cn/news/html?id=7581.

[75] 李义平. 人民日报热点辨析:过高福利是经济发展的陷阱[EB/OL]. (2015-08-11) [2024-08-12]. http://opinion. people. com. cn/n/2015/0811/c1003-27440284. html.

[76] 经济日报. 撑起养老保险的第三支柱[EB/OL]. (2021-01-11)[2024-08-12]. https://www. gov. cn/xinwen/2021/01/11/content_5578690. htm.

[77] 央视新闻网. 国家医保局公布《关于做好 2023 年城乡居民基本医疗保障工作的通知》[EB/OL]. (2023-07-31)[2024-09-25]. https://caoss. org. cn/news/html?id =13377.

[78] 人民日报. 慈善法修正应促使慈善事业获得更好发展[EB/OL]. (2023-10-23)[2024-09-25]. https://caoss. org. cn/news/html?id=13607.

[79] 中华人民共和国中央人民政府. 关于调整部分优抚对象等人员抚恤和生活补助标准的通知[EB/OL]. (2023-9-22)[2024-09-25]. https://www. gov. cn/zhengce/zhengceku/202309/content_6905577. htm.

[80] 中国青年报. 2022 年社会保障基金年度报告出炉[EB/OL]. (2023-09-28)[2024-09-25]. https://caoss. org. cn/news/html?id=13565.

[81] 刘长勇,刘睿园,魏延琴. 中国退役军人优抚工作的发展历程与特征[EB/OL]. (2020-09-05)[2024-09-25]. http://ccrs. ccnu. edu. cn/list/H5Details. aspx?tid=17473.

[82] 退役军人部网站. 退役军人事务部等 20 部门关于加强军人军属、退役军人和其他优抚对象优待工作的意见[EB/OL]. (2020-01-09)[2024-09-25]. https://www. gov. cn/zhengce/zhengceku/2020-01/14/content_5469113. htm?eqid=f890e9ae0002 df8a0000000464868d44.

[83] 钱锋. 坚持以人民为中心推动新时代优抚工作高质量发展[EB/OL]. (2020-09-08)[2024-09-25]. https://www. mva. gov. cn/sy/xx/bnxx/202209/t20220908_65460. html.

[84] 赵宇航. 骗取养老金、游戏充值……群众养老钱保命钱不容挪用侵占[EB/OL]. (2021-09-29)[2024-09-25]. https://www. ccdi. gov. cn/yaowen/202109/t202109 28_251416. html.

[85] 中华人民共和国国家发展和改革委员会就业司. 社保基金为啥"业绩"这么好? [EB/OL]. (2021-09-24)[2024-09-25]. https://www. ndrc. gov. cn/fggz/jyysr/jysrsbxf/202109/t20210924_1297377. html.

[86] 姜琳. 未来 5 年. 社保、收入分配、养老金等将迎来六大变化[EB/OL]. (2021-07-12)[2024-09-25]. https://www. gov. cn/zhengce/2021-07/12/content_5624390. htm.

[87] 刘伟. 做大做强全国社保基金全国社会保障基金理事会[EB/OL]. (2022-01-05)[2024-09-25]. https://news. sina. com. cn/c/2021-04-26/doc-ikmyaawc1799961. shtml.

[88] 李心萍. 小步调整、弹性实施、分类推进、统筹兼顾,延迟退休如何进行(政策解读)[N/OL]. 人民日报,2021-03-15[2024-09-25]. http://politics. people. com. cn/n1/2021/0330/c1001-32064256. html.

[89] 黄敏,锁罗曼. 我国现行养老保险制度体系及改革趋势[EB/OL]. (2023-07-20)

[2024-09-25]. https://www.workercn.cn/c/2023-07-20/7916048.shtml.

[90] 中华人民共和国人力资源和社会保障部.2010—2020年人力资源和社会保障事业发展统计公报[R/OL].(2021-06-03)[2024-09-25].https://www.mohrss.gov.cn/index.html.

[91] 中华人民共和国民政部."与时代同行与民心同向"——社会救助工作十年创新发展综述[EB/OL].(2022-09-26)[2024-09-25].https://www.mca.gov.cn/n152/n166/c46886/content.html.

[92] 国家统计局.中国统计年鉴[EB/OL].[2024-09-25].http://www.stats.gov.cn/tjsj/ndsj.

[93] 中华人民共和国民政部.健全分层分类社会救助体系,兜牢基本民生保障底线[EB/OL].(2020-12-08)[2024-09-25].https://www.mca.gov.cn/n152/n166/c43598/content.html.

[94] 中国政府网.女职工劳动保护特别规定(国务院令第619号)[EB/OL].(2012-04-28)[2024-09-25].https://www.gov.cn/gongbao/content/2012/content_2136749.htm.

[95] 国务院办公厅.中华人民共和国国务院令第649号《社会救助暂行办法》[EB/OL].(2014-02-21)[2024-09-25].https://www.gov.cn/gongbao/content/2014/content_2629930.htm.

[96] 新华社.中共中央办公厅 国务院办公厅印发《关于改革完善社会救助制度的意见》[EB/OL].(2020-08-25)[2024-09-25].https://www.gov.cn/gongbao/content/2020/content_5541475.htm.